长江大学人文社会科学研究发展基金资助

# 历史与构境

## ——从哲学解释学走向出场学之路

LISHI YU GOUJING

CONG ZHEXUE JIESHIXUE ZOUXIANG CHUCHANGXUE ZHI LU

魏 强/著

人民出版社

# 目　　录

# 序

  魏强博士的《历史与构境:从哲学解释学走向出场学之路》即将付梓,邀为作序,我欣然为之,其原因主要有二:一是作为他的博士生导师,我十分欣赏魏强博士在苏州大学多年求学生涯中自觉修成的扎实、刻苦、严谨的治学风格,更为他勇立学术潮头、不怕难,敢于选择挑战性较大的创新领域作为博士论文选题而深感欣慰。二是作为出场学的原创者,我真诚地希望魏强博士能够从他一直醉心钟爱的哲学解释学走向出场学研究,不仅传承而且能够在一个更广阔的领域阐释出场学的思想。细心的读者从书中不难看到魏强博士在这一跨越中的身影和轨迹,著作成为他超越伽达默尔哲学解释学而走向出场学青年学者的标识。

  完成这一跨越,需要做深度的关于伽达默尔哲学解释学与出场学视域的比较研究。为此,魏强博士与我曾经进行过反复讨论。较为集中的话题当然离不开历史与思想的关系,或者说,思想的意义、解释与历史的关系。其中,历史的出场或者说如何看待历史的出场,成为意义解释坐标中的关键环节。追问何为历史的出场者及其意义,成为马克思历史观的主题。在批判地解构代位出场者——宗教、哲学、国家等之后,马克思走向历史深处,发现物质生产和再生产成为决定历史、造就历史的底蕴,从而为唯物地解释历史意识找到了客观尺度。意识总是被意识到了的存在,人们的存在就是人们的物质生活过程。从历史出发,我们才能去理解和解释思想、意识的出场。而历史始终是在造就差异,是在造就差异并在差异中出场的。在伽达默尔看来,狄尔泰等人的客观主义解释学强调,解释者视域与文本意义解释之间由于历史间距而成为一个

1

难以跨越的鸿沟,需要不断消弭历史间距而使当代解释者的自我消融在对文本原初意义的屈从之中,从而表现为非历史的文本至上的客观主义解释学。历史出场成为意义解释的障碍,而消除历史间距和由此造就的自我与文本意义之间的时间疏离成为解释学的旨要。相反,海德格尔的存在主义解释学强调文本意义的主体性,意义表明此在的在世状态,被领悟、被理解、被阐释都是一种此在生存境遇的表现。因此,历史间距成为造就前理解的积极条件,也成为此在之所以成为此在的关键。然而,这一主体主义的解释学的对象世界是此在打开的,因而没有超越此在的先天的客观文本,文本的原初意义对于此在来说就是一种无。伽达默尔的哲学解释学超越客观主义和主观主义,强调如何在历史间距中保持文本传统意义与解释者的当代视域之间的一致性和关联性。在伽达默尔看来,历史既是文本传统意义的造就者,也因此构成解释者主体性前提(前理解)。因为后者是前者的历史的效果,因而后者的解释就是一种前者以往传统造就的效果史。因而,在历史中,传统意义视域与解释者的视域可以融合,两者可以超越历史间距而一致。因此,用历史原则来解释视域,也是伽达默尔的哲学解释学的基本原则。

对于魏强博士来说,本书需要探索的问题在于:哲学解释学将历史看作是决定主体身份和视域的前理解结构,而对于主体而言却是一种先天的在场。但是,历史不是一个对于主体来说的完全先天的在场,不是一种现成的、由传统直接造就并直接用来决定当代主体视域的在场形而上学,而是一种对于主体说来的对象性生成,是由多元主体的出场者交往实践的历史构境。传统恰好是交往主体出场的前提,也是必然被否定的基础。历史正是在不断地被否定中向前发展的。从某种意义上说,历史间距造就的主体解释就是否定。正是在这一点上,哲学解释学呈现出某种哈贝马斯所说的保守:主体只是在历史面前被造就而承认历史传统对于视域决定的存在物,先天传统作为一种效果史直接或间接决定着主体的在场性。我们还能反思和批判这一历史吗?特别是还能反思和批判地对待传统的意识形态和文化吗?

正是在这一点上,开始了出场学与哲学解释学的根本分歧。出场学认为历史虽然宏观构成主体和思想出场的语境,但是,作为主体的场域,也是被主体构境的。如果历史的当下在场不是被构境的,那么就不可能被主体所创造。主体在出场过程的同时就在造就和构境着自己的出场语境。出场语境之所以深层地规约着思想的出场,进而能够作为解释者的历史基础,主要是因为这一历史正是主体的创造。主体在改变世界、造就感性历史的过程中完成自己的历史身份。

构境历史的主体感性活动就是交往实践。作为多元主体间改造人们社会相互关系的物质活动,交往实践成为构境历史、推动历史更迭的主要推手。研究交往问题,提出交往实践观,是马克思创建新历史观的理论关键点之一。马克思的交往实践观是在深刻批判和超越费尔巴哈抽象人的"类本质"观和施蒂纳"绝对个人"唯心史观的理论产物,也是积极扬弃和超越以往哲学和经济学在实践观上的种种偏颇和二元对立的理论产物。马克思以"生产和交往"为纽带,融通哲学、经济学与政治学批判的成果,实现了对"交往"的实践化、经济学理解,进而通过资本批判对生产方式和交往实践本性的深度理解而开启了新历史观的大门。交往实践的实体结构、意义结构和辩证结构对应地造就了三重的历史场域。从感性活动的直接性而言,造就了历史的在场的实体性结构,即社会存在的在场形态。而交往实践的意义结构,造就了对立的历史结构,而肯定向度和否定向度的辩证联结,构成了历史的辩证结构。

出场学在出场的历史语境的双重构境中探索主体和思想出场的逻辑。马克思在追问当代历史的出场者的过程中还原了资本逻辑批判,即深刻的政治经济学批判。资本逻辑不仅造就了经济结构,更直接造就了当代全球化的历史。这一历史分为颠倒着的双重结构:深层的资本逻辑造就的历史场域和资本拜物教造就的历史表象或历史场景。历史场景是历史场域的拜物教颠倒性表现形态。因而,人们的思想的出场,在直观意义上仅仅是历史场景的直接表达,因而是资本的拜物教意识的完成。需要我们做历史的穿透和反思性批判。在这一意义上,如果没有出场学解释,哲学解释学最多只能达到直观的表象,历史场景直接构成了主体的前理解,因而其主体视域本身就是对这一历史场景的无批判直观。在这一意义上,伽达默尔的哲学解释学的确不仅是保守的,而其本身就是对资本的拜物教的直观表达,因而是一种虚幻历史崇拜的在场形而上学。

从哲学解释学走向出场学,就是通过出场学来更深刻地达到马克思的历史观。马克思当年对资本的历史序列的深度批判,指明了由于资本无限追逐利润本性和力图摆脱危机的需要,本然地推动资本创新要素、结构、方式,最终导致主导资本形态的更替。创新逻辑不仅造就着产业结构的不断转换,而且造就历史场域和历史场景的新旧转换。从此,历史的创新形成的新基础,成为主体解释赖以生成的前提。

于是,从哲学解释学走向出场学,一条新的哲学道路就被开辟出来了。当然,出场学作为当代许多哲学内在矛盾的一种出路,与许多哲学路向保持着对话关系。我期待着有心的读者来共同发掘。

是为序。

任 平

2016 年 6 月于姑苏吴中园

# 导论　伽达默尔与解释学

汉斯-格奥尔格·伽达默尔(Hans-Georg Gadamer,1900—2002 年)是 20 世纪最杰出的哲学家之一,是当代德国继海德格尔之后最伟大的哲学家,也是西方哲学解释学理论最著名的代表人物,更是世界哲学史上罕见的百岁哲学家。伽达默尔一生著述颇丰,1960 年出版的《真理与方法》让他名噪一时,它是伽达默尔哲学解释学思想的集中展现,是他用了大半生进行哲学思索的结果。有学者指出,自海德格尔的《存在与时间》以来,《真理与方法》被公认为是对哲学解释学的最伟大的贡献,它使伽达默尔在社会学、文学理论、历史、神学、法学等精神科学中以及在自然科学的哲学中都留下了他的痕迹。也有学者将它与胡塞尔的《逻辑研究》(1900/01)、海德格尔的《存在与时间》(1927)并称为 20 世纪德国哲学中的三部划时代巨著。① 《真理与方法》对历史、文本乃至整个人类精神客观化物的独特研究,以及对这些理解方式背后所共有的同质性东西的深度探求,使人们越来越觉得伽达默尔哲学思想的重要价值和真理性。《真理与方法》对人类的历史性存在和文化传统活动的本质特征的揭示,对人类的理解活动与历史、世界、语言等关系的本质的阐明,使人们越来越觉得伽达默尔哲学思想的历史穿透力与理论深度。他的哲学解释学思想不仅对整个精神科学有着重大的理论意义和现实价值,而且对自然科学和人类思维方式也产生了并将继续产生深刻的影响。然而,一个哲学伟人的诞生并非偶

---

① Joel C. Weinsheimer, *Gadamer's Hermeneutics: A reading of Truth and Method*, Yale University Press, 1985, p.ix;倪梁康:《现象学及其效应——胡塞尔与当代德国哲学》,三联书店 2005 年版,第 236 页。本书将主要以《真理与方法》为批判对象,系统性地指出哲学解释学的历史局限,并努力建构一种更具科学性与合理性的理解新范式。

然。或许,他个人的成长史就是一本专门的哲学史,或学术史。从这个意义上来说,对伽达默尔生平和经历的梳理有助于我们更好地了解和把握他的思想。

## 第一节　谁是伽达默尔

1977 年,已经 77 岁高龄的伽达默尔在他的自传体专著《哲学生涯——我的回顾》中这样写道:"一个世纪交点诞生的婴儿,一个教授的儿子并且自己就是一个教授,在这个世纪的最后 25 年来打开他对过去的回忆。他该叙述点什么呢? 当时的情况怎么样? 那个时代又是什么样子?"①对此,他在该书中做了详尽而全面的回忆和介绍。

### 一、布雷斯劳少年

伽达默尔 1900 年 2 月 11 日出生于德国马堡,孩提时代是在布雷斯劳②度过的。父亲是一位非常有影响的药物化学家,并且在孩子的教育问题上持威权教育观点,虽然他知道这是最坏的教育方式,但只有这种方式才能更好地贯彻教育宗旨。于是,父亲在伽达默尔童年时代就开始培养他对自然科学的兴趣,并打心眼里反对伽达默尔感兴趣的文学、戏剧和"吃不上饭的"艺术。1918 年春,伽达默尔从中学毕业后,开始进入布雷斯劳大学学习,不过那时候的他"还是一个胆怯的、无可救药的、自我封闭的小家伙。完全不知道'哲学'是干什么的",自己也根本不清楚应该学什么,唯一清楚的是"学'精神科学'这一点是心知肚明的"③。伽达默尔对父亲的抵触心理可能为他日后持反对科学的态度埋下了伏笔。大学期间,伽达默尔感兴趣的科目甚多,包括日耳曼文学、语言学、历史、艺术史、音乐学、梵文、伊斯兰文学,甚至还有心理学,最后

---

① ［德］伽达默尔:《哲学生涯——我的回顾》,陈春文译,商务印书馆 2003 年版,第 1 页。译文有改动。

② 这座小城在第二次世界大战后,依据《波茨坦协定》划归波兰。

③ ［德］伽达默尔:《哲学生涯——我的回顾》,陈春文译,商务印书馆 2003 年版,第 3、4 页。

他却选择了哲学。在他看来，与其说是从一种兴趣转到另一种兴趣，毋宁说这正是一条逐渐深入专业学术研究的道路。第一次世界大战后，成了战败国的德国生活已是一片混乱，要想在如此混乱和迷茫中还深信不疑地与现存的传统保持一致，已实属不可能。这种不知所措的处境也是促使伽达默尔进行哲学研究的动力。此外，他钟爱哲学还可以归功于当时几本书对他的影响：一是奥斯瓦尔德·斯宾格勒（Oswald Spengler）的《西方的没落》，这部出自科学和世界史幻想的罗曼史引起伽达默尔对于近代的进步信念和它引以为荣的成就理想的怀疑。二是西奥多·莱辛（Theodor Lessing）的《欧洲和亚洲》，该书作者从亚洲人的角度对欧洲人追求成就的思想提出疑问，这使得伽达默尔对周遭的境域和文化的理解产生了怀疑，迫使他用相对的眼光看待自己的文化并开始思考，虽然他后来认为这本书只是二流的。后来在斯蒂芬·格奥尔格（George Stefan）的诗人圈子里遇到类似的文化批判声音后，伽达默尔又在更高的层次上加深了自己的这个判断。当时的德国因为战败而混乱不堪，但又迫切渴望有一条新的出路，在这样的历史语境中，托马斯·曼（Thomas Mann）的《不问政治者的看法》以一种非政治的审视方式给伽达默尔印象至深；前者在《托尼奥·克勒格尔》中所表达的生命与艺术的狂热对立使后者深受触动，而赫尔曼·黑塞（Hermann Hesse）的小说中所表现出来的那种忧伤的调子也曾使伽达默尔着迷。① 这就是伽达默尔之所以选择哲学的原因。他在大学读到的第一本哲学著作是康德的《纯粹理性批判》，不过他后来回忆道："尽管我通读了这本书，但并没有体会出它的思想。"②然而，这却是他整个一生哲学对话的开始。随后伽达默尔又听了理查德·赫尼希斯瓦尔德（Richard Hönigswald）的专题研究课，并接受了"抽象思维艺术的最早启蒙"，后者那反对心理主义、捍卫新康德主义先验唯心论的立场给伽达默尔留下了很深的印象。但新康德主义自身的局限性又无法解答刚进入哲学之门的伽达默尔所提出的疑问，尤其是与第一次世界大战后

① 参见［德］伽达默尔：《诠释学Ⅱ：真理与方法》，洪汉鼎译，商务印书馆 2010 年版，第 607—608 页。
② ［德］伽达默尔：《哲学生涯——我的回顾》，陈春文译，商务印书馆 2003 年版，第 6 页。

德国混乱和复杂的现实密切相关的疑问,而从布雷斯劳大学的这些哲学教授们身上,也难以获得满意的回答。刚进入哲学之门所面临的全部问题使伽达默尔走向了一个地方,那就是马堡,"所以我于1919年带着某种准备去了马堡"①。

## 二、马堡求学

当时很多年轻人因为学哲学才去马堡的,奔的都是马堡学派,伽达默尔也不例外。保罗·纳托普(Paul Natorp,1854—1924年)和尼古拉·哈特曼(Nicolai Hartmann,1882—1950年)成了伽达默尔最早的哲学老师,纳托普在关于对象的确定性和统一性问题上提出了自己独特的观点,即所谓"普通心理学"的任务。在他看来,心理学的对象并不是在其他科学的客体之外的一种特有对象,而是对同一事物的不同审视方向。当人们思考各种对象的整体性时,总是从两个不同的方面思考同一个世界,那么,一个无限的意识理解的无非就是这存在的总和。但对于有限的人类意识来说,这个对象总和的确定是一个无限的任务,同样的无限性也会在纯粹主体性观念中发现。主体经验的重建,仅仅是由意识的现实性掌握的一个方法上近似值作出的,确信最终找到一条把狄尔泰的精神科学心理学与胡塞尔的现象学结合起来的途径。纳托普是马堡学派最严密的方法论者和逻辑学家。在他的指导下,伽达默尔于1922年通过他的博士论文《柏拉图对话中欲望的本质》,获得博士学位。除了纳托普,比伽达默尔年长18岁的哈特曼也给伽达默尔留下了实实在在的印象,他"身上沉稳的尊严和表现出的冥思苦想的洞察力就吸引了我",哈特曼常常讲完课后和伽达默尔一同去咖啡馆,在咖啡馆的大理石桌面上讨论问题,并对后者幼稚而敏锐的反驳或反思给予赞赏。伽达默尔回忆道:"他直呼我的名字,容许我随时踏入他的家门,他和他迷人的太太把我当半个儿子来接待,这对他来说无论如何是不同寻常的。"②伽达默尔受哈特曼的影响至深,以

---

① [德]伽达默尔:《诠释学Ⅱ:真理与方法》,洪汉鼎译,商务印书馆2010年版,第608页。
② [德]伽达默尔:《哲学生涯——我的回顾》,陈春文译,商务印书馆2003年版,第15页。译文有改动。

至于取得博士学位的时候,他的观点与纳托普的唯心主义风格处于相对立的状态。他期待着一种新的哲学转向,这种转向尤其同含糊而又充满魔力的"现象学"一词联系在一起。胡塞尔本人的著作未能解开困惑伽达默尔已久的疑团,在他看来,胡塞尔运用他所有的分析天才和孜孜不倦地进行耐心寻求的最终证据,除了打上新康德主义印记的先验唯心主义之外,并未能找到更好的哲学靠山,他甚至怀疑"胡塞尔在多大程度上'成功地'避免了唯心主义方法,例如莱布尼茨单子论中存在的唯我论"①,这仍然是个问题。

真正让伽达默尔了解现象学并对现象学感兴趣的,首先是马克斯·舍勒(Max Scheler,1874—1928年)。1920年,舍勒在马堡做了两场学术报告,一次是"关于悔悟的本质",一次是"关于哲学的本质",伽达默尔听了他的报告后就觉察到,"'现象学'有它的分量"。舍勒的这两场学术报告是他的《论人类中永恒的东西》一书中的两章,在他看来,对本质东西的直观先于一切哲学研究,而这种直观只有通过现象学才有可能。舍勒对胡塞尔现象学加以继承的同时也进行了改造,其最富有成果的工作就是对情感现象的研究。在当时的德国,舍勒被看作是除胡塞尔之外最伟大的现象学哲学家,伽达默尔称他为"一个有魔力的人","一个时刻都不饶过自己的人,一个在哲学上永不安宁的寻找家园的人。"②海德格尔在舍勒去世后发表的一篇献辞中,也盛赞了这位思想家的"破解力量",并在一次讲座结尾情不自禁地说了这样一句话:"一条哲学之路再次沉入黑暗之中。"③如果说舍勒天才般的煽动让伽达默尔对现象学有了初步的了解和认识的话,海德格尔独创性的语言则让他对现象学有了更深刻、更全面的把握。

### 三、与海德格尔相遇

与海德格尔的相遇,无论对伽达默尔还是当时的马堡来说,都是一个"根

---

① Hans-Georg Gadamer, *Philosophical Hermeneutics*, translated and edited by David E. Linge, University of California Press, 2008, p.147.

② [德]伽达默尔:《哲学生涯——我的回顾》,陈春文译,商务印书馆 2003 年版,第 60、66 页。

③ [德]伽达默尔:《哲学生涯——我的回顾》,陈春文译,商务印书馆 2003 年版,第 67 页。

本性的事件"。伽达默尔后来回忆当时的情形时说："无论是谁，只要亲眼目睹海德格尔早年在弗赖堡和马堡的教学所具有的影响，都知道那时他对学术研究各个方面产生的巨大推动作用。在他那里有着一种关于存在的激情，理智集中的发散，从而使得前人的哲学相形见绌。"①其实在此之前(1923年)，伽达默尔与海德格尔已"相遇"过一回。伽达默尔在他的导师纳托普那里读到了海德格尔在马堡大学谋职的手稿，并且马上就被它给吸引住了。在这篇手稿中，海德格尔展示了如何将亚里士多德和古希腊人当作同时代人来阅读，建立起了一种对古希腊哲学特别是亚里士多德哲学进行阐释的解释学境遇，由此标识出古希腊思想的特有方式和它的原初性。正是这一文本一直以来都影响着伽达默尔，给他"留下了如此深刻的印象，以至他一下子就改变了自己的哲学信仰。"②正是海德格尔，才使伽达默尔真正走进了希腊哲学，走进了柏拉图。但伽达默尔认为，与柏拉图相比，"当海德格尔把理念的接纳解释成存在遗忘的开端(这种存在遗忘在纯粹的想象和客体化中达到顶峰，随之出现了普遍趋向权力意志的技术时代)，当他相当彻底地把希腊最早的存在思想也理解为形而上学里的存在遗忘的准备时，柏拉图理念辩证法固有的领域也相应地意指完全不同的东西了。作为这种辩证法基础的对一切存在者彼岸的超越乃是一种超出'肤浅地'接受理念的步伐，其最后结果乃是对形而上学地把存在解释为存在者的存在这一做法的反动。"③并且，与海德格尔毕生为摧毁形而上学的努力相对立，"实际上形而上学的历史也可以写成一部柏拉图主义的历史"④。可以说，柏拉图对话中对概念性与现实性统一的不懈追求，那种对话式的思维艺术以及其中包含的真正的生命存在方式，与海德格尔对本体论存在的解构，以及对此在与世界的诗和语言本真意义的描述和追问，共同构成了伽达默尔哲学解释学的内在张力。正是在这种深厚的张力中，伽达

① Hans-Georg Gadamer, *Philosophical Hermeneutics*, translated and edited by David E. Linge, University of California Press, 2008, p.139.
② ［德］乌多·蒂茨：《伽达默尔》，朱毅译，中国人民大学出版社2010年版，第11—12页。
③ ［德］伽达默尔：《诠释学Ⅱ：真理与方法》，洪汉鼎译，商务印书馆2010年版，第639—640页。
④ ［德］伽达默尔：《诠释学Ⅱ：真理与方法》，洪汉鼎译，商务印书馆2010年版，第640页。

默尔寻找着人们对世界和历史、语言和文本理解的共同存在方式。这是伽达默尔哲学解释学的终极目标。①

1923 年夏,伽达默尔在弗赖堡与海德格尔相识,并从胡塞尔和海德格尔那里学习现象学的描述方法,受后者的启发和影响,伽达默尔与马堡学派拉开了距离。同年他写了一篇论哈特曼的《认识论的形而上学》的逻各斯文章,不过后来他认为那是一篇"鲁莽之作"。1924 年,为纪念纳托普诞辰 70 周年,伽达默尔写了《论哲学中的系统观念》的文章,第一次提出了把哲学重新还原于人类存在的基本经验的想法。之后的 1928 年,伽达默尔写了《柏拉图的辩证伦理学》(1931 年出版),不久就获得了教授资格。由于其出发点是亚里士多德尼各马可伦理学中两篇论"兴趣"的文章,同时联系柏拉图的《菲利布篇》,从现象学的角度来解释这篇对话,因而"它实际上是一本未明说的关于亚里士多德的书"②。当时伽达默尔还无法估量《菲利布篇》对柏拉图数论以及理论与现实之间关系的问题所产生的普遍意义,他只关注两个方面:从对话的现象学出发解释柏拉图对话学说的作用,并通过对现实生活现象的现象学分析,解释关于兴趣的理论及其表现形式。在这期间,他开始学习古典语文学,在保尔·弗里德伦德尔(Paul Friedländer)语文学讲座上提交了《亚里士多德的告诫和亚里士多德伦理学的发展史考察》的论文,并由于对耶格(Werner Jäger,1888—1961 年)的批判而使他在语文学家圈子里得到了承认。后来他在自述中回忆说:"实际上我当时已在一定程度上成了一位古典语文学家。"③在弗赖堡期间,伽达默尔参加了海德格尔举办的关于尼各马可伦理学第六卷的研讨班,并私下里与海德格尔阅读和讨论了亚里士多德《形而上学》中论述实体的其他卷次。这种际遇让伽达默尔"首次实际地进入了解释学的普遍领域"④,这是哲学解释学的真正缘起。海德格尔那种把陌生问题变成自己的问题,把

---

① 参见章启群:《伽达默尔传》,河北人民出版社 1998 年版,第 39 页。
② [德]伽达默尔:《诠释学Ⅱ:真理与方法》,洪汉鼎译,商务印书馆 2010 年版,第 618 页。
③ [德]伽达默尔:《诠释学Ⅱ:真理与方法》,洪汉鼎译,商务印书馆 2010 年版,第 619 页。
④ [德]伽达默尔:《诠释学Ⅱ:真理与方法》,洪汉鼎译,商务印书馆 2010 年版,第 616 页。

哲学传统的思想文化理解为对现实问题的回答的思维方法深深地感染了伽达默尔,"只有当我从海德格尔那儿学会把历史思想带入重新对传统提出疑问的活动中时,才使得这个老问题变得可以理解、充满生机,从而使它变成了自身的问题。"①这是伽达默尔从海德格尔那里学到的最重要的思想支援之一,可以说,《真理与方法》正是从历史思维的角度写就的。伽达默尔跟随海德格尔在 1927 年参加了语文学专业的考试,正式成为一名语文学家。1928 年,他成为第三个由海德格尔授予执教资格的马堡大学的编外讲师。

### 四、教授生涯

1933 年之后,政治气氛日益紧张,甚至在马堡大学的教室里也"突然跳出来一个纳粹分子",半年以后,对拒不行希特勒礼的教师直接解聘。如果不想成为殉道者或者流亡者,就得竭力避开与政治有关的题目,特别是在专业杂志之外发表这类题目的文章,"这是符合自我保护的规律的"。伽达默尔为了谨慎起见,也中断了对智者派和柏拉图的国家学说的更详尽的研究,只发表了这项研究中的两篇小册子《柏拉图和诗人》(1934 年)以及《柏拉图的教育国家》(1942 年)。在第一篇小册子的扉页,伽达默尔借歌德之口表达了他对纳粹主义的态度:"谁要进行哲学思维,谁就不可能同他时代的意见相一致。"②这段经历可能对伽达默尔的影响很深,以至于在几十年后(1973 年)的自述中,他还怀着愤愤不平的心情写道,"一个国家如果出于国家的原因在哲学探究中把某种'理论'推崇为'正确的'理论,那这个国家就一定会知道它的最优秀的人才会躲避到其他不受政治家——也就是'外行'——迫害的领域中去,这条规律直至今天都不会改变。无论是在黑色国家抑或红色国家,情况都没有两样。"③在经历了十年之久的讲师生涯后,伽达默尔终于在 1938 年获得了教授头衔,同年受聘担任莱比锡大学的哲学正教授,从此离开了学习和工作近 20

① [德]伽达默尔:《诠释学Ⅱ:真理与方法》,洪汉鼎译,商务印书馆 2010 年版,第 613 页。
② [德]伽达默尔:《诠释学Ⅱ:真理与方法》,洪汉鼎译,商务印书馆 2010 年版,第 620 页。
③ [德]伽达默尔:《诠释学Ⅱ:真理与方法》,洪汉鼎译,商务印书馆 2010 年版,第 621 页。

年的马堡。伽达默尔后来这样描述自己当时的感受：在马堡生活了将近 20 年，其中最后 5 年是在无家可归般的日子中度过的，后来来到了莱比锡这样宏伟气派的大学。虽然当时的政治情况给人投下了不安的阴影，但与一些老同事和新同仁一起共事，那种阴郁的气氛就被抛到了脑后。①

在莱比锡大学，为了避免在哲学领域中涉及敏感的政治问题，伽达默尔转移到了古典语文学领域。在赫尔姆特·贝弗（Helmut Berve）的保护下，与别人合著出版了《古代的遗产》这部重要的文集。与海德格尔卷入政治的旋涡不同，伽达默尔采取了比较明智的明哲保身的态度。在整个第三帝国统治时期，他只出版了一部专著《赫尔德思想中的人民和历史》（1942 年），这部著作突出强调了力量这个概念在赫尔德历史思想中的作用。虽然尽量避免了明确的表述，但该书的出版还是引起了一些人的愤慨，"更聪明的做法还是尽可能不引人注目"②，伽达默尔随即决定以后只在讲课时才涉及他的研究成果，因为讲课可以不受阻碍和限制地发表意见。由于第二次世界大战期间伽达默尔尽量避免与纳粹合作，所以在美军占领莱比锡时期，他当上了校长。在从事繁杂的政治和行政管理工作之余，伽达默尔利用周末休息的日子继续进行他已经停止了好几年的哲学研究，写出了一批解释诗歌的文章，因为"我总是有一种很强烈的感觉，觉得海德格尔在我的身后催促着我"③。

1947 年秋，履职两年校长的伽达默尔应邀去了美因河畔的法兰克福大学，并完全彻底地回到了教学和学术研究工作中去。当时是一个物质极其匮乏的年代，战时体制的延续让这里的居民供应水平下降，现实是残酷的。为了解决眼下最要紧的生存问题，伽达默尔与一家出版社协商将《狄尔泰的哲学史概要》扩展成一本书出版，同时还出版了一本评注亚里士多德《形而上学》第 12 卷的书，这本书虽然没有真正反映出伽达默尔对亚里士多德持续几十年

---

① 参见［德］伽达默尔：《哲学生涯——我的回顾》，陈春文译，商务印书馆 2003 年版，第 103 页。

② ［德］伽达默尔：《诠释学Ⅱ：真理与方法》，洪汉鼎译，商务印书馆 2010 年版，第 623 页。

③ ［德］伽达默尔：《诠释学Ⅱ：真理与方法》，洪汉鼎译，商务印书馆 2010 年版，第 624 页。

的研究水平，但它却很有使用价值，一经出版就卖出了 5000 册。也就在此时，伽达默尔结识了法兰克福学派的"元老"——马克斯·霍克海默（Max Horkheimer，1895—1973 年）和西奥多·阿多诺（Theodor Wiesengrund Adorno，1903—1969 年），以及后来法兰克福学派新传统的代表人物尤尔根·哈贝马斯（Jürgen Habermas，1929—　　）。伽达默尔曾把后者聘请到海德堡大学当了年轻的编外教授，这位青年学者的研究天赋他早有耳闻，应他的要求寄来的文稿也证实了这点，他们之间的对话和颇为激烈的争论产生了富有成果的影响①，当然这是后话。

### 五、人生巅峰

1949 年，伽达默尔接到海德堡大学的聘书，聘请他接替卡尔·雅斯贝尔斯（Karl Jaspers，1883—1969 年）的职位。卸掉了繁杂的政治和行政方面的工作之后，伽达默尔在学术世界里重新开始了一种"学术"活动。从此便在海德堡的哲学讲坛上传道授业，勤恳工作，直至 1968 年退休。这期间，在潜心钻研近十年之后，《真理与方法》于 1960 年付梓，并立即在西方哲学界产生轰动，它标志着伽达默尔倾十年之心血建构的哲学解释学终于问世。伽达默尔把它归功于一种自然的需要，即"要反思一下我们在课堂上所听到的各种哲学思维方法是怎样从当代哲学处境出发而得到其真正实现的"②，黑格尔把它们归入一种具有先验结构的历史过程中，历史相对主义则主张一种相对的中心性。伽达默尔认为，哲学不是构思一种伟大的合题，而是应该保持彻底的开放，以对话的方式和人的基本生活经验的形式存在，哲学是一种启蒙，但也是反对其自身独断论的一种启蒙。③ 作为《真理与方法》英译本译者的美国学者约埃尔·魏因斯海默（Joel C.Weinsheimer）这样评价伽达默尔，《真理与方法》的出

---

① 参见［美］D.C.霍埃：《批评的循环——文史哲解释学》，兰金仁译，辽宁人民出版社 1987 年版，第 148—163 页。

② ［德］伽达默尔：《诠释学Ⅱ：真理与方法》，洪汉鼎译，商务印书馆 2010 年版，第 625 页。

③ 参见［德］伽达默尔：《诠释学Ⅱ：真理与方法》，洪汉鼎译，商务印书馆 2010 年版，第 625 页。

版"使伽达默尔的思想在社会学、文学理论、历史、神学、法学等精神科学中以及在自然科学的哲学中,都留下了它的痕迹。"①这样一部大部头著作在准备付印时却遭遇了一点麻烦,伽达默尔原打算以"哲学解释学"作书名,但出版商认为这个词太生疏,对读者没有任何意义,于是只好将它作为副标题。在专注研究十年的著作将要出版时,伽达默尔却犹豫了,连他自己都不清楚这本书是否出得太晚了,已经过时了。与海德格尔早就声名卓著相比,伽达默尔这部著作确实来得太迟太晚了,不过对于哲学解释学这门新兴学派来说,它无疑是最早的。② 这一时期,伽达默尔所做的另一项重要工作,是和赫尔穆特·库恩(Helmut Kuhn)于1953年一起创办《哲学评论》杂志,并在凯特·伽达默尔-莱克布施(Kate Gadamer-Lekebusch)(伽达默尔的妻子)的管理下为这份杂志工作了23年。这份杂志在德国哲学界负有盛名,对哲学和解释学的传播也起到了重要作用。

《真理与方法》出版以后,伽达默尔开始全力阐明和推广他的哲学解释学。在海德堡大学的讲堂上,他主要讲授解释学实践,因为他觉得"解释学首先是一种实践,是理解和达到理解(Verständlichmachen)的艺术。它是所有想教授哲学思维的课程的灵魂。要想掌握这种灵魂首先要训练自己的耳朵,使自己对概念中具有的前规定性(Vorbestimmtheiten)、前把握(vorgreiflichkeiten)和前印记(vorprägungen)有一种敏感性。"③在之后的学术研究中,伽达默尔对《真理与方法》中的观点进行了补充和说明,发表了一系列的论文和专著,后又与埃米利奥·贝蒂(Emilio Betti)、赫施(Eric Donald Hirsch)、哈贝马斯、利科(Paul Ricoeur)、德里达(Jacques Derrida)等人进行论辩,尤其是与哈贝马斯的争论促使他的哲学解释学理论走向成熟和完善。

1977年,已成为著名哲学大家的伽达默尔,以77岁高龄出版了《哲学生

---

① Joel C. Weinsheimer, *Gadamer's Hermeneutics: A reading of Truth and Method*, Yale University Press,1985,p.ix.
② 参见严平:《走向解释学的真理——伽达默尔哲学述评》,东方出版社1998年版,第8页。
③ [德]伽达默尔:《诠释学Ⅱ:真理与方法》,洪汉鼎译,商务印书馆2010年版,第627页。

涯》自传体专著。书中回顾了他的童年、家庭、学校、朋友和老师,以充沛的内在热情和富有哲思的笔调勾画出了他所经历的那个年代,并向我们展示了20世纪的一个别致、深刻的世界历史的一方面。2002年3月13日,这位伟大的世纪哲人,哲学解释学的创始人永远地离开了他生活了102年的世界。这期间的其他论文和著作有:《短篇著作集》(4卷本,1967—1977年)、《黑格尔的辩证法——五篇解释学研究论文》(1971年)、《我是谁,你是谁?》(1973年)、《科学时代的理性》(1976年)和论文《修辞学和解释学》(1976年)。自1940年起,伽达默尔曾相继任莱比锡、海德堡、雅典和罗马等科学院院士,1975年任波士顿美国艺术和科学研究院名誉院士。1968年,他从海德堡大学退休后,仍是该校名誉教授。1972年获德国联邦政府杰出服务十字勋章,1976年任波士顿大学访问教授,1977年赴美讲学,获奥塔瓦大学名誉博士学位,1979年获德国弗洛伊德奖、黑格尔奖,1996年获莱比锡大学名誉博士头衔。伽达默尔这些显赫的经历和名誉,可能会帮助我们更好地了解他在哲学史上的地位和影响。

## 第二节　何谓解释学

### 一、词源学意义

在对伽达默尔的生平有了简单的了解之后,我们来看与其学术研究紧密相关的"解释学"一词。解释学(Hermeneutik)①一词的词源源于赫尔墨斯

---

① 希腊文 Hermeneutike 一词在汉语界目前有解释学、诠释学、释义学等多种译法,张汝伦先生译为"释义学"(《意义的探究——当代西方释义学》,辽宁人民出版社1986年版),他认为 Hermeneutike 可以理解为对于意义的理解与解释的研究理论或哲学,所以译为"释义学"体现了 Hermeneutike 这个词的特点。洪汉鼎先生用证伪的方式证明将 Hermeneutike 译为解释学是欠妥的,应译为诠释学(《当代西方哲学两大思潮》,商务印书馆2010年版,第440—443页)。原因是:按照德国语文学家的观点,"解释"一词的英译名 Interpretation 有两种含义,即 Erklärung 和 Auslegung。前者侧重于从原则或整体上进行说明性的描述性的解释,后者侧重于从事物本身出发进行阐发性的、揭示性的解释。随着近代自然科学的形成和发展,Interpretation 原有的 Auslegung 的含义被 Erklärung 所掩盖,近代解释学史家面对自然科学的挑战

(Hermes),赫尔墨斯本是生活在奥林匹亚山上的一位足上生翼的信使,主要任务是把奥林匹亚山上诸神的信息和指令准确及时地传达至人世间。由于诸神的语言和人类的语言是不同的,因此赫尔墨斯的职责就是把陌生的或超出人类理解的东西转化为人类智力可以把握和理解的形式,类似于我们现代的翻译工作。但要做好这个翻译工作,必须具备两个"完全理解":首先要完全理解对于人类来说是陌生的语言,如诸神的语言;其次要完全理解被表达东西的本来含义,如诸神的指令,并用人类所熟悉的语言形式表达出来,因此解释学的工作就是完成从一个世界到另一个世界的转换,"从神的世界转换到人的世界,从一个陌生的语言世界转换到另一个自己的语言世界"①。海德格尔明确指出,解释学从词源学上应该和赫尔墨斯这个神名挂起钩来。赫尔墨斯是诸神的信使,他带来天命的消息,理解就是把带来的消息予以"展示",因而"解释学并不就是解释,它先前意味着带来消息和音信"②。

哈索·耶格(Hasso Jaeger,1888—1961 年)则割断了解释学与赫尔墨斯神

而提出了自己的方法论,强调了 Interpretation 原本就含有的 Auslegung 的含义。而"解释学"的译名通常有自然科学说明模式的含义,所以用"诠释学"来翻译 Hermeneutike 更准确(不过笔者注意到,洪先生在他主编的解释学译丛的"序"中所使用的是"解释学"的译名,参见[美]乔治娅·沃恩克:《伽达默尔——诠释学、传统和理性》,洪汉鼎译,商务印书馆 2009 年版,"解释学译丛序"第 1—4 页)。俞吾金、潘德荣、陈嘉映、孔明安等几位先生也将其译为诠释学。我们将 Hermeneutike 译为"解释学",主要考虑如下:1. Interpretation(解释)可能是最接近 hermeneuein(Hermeneutike 的动词)的翻译,因为拉丁文 interpretation 来源于 interpres,而 interpres 是指报信者、使者,其使命既有翻译又有解说;2. "诠释学"、"释义学"的译法容易让人误解"Hermeneutike"仅是一种类似中国传统文化中诠释经典的学问或注疏章句的技巧,"诠释"和"释义"也难以彰显"理解"的哲学意境(殷鼎:《理解的命运》,三联书店 1988 年版,第 40 页)。任平、王金福、孙周兴、何卫平、夏镇平等几位先生也将"Hermeneutike"译为"解释学"。笔者在这里为了统一起见,在本文的相关引文中一律采用"解释学"的译法,相应地将 hermeneuein(Hermeneutike 的动词)译为"解释",以下不再注明。在此谨向本文所引文本的原译者致歉。

① ［德］伽达默尔:《诠释学Ⅱ:真理与方法》,洪汉鼎译,商务印书馆 2010 年版,第 115 页。

② ［德］海德格尔:《在一次关于语言的对话而来》,《在通向语言的途中》,孙周兴译,商务印书馆 2004 年版,第 117 页。伽达默尔也将"解释学"一词的词源追溯到赫尔墨斯,但他的理解与海德格尔有所不同:"赫尔墨斯(Hermes)是神的信使,他把神的旨意传达给凡人——在荷马的描述里,他通常是从字面上转达神告诉他的消息。然而,特别在世俗的使用中,hermēneus(解释)的任务却恰好在于把一种用陌生的或不可理解的方式表达的东西翻译成可理解的语言。"(［德］伽达默尔:《诠释学Ⅱ:真理与方法》,洪汉鼎译,商务印书馆 2010 年

之间的关系,他通过现代语言学揭示了把解释学一词的来源归于赫尔墨斯是一种虚构。耶格通过考证得出,其实早在 1629 年,丹恩豪尔(J.K.Dannkauer)为了遵循某种解释逻辑的纲领,就已经使用了"解释学"一词。但耶格不想把它看作是浪漫主义解释学的神学的预备阶段,即尽可能地排除解释学中的神学因素,而是指明解释学是 17 世纪的科学理论概念,认为丹恩豪尔把它与亚里士多德的工具论分析联系起来的目的在于通过解释的逻辑来扩充亚里士多德的逻辑,也就是说,是为了把解释学归并到逻辑学当中。① 伽达默尔并不同意耶格的这种看法,他指出:"耶格所遵循的思路是片面的。如果我们通览了这位博学的作者提出的整个语词史材料,尤其是语词的古典存在形式,那就决不会让自己只局限于逻辑学和科学理论。解释学这一语词的相关领域指示的倒是修辞学的领域。"伽达默尔同样无法理解的是,"为何作者(指耶格——引者注)要如此回避解释学一词和赫尔墨斯神的关系",他也无法感受到耶格把从赫尔墨斯神导出解释学揭示为一种虚构而表现出来的自鸣得意,因为在柏拉图的《伊庇诺米篇》中论述的解释学与占卜术(Mantik)的类似关系②已经表明,解释学这一语词指的是和神的交往,而这种交往并非十分容易,只有借助一定的解释技巧才能理解神的暗示意义。这里所涉及的任务其实与耶格承认的人文主义解释学的任务是相同的,亦即使不理解的东西成为可理解的。尽管耶格引证的传统证据很重要,"但却不是作为一种语言科学的论据,它只是有效地指出,解释学现象必须以及正被看得如何宽广而普遍:它被看作'一切

---

版,第 114 页)可以说,海德格尔与伽达默尔都认识到了"Hermeneutike"一词在词源上所包含的两层意思,即传达、告知与解释、翻译,这两层含义分别对应于解释学的两重任务,即理解与解释。海德格尔强调了前者,认为传达、告知才是其最本源的含义,在《存在与时间》中就体现为"理解"比"解释"更为本源,"解释"是"理解"的派生样式;但在伽达默尔那里,两者是同样源始的。这也从一个侧面表明了两人哲学旨趣的差异:海德格尔引入解释学是服务于其对存在的追问的,解释学本身并没有成为主题;但对伽达默尔来说,解释学本身就是哲学(李永刚:《历史主义与解释学——以"历史性"概念为核心的考察》,人民出版社 2016 年版,第 123 页注③)。

① 参见[德]伽达默尔:《诠释学 Ⅱ:真理与方法》,洪汉鼎译,商务印书馆 2010 年版,第 365—367 页。

② 参见[古希腊]柏拉图:《柏拉图全集》第 4 卷,王晓朝译,人民出版社 2014 年版,第 4 页。

思想的使节'"或"一种普遍的中介活动,这种活动不仅存在于科学的联系之中,更存在于实际生活的过程中。"①

让·格朗丹也指出,关于"解释学"与信使赫尔墨斯的联系与其说是正确,倒不如说是可信,因为关于它们之间的这种联系到目前尚未达成一致的意见,更好的词源学含义仍在考订之中。②

关于"解释学"词源的另一种看法,是德国宗教理论家格哈德·埃贝林(Gerhard Ebeling)在《历史与现代的宗教》第 3 卷中提出的。他认为,解释学一词的动词 hermeneuein 有三个向度:(1)用语词大声地表达(express),即"言说";(2)解释(explain),如说明一种境况;(3)翻译,如翻译一种外语。③ 也即是说,解释学是指某种陌生的东西通过话语被解释,或者是把陌生的、艰涩深奥的语言通过解释或分析变得易于理解,抑或是把陌生的、难以把握的语言翻译成适合于自己的语言,这三个向度中的每一种又构成解释学的一个独立且重要的意义。因而解释学可以指称三种相当不同的内容:口头叙述、合理的解释和对另一种语言的翻译。在这三种情况中,某种陌生的历史流传物或异质的用语习惯通过解释学而成为真实的、当下的和可理解的东西,这就是解释学的任务。

在古希腊,解释学作为一门精神科学的辅助学科,如逻辑学、语文学、修辞学一样是为对圣经或法学文本④的理解和解释提供一种方法或工具。据伽达默尔考证,到了 17 世纪,"解释学"才作为书名出现(1654 年丹恩豪尔出版

---

① [德]伽达默尔:《诠释学Ⅱ:真理与方法》,洪汉鼎译,商务印书馆 2010 年版,第 368、369、370 页。

② Cf.Jean Grondin, *Introduction to Philosophical Hermeneutics*, translated by Joel C.Weinsheimer, Yale University Press, 1994, p.22.

③ 转引自 Richard E.Palmer, *Hermeneutics: Interpretation Theory in Schleiermacher, Dilthey, Heidegger, and Gadamer*, Northwestern University Press, 1988, p.13。

④ 解释学意义上的"文本"(Text)一词在我国学术界有时又译为"本文",如陶远华等翻译的《解释学与人文科学》(河北人民出版社 1987 年版)中译本,薛华等翻译的《科学时代的理性》(国际文化出版公司 1988 年版)中译本,均将"Text"译为"本文",笔者在这里为了统一起见,一律将"Text"译为"文本"。在此谨向本文所引文本的原译者致歉。

《圣经解释学或圣经文献解释方法》)。① 自那以后,人们不仅掌握了解释的技术,而且能够从理论上来说明这种技术。但距离建立一门真正的理论还很遥远,直到 19 世纪,由于施莱尔马赫、狄尔泰等人的努力,解释学才成为一门关于对文本和人类历史解释的方法或技艺的科学。到了 20 世纪,海德格尔《存在与时间》的问世及其得意门徒伽达默尔《真理与方法》的出版,使解释不再是对文本和人类历史之理解的方法,而是成了人本身的存在方式,是人理解历史和创造历史的方式,解释学从一门理解的技艺学发展为本体论的解释学或哲学解释学。

## 二、作为四向度合一的解释学

### (一)作为"表达"的解释学

解释学(hermeneuein)语词意义的第一个向度是"表达"或"言说",这与解释学的词源——赫尔墨斯的意义是最为接近的。赫尔墨斯把诸神的口谕和指令传达至人间的时候就需要表达或言说,这种表达或言说本身就是一个重要的"解释"行为。当我们论及一位画家对一幅画的解释,或者一位朗诵者通过不同的声调对一首唐诗的解读来传达出他所领悟和理解到的更多的东西时,我们就说他有"解释"行为发生。从这个意义上来说,解释是一种言说的形式。

解释学的言说和口头吟诵之活力在很大程度上来源于口语的力量,与此相对应,我们注意到了书面语言的软弱性。从发生学意义上来说,口语要先于书面语言,与后者相比,前者的优势是显而易见的,口头语言有确定的主体(言说者)和对象(听众),两者共同在场,对话双方有着特定的语境、范围、主题。言说者的话语语调、面部表情、形体语言等构成的具体而生动的语境所传达出的意义是确定的、单一的;对于对象(听众)而言,在对话的过程中可以随时打断,即时提问,从而使讲话的意义在不断地追问中得到澄清。但口头语言

---

① 参见[德]伽达默尔:《诠释学Ⅱ:真理与方法》,洪汉鼎译,商务印书馆 2010 年版,第 116 页。

也有其自身的局限性,从时间上来说,口语稍纵即逝,不宜保存;从空间上来说,空间是有限的,听众也是有限的,阻止了人们进一步思想交流的欲望。

书面语言的产生克服了口头语言的局限性,从时间上,书写下来的语言具有持久性,有利于思想文化的传承;从空间上,书面语言原则上不受空间的限制,产生了更多的"听众",达到了思想交流的目的。但它的缺陷也是极其明显的,缺失了特定的历史语境和对话者之间的即时交流(言说者或对话者的任一缺场)使得文本的意义变得模糊而有多种理解的可能性。口头语言似乎拥有一种不可思议的力量,但它一旦成为视觉图像即书面语言时,就丧失了其中许多力量。因此口头解释者在面对文本时,必须要以生动的声音来"再现"它们,而这种"再现"并不是"一种表达完全被抄写下来的意义的纯粹技术性任务;它是哲学的和分析的,并且永远不能脱离理解本身的问题"①。正是在这个意义上,伽达默尔提出:"一切文字性的东西都是一种异化了的话语,因此它们需要把符号转换成话语和意义。正因为通过文字性就使意义遭受到一种自我异化,因此把文字符号转换成话语和意义就提出了真正的解释学任务。"②使这种转换成为可能的理解原则,构成了当代解释学理论的一个重要关注点。

(二)作为"解释"的解释学

解释学语词意义的第二个向度是"解释"。语词并非仅仅说出("表达")某样东西,还需要对某样东西进行分析性或推理性的解释,这同样是解释学的一种形式。如同赫尔墨斯把诸神的旨意和指令传达至人间时,他自己首先必须理解诸神的语言,懂得诸神的旨意和指令,否则他就无法给人间进行说明和解释。作为解释学基础的"表达",其自身是具体化和情境化的解释,是一种原初的解释,说明或分析性的解释是衍生的形式。在它开始分析或解释之前,其实已经预先用一种本质的和原始的解释筹划了自己的框架,文本被理解为

---

①　Richard E. Palmer, *Hermeneutics*: *Interpretation Theory in Schleiermacher, Dilthey, Heidegger, and Gadamer*, Northwestern University Press, 1988, p.17.

②　[德]伽达默尔:《诠释学Ⅰ:真理与方法》,洪汉鼎译,商务印书馆 2010 年版,第 553 页。

哪一种,就是由这种事先预设的框架所规定的,任何解释都包含着某种预设。正如海德格尔所说:"把某某东西作为某某东西加以解释,这在本质上是通过先行具有、先行视见与先行掌握来起作用的。解释从来不是对先行给定的东西所做的无前提的把握。……任何解释工作之初都必然有这种先入之见,它作为随着解释就已经'设定了的'东西是先行给定的,这就是说,是在先行具有、先行视见和先行掌握中先行给定的。"①在解释学中,这种"先行给定的"理解领域被称为"前理解"(又称为前见、偏见)。因此,解释不是在理解或表达之前可有可无的东西,而是理解总是包含着解释,解释总是包含着理解,即理解性的解释或解释性的理解。如果说"表达"是指向外,是将包含在人们内心中的东西让外人知道的话,"解释"则是指向内,是要努力洞察一种表达,以理解其内在精神;解释探讨外在意义背后暗含的、内在的意义,言说则表达出这种内在意义。因而我们可以看出,文本的解释处于解释者个人的意图或前理解的视域与文本本身之视域的张力之中。这两种视域的汇通或融合,在所有的解释中都必须被认为是一种基本要素,"这样一种融合过程是经常出现的,因为旧的东西和新的东西在这里总是不断地结合成某种更富有生气的有效的东西"②。所以,解释学的任务就是"筹划一种不同于现在视域的历史视域",但这种历史视域的筹划并不是为了使自己凝固为某种过去意识的自我异化,而是使自己的现在视域和历史视域相统一,从而"在理解过程中产生一种真正的视域融合"③。在解释者进入文本意义的视域之前,必须预先理解文本的主题和情境,而只有解释者达到历史视域与自己本身的现在视域相统一时,他才能理解文本的意义,如果没有这一视域融合,文本的意义就不会显现。

(三)作为"翻译"的解释学

"解释"语词意义的第三个向度是"翻译",翻译也是"产生理解"的基本解释过程的一种特殊形式之一,"每一种翻译,即便是所谓的逐字逐句的字面

---

① [德]海德格尔:《存在与时间》,陈嘉映、王庆节译,商务印书馆2016年版,第215页。
② [德]伽达默尔:《诠释学Ⅰ:真理与方法》,洪汉鼎译,商务印书馆2010年版,第433页。
③ [德]伽达默尔:《诠释学Ⅰ:真理与方法》,洪汉鼎译,商务印书馆2010年版,第434页。

翻译,都是一种解释。"①翻译所展示的是两个语言世界的对立,当文本使用的语言与读者自己的语言相同时,文本世界与它的读者世界之间是完全融合的,即使有小小的抵牾也不太会引起读者的注意。然而,当文本使用的是一种外语或者古语时,读者就不可能再忽略它们之间的语言障碍以及它们在视角和视域上的对立了,而翻译所执行的,就是把在读者看来是异质的、陌生的或难以理解的东西带入读者自己的语言当中。就像赫尔墨斯一样,把诸神语言世界当中的旨意和指令通过自己的理解和翻译带入人类的语言世界,充当着两个不同语言世界的中介者。翻译并不是一种寻找同义词的单纯机械性的行为,如翻译机器和翻译程序那样只是僵硬死板的直译,翻译者是在协调两个不同的语言世界,要顾及两方面的利益,或是过去与现在之间,或是文本视域与读者视域之间。"翻译者必须固守据以翻译的自己母语的权利,但同时也必须让外语对自己发生作用,甚至可以说,必须让原文及其表达方式的那种对立东西对自己发生作用。"②然后在这种不可排除的翻译者的视域同原文视域之间的必然距离中反复斟酌和磋商以寻找最佳的解决办法。这两种视域的相遇与融合不仅要通过语言,还要通过历史才能完成这种协调。举个例子来说吧。中华文化博大精深,不要说上下五千年,就是一两百年的时间间隔也会使语言发生某些变化,在文本中遇到陌生的、不熟悉的和晦涩的用语习惯时,要以文本的世界观或重构当时的历史语境为前提并融入文本理解之整体,而不是将其掩藏起来。解释这些语言和文本就涉及两种对立的历史世界和语言世界的照面,唯有深入当年的历史语境,考察当年的历史文化背景和语言使用习惯,并与当代的历史世界进行建构和整合,形成具有当代视域的对传统文化的有效传承和创新理解。这就不仅是语言学意义上的翻译问题,更是一个历史学意义上的翻译问题。唯有此我们才能充分地意识到,语言是文化传承的储存库,它不仅造就了我们的世界观,甚至也造就了我们对世界的感官认识。我们

---

① ［德］伽达默尔:《诠释学Ⅱ:真理与方法》,洪汉鼎译,商务印书馆2010年版,第430页。
② ［德］伽达默尔:《诠释学Ⅰ:真理与方法》,洪汉鼎译,商务印书馆2010年版,第544页。

存在于其中,并通过语言的眼睛来认识世界、认识自我。

（四）作为"应用"的解释学

解释学除了"言说"、"解释"和"翻译"的向度外,还包含有应用的向度,它贯穿于"言说"、"解释"和"翻译"之中,这三个向度的理解最终都以应用的形式表现出来。也就是说,解释学并不是为了言说而言说,为了解释而解释,为了翻译而翻译,应用也并不是理解之后的一种附加行为,而是理解本身的内在要素。这里所说的应用并非指某种普遍原理与个别事例的关系,而是指解释者把文本域与自己所处的具体历史境遇相结合来理解文本,并把对历史和文本意义的理解应用于自身。在古代最早出现的圣经解释学和法学解释学中,应用这一问题就已经具有其重要的位置,对一份宗教布道文的解释不应只看作是对一份历史文件的理解,而应该让其发挥拯救作用。同样,对法律条文不应只是历史地解释,而应该让其在具体的应用情况下体现它的效用性。因此,不管任何时候,对圣经文本和法律文本的正确理解总是要与其当时所处的具体境况相结合,从而以符合具体境况的不同方式重新被理解。在这里,理解总已经包含着应用的要素。正如伽达默尔所指出的那样,与克拉登尼乌斯和斯宾诺莎将理解和解释相分离（后文将详述这一点）,认为解释只是理解的派生形式或偶然行为不同,浪漫派将理解与解释相统一的做法对于解释学有着重要的意义。但其缺陷与优势一样明显,为了客观地理解文本的意义,他们注重发展出一整套理解技艺或方法论程序而遗忘了文本的真理内容,导致解释学中应用因素的缺失。结合圣经解释学中对圣经理解的教导性和历史性应用,伽达默尔认为,"在理解中总是有这样的事情出现,即把理解的文本应用于解释者的目前境况。"①这样,与"言说"、"解释"和"翻译"一样,应用也应当被认为是解释学的一个组成要素。

### 三、解释学性质规定的逻辑演变

利科在《诠释学与人文科学》中对解释学给予了一个在他看来是"暂时"

---

① ［德］伽达默尔:《诠释学Ⅰ:真理与方法》,洪汉鼎译,商务印书馆 2010 年版,第 435 页。

的,而在我们看来是非常经典的定义:"解释学是与文本(text)解释相关联的理解运作的理论。"①并非从人类诞生之日起就有关于理解运作的理论,而是随着语言的产生,在人类生活中也随之产生了这种需要。因此我们也可以这样认为,对文本的解释其实是对人类历史的解释,或者说是以文本解释的方式来把握人类历史,这种情形在本体论解释学中表现得异常明显。解释学从古希腊时期发展到现代,大致经历了这样五种性质规定或定义的逻辑演变:作为圣经注释的理论;文艺复兴时期的语文学解释学;施莱尔马赫的作为一种关于理解和解释科学或艺术的理论;狄尔泰追随施莱尔马赫,将解释学的范围进一步扩大到整个人类历史,发展为作为精神科学方法论的基础;狄尔泰将文本理解为重新体验过去的精神和生命以及把人类历史纳入解释学研究对象的努力,直接导致了海德格尔和伽达默尔作为存在论现象学的解释学和哲学解释学的出现,它不再关注如何理解和解释,而是追问何为理解和解释,它不再是一种方法论,而是一种本体论。

(一)作为《圣经》注释理论的解释学

对"解释学"一词最古老、也可能是最流行的理解,是指圣经解释的原则。为了对这种原则进行探讨和研究的必要,能够从理论上证明这种解释规则,就有了第一次以"解释学"作为书名的著作(1654 年丹恩豪尔(J. K. Dannkauer)出版《圣经解释学或圣经文献解释方法》)。根据帕尔默的理解,圣经解释学与当时的解经学,即对上帝的话的注释学是有区别的,解经学是对《圣经》或上帝的话的实际的评注,而解释学则是支配解经学的规则、方法或理论,这种区别不管是在当时的《圣经》文本中还是后来扩展到非圣经文本时,都是定义解释学的基础。② 帕尔默认为,《圣经》解释学的历史可以追溯到原始教会,教

---

① [法]保罗·利科:《诠释学与人文科学》,孔明安等译,中国人民大学出版社 2012 年版,第 3 页。

② Richard E. Palmer, *Hermeneutics: Interpretation Theory in Schleiermacher, Dilthey, Heidegger, and Gadamer*, Northwestern University Press, 1988, p.34. 洪汉鼎先生认为,圣经解释学就是解经学,即上帝的话的注释学。这种情形就像中国的"经学",当孔子说他"述而不作"、"信而好古"并删订诗书等《五经》后,就规定了我们以后发展的哲学只是对经典著作的注释。(参见洪汉鼎:《诠释学——它的历史和当代发展》,人民出版社 2001 年版,第 22 页)。

父,中世纪对《圣经》的四种解释,路德与神话的、教义的、人文主义的及其他解释体系之争,18 世纪批判—历史方法的产生以及这一时期对重塑《圣经》之解释起作用的综合力量,施莱尔马赫的贡献,与解释相关的虔信的历史学派,19 世纪 20 年代的辩证神学兴起以及当代神学的新解经学。在英语世界中,圣经解释学也可以用于对一些非圣经文本的解释,如一些模糊晦涩的或象征性的文本,需要一种特殊的解释以发现其隐含的意义,但更为普遍的定义依然是指对圣经注释的理论。

我们不难理解,丹恩豪尔的著作面世后,切断了牧师求助于教会的权威解释来决定解释问题的途径,同时也促进了人们去发展切实可行的独立解释《圣经》的标准,由此,在 1720 年至 1820 年之间,几乎每年都会有一些旨在帮助新教牧师的新的解释学指南问世。① 新教理论家们提出了圣经自解原则,他们认为经文本身就包含一种内在的融贯性和连续性,因此解释者既不需要借助传统或教会的权威来获得对《圣经》的正确理解,也不需要一种解释技巧或规则来适应古代的文字,《圣经》是可以自身解释自身的,经文本身就有一种明确的、可以从自身得知的意义。圣经由权威的、唯一的解释转化为多元化的理解。

(二)作为语文学方法论的解释学

随着近代科学的发展和启蒙理性的出现,宗教改革派极力反对教会对圣经的传统解释及其用多种文字意义方法处理圣经经文的方法,他们转向对圣经的文字研究,从而出现了一门新学科——语文学,这是试图从语言学和文献学角度对古典文本进行分析和理解的一门学问。古典语文学使圣经解释学转向圣经文字的研究,过去教会的独断论传统受到批判,尤其是寓意的方法也受到抨击,因而在解释学内部出现了一种新的方法论意识,"这种意识试图成为客观的、受对象制约的、摆脱一切主观意愿的方法"②,即它是为变化着的时代

---

① 参见[德]海恩利西(Heinrici):《解释学》,《新教神学和教会实用百科全书》(第 3 版)第七部分,第 719 页。转引自 Richard E.Palmer, *Hermeneutics: Interpretation Theory in Schleiermacher, Dilthey, Heidegger, and Gadamer*, Northwestern University Press, 1988, p.34。
② [德]伽达默尔:《诠释学Ⅱ:真理与方法》,洪汉鼎译,商务印书馆 2010 年版,第 118 页。

和人们不同的境况所要求的方式,而不是以我们自己要求的方式来谈论圣经中的主题。因此作为文字著作的圣经不仅必须遵从语法的解释,同时也要遵循历史的解释,前者指的是整体与部分的解释学循环的要求,解释学研究的个别对象——每一个词或语句的意义来源于它所处的语境和视域,它得以展现自身真正的相对意义的文本本身就是一个整体,只有借助这一整体,一切个别对象的意义才能得以完全理解;后者指的是,相对于整个世界历史意义而言,单个的文本又是个体,只有将这一文本历史性地还原于当时的历史语境,才能从整体上把握这一文本。相反,整体的意义也依赖于对这些个别对象的理解,只有通过这些个别对象,整体才能得到完全的理解。通过整体与部分之间的辩证互动,每一方都赋予对方以意义,因而理解是循环的。这种对圣经理解之循环的代表人物是马提亚斯·弗拉西乌斯·伊利修库斯(Mathias Flacius Illyricus,1520—1575 年),他在《圣经指南》或《论圣经文字的合理认识》中指出,凡是圣经中不是直接清楚的段落,我们可以通过整体与部分的解释学循环进行解释。它强调的是通过语境和语言用法的差异进行的解读,这主要是受当时专门使用数学语言的新科学方法意识向符号语言的普遍解释理论方向发展的影响。为了达到这种普遍性,解释学被作为逻辑学的一部分来进行探讨,并试图以一种普通语义学来奠定解释学的基础,其代表人物是约翰·马丁·克拉登尼乌斯(Johann Martin Chladenius)和格奥尔格·弗里德里希·迈耶(Georg Friedrich Maier,1718—1777 年)。不过一般说来,在 17 世纪,从语文学里成长起来的解释学学科仍然是零散的,它更多是为说教的目的而不是为哲学的目的服务的;它虽然也发展了一些方法论的基本规则,但这些规则绝大部分来自古代语法学和修辞学,总体上来说仍然只是一些规则的汇集,没有形成一门系统的科学。

(三)作为语言学理解之科学的解释学

"作为理解艺术的解释学还不是普遍地(一般地)存在的,迄今存在的其实只是许多特殊的解释学。"①施莱尔马赫(Friedrich Ernst Daniel Schleierma-

---

① [德]施莱尔马赫:《诠释学讲演》,《理解与解释——诠释学经典文选》,洪汉鼎主编,东方出版社 2001 年版,第 47 页。

cher)以这一纲领性的论断开始了他的 1819 年解释学讲座,用一句话来阐明他的基本目标就是:建构一种作为理解艺术的普遍解释学。从 19 世纪开始,人们试图超越那种只是作为一种解释技巧或规则之汇集的解释学观念,即一种无论对于任何文本——诸如宗教经文、法律文献或文学作品等在其本质上都是相同的理解艺术,这种理解艺术或解释学就不纯粹是语文学的解释学,而是对语文学方法论的根本批判,即是一种普遍解释学。这所有的要求都在施莱尔马赫那里达到了。他认为解释学的研究对象不应该只是那些精挑细选的古典的、权威的或神圣的文本,而应该扩大到包括所有流传下来的文本和精神作品,解释学不仅仅是理解和传达上帝的旨意和指令,而且更重要的是重新体验和重新认识文本所代表的意义,这些文本是作者的思想、情境、情绪和历史的再现。与此相应,解释学的任务就不仅仅是使我们接近神圣的真理,更重要的是发展一种有助于我们理解文本和精神作品的方法。这种方法之所以可能和必要,原因有二:一是各种类型的文本虽然存在差异,但构成这种差异的却是更为基础的统一性,因为文本都是语言性的,我们可以运用语法来发现句子的含义,而这些含义都是在普遍观念与语法结构的相互作用中形成的,这为理解提供了一种可能性;二是虽然文本的统一性是理解的基础,但它的差异性又使我们的理解可能会有偏差或误解,因而需要一种科学有效的方法来避免理解之误解的发生。正是在这个基础上,施莱尔马赫满怀信心地说:"要与讲话的作者一样好甚至比他还更好地理解他的话语。因为我们对讲话者内心的东西没有任何直接的知识,所以我们必须力求对他能无意识保持的许多东西进行意识。"①如何才能达到比作者自己更好地理解作者的理想状态? 施莱尔马赫提出了两种重构,即客观的重构和主观的重构,前者是一种语言的重构,即"我们对语言具有像作者所使用的那种知识,这种知识甚至必须比原来的读者所具有的知识还更精确";后者是对作者心理状态的重构,即"我们具有作

---

① [德]施莱尔马赫:《诠释学讲演》,《理解与解释——诠释学经典文选》,洪汉鼎主编,东方出版社 2001 年版,第 61 页。

者内心生活和外在生活的知识"①。这种普遍解释学的观念标志着非单一学科性的"解释学"之发轫,解释学由此才第一次将自身界定为对理解本身的研究。正是在这里,解释学历史性地从它的源头——圣经解释学和语文学解释学那里诞生了。

（四）作为精神科学方法论基础的解释学

自近代以来,自然科学和与之相对应的思维方式的发展,在一定程度上促进了精神科学的发展,但也不可避免地使精神科学遭受到了自然科学的挑战。"精神科学"一词最初是由约翰·斯图加特·穆勒(John Stuart Mill)提出的,主要指对人类历史和社会事实等精神领域的研究。他认为和自然科学一样,归纳法也是精神科学领域内唯一有效的方法。但正如气象学由于掌握的材料不充分导致预报的天气不准确一样,在精神科学领域内也会出现同样的情况,因而人们以一种否定的方式把这种认识描述为"非精确科学"。赫尔姆霍茨(Helmholtz)审察了自然科学和精神科学的区别,对应地提出了逻辑归纳法和艺术—本能归纳法,但这不是从逻辑上,而是在心理学上作出的区分,虽然两者都使用了归纳推论,但精神科学的推论方式是一种无意识的推断,因而他虽然尽力强调了精神科学的卓越和人道的意义,但对其性质的规定却是从自然科学角度出发所做的消极性的描述。② 面对这种局面,狄尔泰(Wilhelm Dithey)的使命就是为奠定精神科学的认识论基础而努力,而解释学就是一门可以作为所有精神科学基础的核心学科。在狄尔泰看来,自然需要说明(explanation),人则必须理解(understanding),前者指的是关于物体的原因与结果的知识,后者则是关于人类历史意义的知识。因而在理解和解释包括物质生活、文化、艺术等在内的人类历史时,就不能采用与自然科学相同的说明方法,而是要用理解的方法。唯有通过理解,人类的物质生活、文化、艺术等的意义

---

① ［德］施莱尔马赫:《诠释学讲演》,《理解与解释——诠释学经典文选》,洪汉鼎主编,东方出版社 2001 年版,第 61 页。

② 参见［德］伽达默尔:《诠释学Ⅰ:真理与方法》,洪汉鼎译,商务印书馆 2010 年版,第 11—14 页。

才能展现出来,也才能成为人类自我发现的过程,成为人关于自己的知识。而解释学是关于对历史和文本的理解及其方法的学问,狄尔泰由此看到了为精神科学奠定认识论基础的新希望,即在解释学中,为整个精神科学提供理解的一般方法论。狄尔泰是将"历史"引入解释学研究对象或者说将解释学方法引入对人类历史理解的第一人。关于对精神科学的理解和解释,狄尔泰提出了"体验"和"模仿"的概念,他认为经验是所有历史知识和历史理解的基础,解释学应该回到经验中,在对经验的体验中,达到对文本或历史的客观理解。但这种体验及与它所表达的精神性的东西的关系只能被非常近似地看作理解的基础,只有在作品中,它的真实性、稳定性、可见性和持续性使得对它有效的和确定的理解成为可能,于是就"产生了这样一个领域:在这个领域中,生命似乎在一个观察、反省和理论所无法进入的深处祖露自身",这是本己的自我向某种生命表现之总体的转移。在这种转移的基础上,"形成了理解的最高方式。在这种方式中,精神生命的整体参与到理解之中。这种理解方式就是模仿或重新体验。"①在狄尔泰看来,对人类历史的解释就是对历史流传物的解释,或者说对历史流传物的解释就是对人类历史的解释。这种历史主义的观点最终必将走向相对主义。狄尔泰对历史和历史流传物之生命表现式的理解已经预示着解释学在海德格尔那里的本体论转向。

(五)作为此在和存在理解的现象学解释学

当解释学发展到海德格尔这里时,它的中心问题已经不再是如何理解和解释,而是何为理解和解释,不是关于理解方法的认识论研究,而是关于理解本身的本体论研究。理解已经不是对历史文本解释的科学或规则的探究,也不是指精神科学的普遍方法论,而是此在对存在的理解,理解是此在的存在方式本身。海德格尔认为,此在最基本的存在方式就是它对存在的理解,而理解就是此在向着可能性筹划它的存在,这种筹划活动本身就是解释,因此只要此在存在,此在总是在理解自己。理解存在本身是此在的存在方式,此在成了存

---

① [德]狄尔泰:《对他人及其生命表现的理解》,《理解与解释——诠释学经典文选》,洪汉鼎主编,东方出版社 2001 年版,第 95、103 页。

在的证明之所,存在只有通过此在才能得以展示。于是,理解就不仅仅是认识论的问题,还是一个本体论的问题。这样,解释学就从关注规则和方法的认识论转向了此在理解自身的本体论。海德格尔对当代哲学解释学的又一贡献是他把现象学方法运用于解释学。他认为,虽然现象学所关注的现象隐藏不露,"但同时它又从本质上包含在首先与通常显现着的东西中","它构成这些东西的意义与根据",是构成存在的东西,而存在又向来是存在者的存在。因此,存在论只有作为现象学才是可能的,现象学是存在者的存在的科学,即存在论,"从这种探索本身出发,结果就是:现象学描述的方法论意义就是解释。……通过解释,存在的本真意义与此在本己存在的基本结构就向居于此在本身的存在之理解宣告出来。此在的现象学就是解释学"①。海德格尔的这些思想和方法,深深地影响着和感染着他的学生伽达默尔。后者遵循前者所开辟的解释学本体论转向的道路,将海德格尔在《存在与时间》及其后期著作中对解释学的贡献发展成关于哲学解释学的系统化著作——《真理与方法》。在这部著作中,伽达默尔详细地追述了从施莱尔马赫、狄尔泰到海德格尔的解释学发展历程,并对后者所实现的理解问题之本体论转向表示完全赞同,因为他看到,理解不是主体的某种行为方式,而是此在自身的存在方式。易言之,此在是在理解的过程中被建构起来的,此在的本质就是理解,是在理解活动中所呈现出来的东西。所以,哲学解释学的研究目的并不是像传统解释学那样创造出一整套关于解释的技艺或方法,而是要揭示所有理解所共有的东西,是对一切解释方法的前提批判,是对康德式的"理解何以可能"之问题的探索。伽达默尔指出,"这是一个先于主体性的一切理解行为的问题,也是一个先于理解科学的方法论及其规范和规则的问题",这不是一般的问题,而是哲学问题,因而"我本人的真正主张过去是、现在仍然是一种哲学的主张:问题不是我们做什么,也不是我们应当做什么,而是什么东西超越我们的

---

① [德]海德格尔:《存在与时间》,陈嘉映、王庆节译,商务印书馆 2016 年版,第 51、53 页。陈嘉映、王庆节两位先生将德文词"Verstehen"译为"领会",笔者根据上下义需要将其改译为"理解",下同。在此谨向原译者致歉。

愿望和行动与我们一起发生。"①这个"什么东西"就是哲学解释学的"效果历史意识"概念,其实与其说它是一种意识,不如说它是一种存在,人本身的存在方式,这种存在方式只有通过语言才能呈现出来,说到底,人的存在是一种语言性的存在。"能被理解的存在就是语言"②,这个主张的提出虽然使伽达默尔颇受非议,但毋庸置疑的是,他将解释学理论向前推进了一大步,进入了"语言学的"阶段。由此伽达默尔哲学解释学的首要问题便成了语言问题,他认为,一切理解都发生在语言之中,因为只有在语言世界中,解释者的存在、历史及对文本的理解才能显现出来。

---

① [德]伽达默尔:《诠释学Ⅱ:真理与方法》,洪汉鼎译,商务印书馆 2010 年版,第 554、552—553 页。

② [德]伽达默尔:《诠释学Ⅰ:真理与方法》,洪汉鼎译,商务印书馆 2010 年版,第 667 页。

# 第一章　伽达默尔哲学解释学的"历史观"

伽达默尔的哲学解释学思想主要体现在《真理与方法》一书中,该书分三部分来考察理解的真理问题。首先,伽达默尔通过批判康德美学主观化倾向实现了真理在艺术经验中的显现;其次,在恢复被启蒙运动贬斥的权威和传统的基础上,指出理解其实总是一些被误认为是独立存在的过去视域与现在视域的融合过程;最后,理解的实现形式是事物本身得以用语言表达,因此对事物的理解必须通过语言的形式而产生,语言是理解的中心。在以语言作为普遍媒介的艺术和历史领域的真理理解考察中,伽达默尔创立了庞大而缜密的哲学解释学体系。在这个体系中,无论是对艺术经验的理解,对理解前见的坚持,还是对语言视域的扩展,都无不渗透着历史的维度。虽然并非伽达默尔首次将"历史"概念引入解释学的领域,但无可争议的是,他把历史抬高到了无以复加的地位,他对权威的承认、对传统的继承和对理解之历史语境的强调和重视对我们产生了深刻影响,他的"视域融合"和"效果历史意识"概念时至今日仍然给我们的理解和解释以重要的理论指导。在我们考查伽达默尔哲学解释学的"历史观"之前,有必要对整个解释学历史做一简单梳理,因为只有将伽达默尔的哲学解释学镶嵌或还原于整个解释学发展的历史长河中,才能凸显出它的原创性和重要性。

## 第一节　生成与解构:解释学历史发展的演进逻辑

任何一门科学或理论都有一个从不科学到科学、从建立到成熟再到完善的过程，解释学也不例外。解释学一词最初只运用于对圣经和法律文献等特殊文本的解释，从对这种特殊文本的解释兴起的传统解释学将文本视为解释的客观对象，并努力探究一种合理的方法来理解文本所展现的人的精神世界，为此耗尽了先哲们数百年的大好光阴。无论是宗教改革运动中的"圣经自解原则"，还是"比作者自己更好地理解作者"的提法，无疑都将对文本自身的理解作为解释学的出发点和最终目的，而把解释者自身的历史排除在理解之外，导致解释主体的"自我遗忘"。这与古代哲学在人之外寻求一种解释世间万物的原生性本体的哲学主题和模式是相对应的。海德格尔认为，正如古代哲学用思辨的方式从存在中剥离出"存在之存在"以后，真正的存在反而被遮蔽在"存在之存在"的研究之下一样，传统解释学不是在人的历史存在中来解释人的精神客观化物，而是试图站在绝对存在的角度上，以超历史的方法来解释人的精神客观化物进而解释人的存在。海德格尔批判了西方哲学对"存在的遗忘"的思想，认为必须把历史问题放在首位，真正的问题不是以什么方式来理解文本和存在，而是理解本身就是一种存在，人在自己的历史存在中理解自己、理解历史。这是一种主体化或完全主观化的解释。为了避免海德格尔的主观主义倾向，伽达默尔提出了解释者与作者之间的"视域融合"以及理解的"效果历史意识"概念，从而使理解展现为主体与客体的统一。对意义的理解同样也是后现代解释学探求的主题。哈贝马斯认为，理解不是像传统解释学那样对客观意义的复原和重建，也不是如哲学解释学那般在纵向的历史向度中的存在，而是多极主体之间在普遍语用学为前提的交往行为中达到的相互理解和协调。德里达干脆消解了主体、消解了作者、消解了文本意义，认为文本意义是在多极异质主体中形成的多元性意义，因而意义永远在不断出场又不断延搁的途中。在对解释问题进行"知识考古学"式的研究和分析后，根据对文本和历史解释追问方式的不同，我们将从传统解释学、哲学解释学到后现代解释学的演化逻辑划分为客体论解释学时期、主体论解释学时期和主体际解释学时期。① 客

---

① 笔者注意到，美国解释学家理查德·E.帕尔默对解释学的发展做了三阶段的划分：局部解释

体论解释学时期包括从最早的圣经解释学到狄尔泰的生命解释学,它们或者把特定的文本,或者把人类精神世界的所有作品或者把历史本身当作解释学的客观对象,解释者只是揭示或显现对象本身的意义,解释者对自身的解释活动是"遗忘"的。主体论解释学时期以海德格尔和伽达默尔为代表,在他们看来,理解和解释并不仅仅是认识论的,更主要的是本体论的,对文本的解释就是对历史的解释,对历史的解释就是对人本身之存在的解释。不是用方法来规定存在,而是用存在本身来解释存在。这种自觉的解释主体的反思意识推进了解释学理论的发展。主体际解释学时期以哈贝马斯和德里达为代表人物,哈贝马斯批判伽达默尔给予权威和传统以合法性地位,认为在技术理性主宰的时代,日常生活世界中的语言被货币和权力所扭曲而成为一种意识形态,具有欺骗性和不可理解性,因而真正的理解前提不是具有合法性地位的前见,而是建立在普遍语用学基础上的交往机制。以德里达为代表的后现代主义解释学认为,理解就是在"无底的棋盘"上进行的解释游戏,文本符号不断膨胀,

---

学、一般解释学和哲学解释学,并将伽达默尔和德里达作为哲学解释学的代表人物来研究,认为"他们根据现象学的传统及其对客观知识的批判,对文本解释的条件进行反思",因而他们"批判那种只按照文本而根本不考虑存在的形而上学的问题而进行解释的、局限性很大的研究方法",主张"在形而上学的问题的具体情况中去理解解释"([美]理查德·E.帕尔默:《解释学》,孟庆时译,《哲学译丛》1985年第3期)。在此基础上,国内学者王治河先生把解释学的历史发展简化为传统解释学(即局部解释学和一般解释学)和后现代解释学(即哲学解释学)两个阶段。在他看来,解释学在20世纪六七十年代发生的后现代转向,使得解释学在很大程度上已不再是传统意义上的解释学,而是嬗变成后现代解释学了,"尽管也许直接发动这场解释学革命(指解释学的后现代转向——引者注)的某些代表人物(如伽达默尔)主观上并没有想始终如一地坚持一种彻底的后现代立场,意欲对传统解释学实施彻底地颠覆,但客观上确实在传统解释学的大船上戳了个不小的洞,致使它在后现代大潮中几近颠覆。"(王治河:《后现代哲学思潮研究》(增补本),北京大学出版社2006年版,第191—192页)此外,美国学者斯潘诺斯也将海德格尔和伽达默尔的哲学解释学归入后现代解释学,认为他们与主张以差异性的、正在进行中的、暂时性的、极度历史性的理解为基础的后现代解释学是一致的(参见W.V.斯潘诺斯:《后现代文学及其机遇》,载王岳川、尚水编:《后现代主义文化与美学》,北京大学出版社1992年版,第213—214页)。我们认为,虽然以伽达默尔为代表的哲学解释学批判了传统解释学的方法论旨趣,但与哈贝马斯和德里达的解释学强调多极异质主体(即"主体—主体"模式)的交往和对话不同,他们依然在"主体—客体"模式中追寻此在在文本中获得的真理。因此,根据对文本和历史解释追问方式的不同,本文把从传统解释学、哲学解释学到后现代解释学的演进逻辑划分为客体论解释学、主体论解释学和主体际解释学三个阶段。

意义无限延搁,不同的人在同一时间或同一个人在不同时间段里的理解是不同的,多极异质主体造就多元性意义。

## 一、历史与方法:客体论解释学时期

这个时期的解释学发展包括从古代解释学到 19 世纪施莱尔马赫的普遍解释学和狄尔泰的作为精神科学方法论的解释学。狄尔泰①是解释学史上承前启后的人物,从他专注于对解释的方法论研究来讲,他属于客体论解释学时期,是从古代专门解释学到普遍解释学的完成者;从他将人类历史引入解释学,以"模仿"和"体验"的方式来解释历史文本来讲,他应被划归于主体论解释学时期,是主体论解释学的开启者。但与我们后面将要提到的海德格尔实现解释学的本体论转向来说,狄尔泰的解释学还是"方法论"的,正如利科所指出的,"狄尔泰处于解释学的重要转折点上,此时讨论问题的范围扩大了,但它仍然表现出整个新康德主义时代所特有的那种关注认识论辨析的特点。"②鉴于此,我们将他纳入到客体论解释学时期的代表人物来研究。

(一)路德:圣经自解原则

解释学从一开始就是关于意义研究的理论。在古代解释学那里,无论是西方的圣经解释学还是中国的古典解释学,其对意义的追寻"都主张在人之外的世界本体中寻找一种原生性意义,即所谓'本然善'或'本然意义'的存在"③,认为解释的对象是在人之外的客体。圣经解释学是用来解释神的符号或圣经文本的意义,由于上帝是世间一切事物的创生者和支配者,是不动的推动者(亚里士多德语),所以对神的符号或圣经文本意义的解释就是对世间一切事物的产生和发展的原因的追寻。但不管怎样,万物之原初意义或元意义是与生俱来的,具有自足性和完满性。正是在这个意义上,柏拉图在《伊庇诺

---

① 加拿大学者让·格朗丹把狄尔泰称为第一位解释学史家。See Jean Grondin, *Introduction to Philosophical Hermeneutics*, translated by Joel C. Weinsheimer, Yale University Press, 1994, p.39.

② [法]保罗·利科:《诠释学与人文科学》,孔明安等译,中国人民大学出版社 2012 年版,第 8 页。

③ 任平:《创新时代的哲学探索——出场学视域中的马克思主义哲学》,北京师范大学出版社 2009 年版,第 242 页。

米篇》中将解释学与占卜术或预言联系起来,认为解释学是一门传达神的旨意的艺术,一门通过寓意的理解从字义中猜测出神意的艺术。但他认为这种知识并不导致智慧,"因为他们只知道神谕是怎么说的,但无力道出神谕的真假"①。中国古代的先哲们感应社会现实的需要,在参与社会变革的实践时,也自觉地整理文化经典,研习文化经典,但无论怎样思考新的社会现实问题,无论怎样建构自己新的思想学说,却大都言必称"先王之道",行不废古代经典。例如孔子反复宣称自己"信而好古"、"述而不作"(《论语·述而》);墨子更是虔诚地表白:"昔者周公旦朝读书百篇,夕见漆(七)十士,故周公旦佐相天子,其修至于今! 翟上无君上之事,下无耕农之难,吾安敢废此。"(《墨子·贵义》)正是他们,在重新解释古代文本的过程中,实现了对意义的探寻,也捍卫了意义的本源性。

由此可见,早期解释学与其说是关于理解和解释的理论,不如说是一种对神圣文本理解的实践指南。那些名为"解释学"的著作通常只是一种纯粹实用的、偶然的旨趣,它们对某些神圣著作的难懂段落作出解说,并以此来帮助人们理解那些深奥的文本。正是在对那些深奥的文本必须得到理解和解释的领域内,对于这种活动性质的思考首先发展起来了,"伴随着这种发展,某些类似我们现代意义上的解释学的内容也被提出来了。这种情况特别发生在神学领域内"②,最鲜明的表现是宗教改革家马丁·路德(Martin Luther,1483—1546 年)提出的"圣经自解原则"③,在此之前奥古斯丁(Augustine,354—430

① [古希腊]柏拉图:《柏拉图全集》第 4 卷,王晓朝译,人民出版社 2003 年版,第 4 页。关于《伊庇诺米篇》是否为柏拉图本人的著作,学术界仍有争议,例如有学者认为它是柏拉图的学生、奥普斯的菲利普斯(Philipus of Opus)的作品,但多数学者持肯定态度,因为《伊庇诺米篇》中所表述的思想与柏拉图本人思想一致,因而这里我们把它视为柏拉图本人的著作。

② [德]伽达默尔:《科学时代的理性》,薛华等译,国际文化出版公司 1988 年版,第 82 页。

③ 让·格朗丹指出,解释科学的兴起与新教的兴起是一致的,路德的宗教改革运动为解释学的革命奠定了基础,他的解释学与对圣经的注释有关,这种注释在当时是一种改革。但正因为他只关注"注释",只注重语文学意义上的圣经研究,无可避免地就轻视了哲学和理论的追求,所以他的解释学思想并没有建立起一种真正的解释学理论。(Jean Grondin, *Introduction to Philosophical Hermeneutics*, translated by Joel C. Weinsheimer, Yale University Press, 1994, pp.39–40)

年)也假定:"圣经从根本上讲是清楚的,甚至连小孩也能接受"①,在他看来,只有当难懂的段落出现理解的困难时,明确的解释学的反思才成为必要。众所周知,基督教产生以后,圣经被看作是上帝的指令和旨意的载体,因此对圣经的解释对于人们的日常生活来说具有非比寻常的意义,也正是这个原因,对圣经的理解一直受制于教会的权威和独断论传统。在对圣经解释的过程中,神学家们提出了对圣经理解的多重意义说。早在教父时期,人们就提出了文本意义应该区分为历史性的文字意义和神秘性的精神意义。中世纪的解释学家们把后一种意义又进一步划分为譬喻的意义(即具有象征性特征的精神符号)、道德的意义(即圣经对人们日常生活的规范性和指导性影响)、通往的意义(即通往或通达神圣以及不可言喻之物)②,并与文字的意义合称为"四重意义学说"。随着文艺复兴的出现和自然科学的发展,神学信仰逐渐让位于科学,解释学也逐渐发展成为一门对理解和解释本身进行反思的学科,具体说来,就是路德圣经自身解释自身原则的提出。在他看来,"我们既不需要传统以获得对《圣经》的正确理解,也不需要一种解释技术以适应古代文字四重意义学说,《圣经》的原文本身就是一种明确的、可以从自身得知的意义,即文字意义",因此《旧约圣经》"不能通过一种隐喻的解释而获得其特殊的基督教要义。我们必须按照字义去理解它,而且正是由于我们按照字义去理解它,并把它视为基督拯救行为所维护的法则的表现,《旧约圣经》才具有一种基督教义的重要性。"③前面已经提及,早在教父时代圣经自明性的这种观点已经存在了,从这方面来说,我们可以把路德对圣经隐喻的理解和四重意义学说的否定看作是对教父态度的恢复。而他的重返字义的观点表明,对圣经精神的理解不要在字义背后去寻找,它就在作为信仰实现的语词中与我们照面。

宗教改革派的神学虽然反对了教会传统对圣经的独断论理解,提出了圣

---

① 转引自 Jean Grondin, *Introduction to Philosophical Hermeneutics*, translated by Joel C. Weinsheimer, Yale University Press, 1994, p.34。

② 参见彭启福:《理解之思——诠释学初论》,安徽人民出版社 2005 年版,第 11 页。

③ [德]伽达默尔:《诠释学 I:真理与方法》,洪汉鼎译,商务印书馆 2010 年版,第 253 页。

经自身解释自身的原则,从语文学的意义上推动了当时对文本意义的研究,实现了解释学理解原则科学化的变革。但无可争议的是,它依然"束缚于一种本身以独断论为基础的前提。它预先假设了这样一个前提,即《圣经》本身是一种统一的东西","它排除了对《圣经》的任何可能考虑到其文本相互关系、目的和组织结构的正当的个别解释"①,即是说它忽略了这样一些原则:深入到圣经文本出场的历史语境和实践中来理解,也忽视了那些从不同的历史语境出发对圣经文本所做的不同的理解。随着近代自然科学的发展和启蒙运动的兴起,理解和解释的领域就不仅仅局限在宗教神学内部,而是扩大到法学领域(对法典的解释)甚至是医学领域(对疑难病症的解释),相应地,宗教改革派对圣经文本理解的局限性也就被这一时期的解释学历史地克服和超越了。

(二)理性的时代:解释与教育的普遍性

17、18 世纪是一个弘扬理性的时代,这种对理性的弘扬同时促使了解释学思想的快速发展,并确立了解释学作为一门独立学科的地位,这需要从第一次将"解释学"作为书名来使用的丹恩豪尔说起。

丹恩豪尔(J.K.Dannkauer,1603—1666 年)于 1654 年将"解释学"作为书名出版专著,标志着解释学作为一门学科地位的确立,不过这在狄尔泰看来没什么实质性的意义,伽达默尔在《真理与方法》中也没有提到他,在后来发表的对《真理与方法》的继续补充的论文中也只是一笔带过。② 我们认为,丹恩豪尔在解释学史上的意义远远超过了他用"解释学"作为书名这一偶然事件。因为据哈索·耶格(Hasso Jaeger)考证,丹恩豪尔早在 1629 年就使用了"解释学"这一新词,并在 1630 年发表的一篇论文中提出了普遍性的解释学观念,他想从科学理论的角度去建立一门新的学科,用他自己的话说就是"oikonomia"。他从亚里士多德的《工具篇》出发,以一种补充传统逻辑学的方式发展了他的普遍解释学,这在当时曾控制了整个亚里士多德主义,并作为一种"解决方法"

---

① [德]伽达默尔:《诠释学Ⅰ:真理与方法》,洪汉鼎译,商务印书馆 2010 年版,第 254、255 页。
② 参见[德]伽达默尔:《诠释学Ⅱ:真理与方法》,洪汉鼎译,商务印书馆 2010 年版,第 116 页。

而享誉匪浅。① 耶格指出,所有的科学都会涉及一门与解释,尤其是与文本解释相关的普遍科学,这就是解释学。解释学的目的在于确定意义本身,并不涉及与意义相关的事物本身的真假问题,"在思想的层面上,一种表达的意思可能很模糊或使人迷惑,在它被检验为逻辑的或事实的真以前,它的意义需要通过一门普遍的和科学的解释学来确定。"②因此,解释者的任务就是分析那些模糊的或者使人迷惑的但又可以解释的话语,以区分出真实意义与虚假意义。丹恩豪尔的普遍解释学观念在他的追随者那里又得到了进一步的发挥,基于此,如果将施莱尔马赫1819年讲演的名言——"作为理解艺术的解释学还不是普遍地(一般地)存在的,迄今存在的其实只是许多特殊的解释学"③——作为解释学从局部向普遍发展的第一步,现在看来是有待商榷的。

那么,17、18世纪的理性主义又是如何看待对圣经的理解和解释的呢?斯宾诺莎(Spinoza,1632—1677年)在《神学政治论》第七章一开始就批判了教会传统对圣经的寓意解释,指责神学家们借上帝之名,行一己之私。他们根据圣经的原文来附会他们自己的虚构和言语,用神的权威为自己呐喊助威;他们不是在尊敬圣灵的著作,而是在为自己的注释做申辩。因此,斯宾诺莎指出必须要探讨解释圣经的正确方法,以获取圣经与圣灵的真正意义。在他看来,"解释《圣经》的方法与解释自然的方法没有大的差异。事实上差不多是一样的。因为解释自然在于解释自然的来历,且从此根据某些不变的公理以推出自然现象的释义来。所以解释《圣经》第一步要把《圣经》仔细研究一番,然后根据其中根本的原理以推出适当的结论来,作为作者的原意。"④与关于自然

① 参见[德]伽达默尔:《伽达默尔集》,严平编选,邓安庆译,上海远东出版社2003年版,第215—217;See Jean Grondin, *Introduction to Philosophical Hermeneutics*, translated by Joel C. Weinsheimer, Yale University Press, 1994, p.48.

② Jean Grondin, *Introduction to Philosophical Hermeneutics*, translated by Joel C. Weinsheimer, Yale University Press, 1994, p.49.

③ [德]施莱尔马赫:《诠释学讲演》,载《理解与解释——诠释学经典文选》,洪汉鼎主编,东方出版社2001年版,第47页。

④ [荷]斯宾诺莎:《神学政治论》,温锡增译,商务印书馆2016年版,第103页。

的知识只能求之于自然一样,关于圣经的知识也只能求之于圣经,斯宾诺莎在这里提出了理解圣经的历史—语文学的方法。他认为圣经的理解可以区分为两种情况:一是圣经中所含有的那些道德信条,它们就如同几何学的公理一样,对我们来说是一种无历史的不证自明性,因此只需要用共信的公理来证明并付诸实施。正因为它们是明白的和清楚的,所以我们可以直接理解。二是在涉及一些具体的事物或是使用语言的方式时,则要根据圣经的历史(这里的"历史"包括圣经著者的生平、用语习惯以及写就圣经时所使用的语言等)来研究圣经,避免被我们的自然理性所误,因此"必须完全根据文字的含义,用清醒的心,只据《圣经》"[1]来理解圣经。综上,我们可以看出斯宾诺莎在这里提出了这样一个解释学原则:那些清楚明白的东西,例如像那些道德信条我们可以直接理解;那些比较模糊或者使人迷惑的东西,则需要深入了解作者的生平、语言习惯以及从作者的整个著作出发来弄清作者的意思。在这里,对作者意图的理解只涉及命题的意义而无关命题的真理,即只涉及作者所意味的东西是什么,至于它是否符合我们的观点则是无关紧要的。[2] 也正因为此,才需要排除一切先入之见,甚至是通过人的自然理性所得来的东西。所以,理解是必需的,解释是辅助的,即理解可以不借助解释而直接进行理解,而解释是理解进行不下去或理解不了的时候才需要的解释。

约翰·马丁·克拉登尼乌斯(Johann Martin Chladenius,1710—1759 年)是 17、18 世纪启蒙理性时代的又一著名代表人物,他的最大贡献在于提出解释学的教育性。克拉登尼乌斯认为人的知识来源于两方面:一方面是通过自身的思考和发现得来的知识;另一方面是通过理解和解释别人的经典著作获得的知识。与此相对应的两种认识的原则分别是思考力和解释力。思考力是每个人必须具有的,解释力则没有什么用处,因此解释学在他那里具有偶缘的性质。与以前的解释学传统一样,克拉登尼乌斯的解释学关注的也是那些难懂的句子和段落,但它并不涉及所有难懂的段落,而只涉及那些在解释者能力

---

① [荷]斯宾诺莎:《神学政治论》,温锡增译,商务印书馆 2016 年版,第 105 页。
② 参见[荷]斯宾诺莎:《神学政治论》,温锡增译,商务印书馆 2016 年版,第 105 页。

之外的难懂,"这种难解是由于这样一个事实造成的:仅仅字句并不总能将与之关联的作者的思想传达给读者,对语言的熟悉了解本身并不总能使我们理解段落以及由段落所构成的书中的一切。"①字句是清楚的,语言是了解的,之所以"难解"是由于对文本本身的背景知识的缺乏所造成的。情况确实是这样,如果说阅读古代文本所遭遇到的难懂,那是因为古人的用语习惯与我们不同,当然部分地也是由于我们不了解当时的历史知识和相关资料。那么,在阅读与我们同时代的文本尤其是那些被公认为晦涩的哲学书籍时为什么也常常出现难懂呢? 字句是熟悉的,语言是常用的,可读完之后仍是一头雾水,不知所云。这就是克拉登尼乌斯所说的背景知识或历史知识的缺乏所导致的结果,他在这里触及一个根本的语言现象,"语言总是试图从字面上表达某种东西,但这个'东西'常常处于晦暗之中,因为这些话语在接受者那里没有引起与说话者所指的相同的意义和效果。"②如何进行解释才能使接受者和说话者的所指是相同或一致的? 在克拉登尼乌斯看来,这是一个纯教育的问题③,只

---

① 转引自 Jean Grondin, *Introduction to Philosophical Hermeneutics*, translated by Joel C. Weinsheimer, Yale University Press, 1994, p.53.这是克拉登尼乌斯提出的第四种形式的难懂,也是唯一与解释学相关的难懂。其他三种分别是:一是由语言的误用所造成的难懂,这是批判及其艺术的事;二是对文本语言本身缺乏洞察所引起的难懂,这需要语文学家或语文教师来消除;三是本身就不明确的字句和段落,这需要将它们接受下来或加以批评,如果从解释学上将它们消除显然是有违文本的本义。[参见 J. M. Chladenius, *Einleitung zur richtigen Auslegung vernünftiger Reden und Schriften*, Leipzig, 1742. (Rpt. Düsseldorf, 1969.) preface, n. p. 转引自 Jean Grondin, *Introduction to Philosophical Hermeneutics*, translated by Joel C. Weinsheimer, Yale University Press, 1994, pp.51-53]

② Jean Grondin, *Introduction to Philosophical Hermeneutics*, translated by Joel C. Weinsheimer, Yale University Press, 1994, p.53.

③ 无独有偶,有学者已经从解释学的视角来研究教育或从教育的视角来研究解释学,或许这与本文的联系不是很紧密,但从一个侧面也反映出当前学界对解释学与教育关系的一种新的研究动向。正如肖恩·加拉格尔在《解释学与教育》的"前言"中所说:"事实上,在把它们(指解释学和教育——引者注)联系起来和重新确立它们关系的过程中,很有可能获得有关每一种内部看待所发现的多种冲突的新看法。这就是本研究的一个目的"([美]肖恩·加拉格尔(Shaun Gallagher):《解释学与教育》,张光陆译,华东师范大学出版社 2009 年版,"前言"第 1 页)。国内学者的相关著作有:邓友超:《教育解释学》,教育科学出版社 2009 年版;冯苗:《教育场域中的对话——基于教师视角的哲学解释学研究》,教育科学出版社 2011 年版。

有"增加那些对于完善理解一段原文是必要的概念"①时才能进行解释,解释的过程就是一个教育的过程,是教师排除那些原文中阻碍学生完善理解的晦涩疑点的过程。因此,理解和解释不是一回事,理解是一种思考能力,只要我们知道了文本所涉及的东西,一般地就能直接理解文本。理解是对文本所涉及的东西的理解,即对真理的把握;解释则是在"完善理解"遭遇障碍时的一个例外情况,是对文本意义的把握。② 伴随自然科学的进展和启蒙运动的影响,要达到"完善理解"的要求则越来越困难,因而解释学的产生也就是必然的。克拉登尼乌斯还提出了作者意图和文本理解的关系问题。在他看来,对作者意图的理解和对文本的理解不是一回事,因为对文本的理解可能超出作者的意图,即使是情况相反,即作者的意图超出了我们对文本的理解,解释学也不是去理解那些"超出"文本内容的作者的意图,而是去把握文本本身的真实的意思。可以说,这些思想和观点为施莱尔马赫普遍解释学的建立提供了良好的思想基础和理论准备。

(三)施莱尔马赫:比作者更好地理解作者

正如伽达默尔所指出的,从神学和语文学那里发展起来的解释学学科只是片段解释规则的汇集,仍然是零散的,更多的是为了说教,"只有到了施莱尔马赫(受 F.施莱格尔的启发)才使解释学作为一种普遍的理解和解释的理论而摆脱了一切独断论的和偶然的因素"③,这样一种理论"不仅必须超越文本的特殊性,而且也必须超越分散于其中的理解艺术的规则和方法的特殊性"④。

施莱尔马赫(Friedrich Ernst Daniel Schleiermacher,1768—1834 年)和伽达

---

① 转引自[德]伽达默尔:《诠释学Ⅰ:真理与方法》,洪汉鼎译,商务印书馆 2010 年版,第 263—264 页。
② 这与斯宾诺莎"我们不管文中所含的真理,只管意义"的观点是截然相反的([荷]斯宾诺莎:《神学政治论》,温锡增译,商务印书馆 2016 年版,第 105 页)。
③ [德]伽达默尔:《诠释学Ⅱ:真理与方法》,洪汉鼎译,商务印书馆 2010 年版,第 121—122 页。
④ [法]保罗·利科:《诠释学与人文科学》,孔明安等译,中国人民大学出版社 2012 年版,第 5 页。

默尔是同乡,同样生于德国的布雷斯劳,1805 年开始在哈雷大学神学系任教直至 1834 年去世,"神学家施莱尔马赫同时也是个哲学家。这位福音书的传播者也是个解释柏拉图著作的先导者"①,因此理解和解释问题一直是其学术研究的理论基础。施莱尔马赫非常客观地评价道:"语文学在整个历史上曾经做了积极的贡献。但它的解释学方式只是积累观察"②,而发展一门普遍的解释学或理解的技艺学则是他要实现的历史使命。

解释学是避免误解的技艺学。与理性时代的解释学家们认为理解是直接发生的,解释只是在个别情况下遭遇"难解"时才是必要的观点不同,施莱尔马赫认为,由于文本作者和解释者在时间、语言、历史背景和环境诸方面的差异,造成了他们之间的个性化存在和交往的中断,因而理解并不是像斯宾诺莎和克拉登尼乌斯所说的那样是自行发生的,误解被避免了,而是正确的理解不会直接产生,必须要通过解释,理解和解释是同一的。在这个意义上,他区分了不严肃的解释学实践和严肃的解释学实践(甚至更详细地区分了质的误解与量的误解、主动的误解与被动的误解)。③ 前者意味着对文本的理解是直接的,疑难和误解是偶然的,它把误解看作为孤立的、个别的问题,因而它的解释学是一种观察的综合,也必然是一种特殊的或专门的解释学;后者是指对文本的直接理解是不可能的,一切自行发生的理解都是误解。解释不再是偶然的教育手段,而是理解的必要条件,施莱尔马赫的特殊成就在于代替"观察的聚集"而发展了一种普遍的解释学或理解的技艺学,因此他把解释学定义为"避免误解的技艺"④。这个定义超出了专门解释学解释实践的偶尔教育作用,使解释学获得了一种方法论上的独立性。

---

① [德]F.W.卡岑巴赫:《施莱尔马赫》,任立译,中国社会科学出版社 1990 年版,第 3 页。
② [德]施莱尔马赫:《诠释学讲演》,载《理解与解释——诠释学经典文选》,洪汉鼎主编,东方出版社 2001 年版,第 48 页。
③ 参见[德]施莱尔马赫:《诠释学讲演》,载《理解与解释——诠释学经典文选》,洪汉鼎主编,东方出版社 2001 年版,第 59—60 页。
④ 转引自[德]伽达默尔:《诠释学Ⅰ:真理与方法》,洪汉鼎译,商务印书馆 2010 年版,第 267 页。

理解就是重构作者的思想。既然误解是普遍的、正常的情况,那么如何避免误解,达到对作者思想的正确把握呢? 施莱尔马赫提出了"重构"作者思想的观点,他认为文本的意义就是文本所传达的作者的思想或观念,而理解和解释就是重述或重构作者的思想或观念,对此他提出了两种重构法,即客观的重构和主观的重构。客观的重构又分为客观的历史的重构和客观的预期的重构,前者是考虑话语如何在语言整体里起作用,并把话语的自我包含知识认为是语言的产物;后者是估量话语本身如何发展语言。因而客观的重构就是"我们对语言具有像作者所使用的那种知识,这种知识甚至必须比原来的读者所具有的知识还更精确"①,很显然,客观的重构是一种语言上的重构。主观的重构相应地也分为主观的历史的重构和主观的预期的重构,前者指认识话语如何是精神的事实;后者指预期包含在话语中的思想如何又出现在讲话者的心灵里以及对他发生影响。因而主观的重构是"我们具有作者内心生活和外在生活的知识"②,是对作者心理状态的重构。在这里我们注意到,应当被理解的东西不仅仅指对文本意义的理解,还包括对作者心理状态或个性的理解,而只有返回到思想产生的根源,即重新获得作者精神中的"出发点",文本的意义才能得以完全理解。因此,"对于斯宾诺莎来说是理解的界限、因而需要转向历史研究的东西,对于施莱尔马赫来说,则是正常的东西,并构成他由以发展其理解学说的前提"③,这就是他的创造性的贡献——心理学的或技术的解释。在施莱尔马赫看来,语言不过是思想的表达方式,语法的解释关心的是某种文化共同具有的语言特性;心理学的解释则是一种把自己置于作者的创作过程中的活动,即通过"心理移情"的方式进入作者创作文本时的历史语境,是对文本撰写的"内在根据"的把握。因而心理学的解释是对创造行为的模仿,"是一种对原来生产品的再生产,一种对已认识的东西的再认识,一

---

① ［德］施莱尔马赫:《诠释学讲演》,载《理解与解释——诠释学经典文选》,洪汉鼎主编,东方出版社 2001 年版,第 61 页。

② ［德］施莱尔马赫:《诠释学讲演》,载《理解与解释——诠释学经典文选》,洪汉鼎主编,东方出版社 2001 年版,第 61 页。

③ ［德］伽达默尔:《诠释学Ⅰ:真理与方法》,洪汉鼎译,商务印书馆 2010 年版,第 268 页。

种以概念的富有生气的环节、以作为创作组织点的'原始决定'为出发点的重新构造"①。不过施莱尔马赫解释道,这并不意味着心理学的解释是高级的,而语法的解释是低级的,其实两种解释是完全同等重要的。② 对于施莱尔马赫的心理学解释,有学者指责它"给后来的解释学带来了灾难性的影响",因为这种"一个人可以站在他的历史存在(他的精神世界)之外"来把握文本意义的非历史假定,"煽起了一代又一代人追求古典文化或作品的'原意'的热情",从而"把个人的理解视作是替古人、他人、死人的精神代言",却"不肯承认,理解永远是一种更新历史文化的创造"。③ 我国"反思哲学"时期对马克思哲学的理解就是一个典型的例证。在"正本清源"、"重读马克思"、"回到马克思"的口号下,每个人都提出了对马克思哲学的理解方式,并迫不及待地在马克思的经典文本中找寻相关原文来佐证自己的理解,以彰显他的理解就是马克思哲学的本真意义,或者说,马克思哲学的本真意义就是他的理解。笔者在这里想要说的是,暂且不管施莱尔马赫"重构"作者思想的心理学解释是否可能,是他第一次明确肯定了解释者在参与理解过程中的主体性地位,把解释者的主观性确立为理解过程的要素之一,这为后来从客体论解释学向主体论解释学的转变奠定了充足的理论基础。

比作者更好地理解作者。施莱尔马赫认为,语法的解释和心理学的解释使解释者与作者处于同一层次的活动,通过这种活动,解释者达到了对文本所构造的作者生命的再构造,不过这种再构造活动在本质上是与构造活动不同的,它能使我们与"作者一样好甚至比他还更好地理解他的话语"④,再构造使解释者意识到作者尚未意识到的东西,"因为我们对讲话者内心的东西没有任何直接的知识,所以我们必须力求对他能无意识保持的许多东西进行意识,

---

① [德]伽达默尔:《诠释学Ⅰ:真理与方法》,洪汉鼎译,商务印书馆 2010 年版,第 270 页。
② 参见[德]施莱尔马赫:《诠释学讲演》,载《理解与解释——诠释学经典文选》,洪汉鼎主编,东方出版社 2001 年版,第 51—52 页。
③ 殷鼎:《理解的命运——解释学初论》,三联书店 1988 年版,第 232—233 页。
④ [德]施莱尔马赫:《诠释学讲演》,载《理解与解释——诠释学经典文选》,洪汉鼎主编,东方出版社 2001 年版,第 61 页。

除非他自己已自我反思地成为他自己的读者。对于客观的重构来说,他没有比我们所具有的更多的材料"①,因而解释者能"更好地"理解作者。显然,施莱尔马赫在这里是把天才说美学应用于他的普遍解释学。② 其实早在施莱尔马赫之前,就有人曾提出过"比作者理解他自己更好地理解作者"的观点。例如康德在谈到柏拉图的"理念"一词的意义时指出:"不论是在通常的谈话中还是在文章中,通过对一个作者关于他的对象所表明的那些思想加以比较,甚至就能比他理解自己还要更好地理解他,这根本不是什么奇谈怪论,因为他并不曾充分规定他的概念,因而有时谈话乃至于思考都违背了自己的本意。"③由此我们可以推知,创作某个文本的作者并不是文本的理想解释者,他对自己文本的解释并不比普通的解释者更具权威性,因为衡量解释的唯一标准是文本的意蕴,即作品所"意指"的东西。

在施莱尔马赫的普遍解释学中,心理学的解释或对作者心理状态的把握,使理解第一次与个人的生活联系起来,理解从一种技巧进入了人的生活中。狄尔泰的生命哲学,在这里找到了起点。

---

① ［德］施莱尔马赫:《诠释学讲演》,载《理解与解释——诠释学经典文选》,洪汉鼎主编,东方出版社 2001 年版,第 61 页。

② 天才说美学最初是由康德在《判断力批判》中提出的,他认为"美的艺术就是天才的艺术",但"天才自己不能描述或科学地指明它是如何创作出自己的作品来的",他自己也"并不知道这些理念是如何为此而在他这里汇集起来的,甚至就连随心所欲或按照计划想出这些理念、并在使别人也能产生出一模一样的作品的这样一些规范中把这些理念传达给别人,这也不是他所控制的"。不过他提供给艺术的规则和典范能给后来者以示范,使后来者"在自己身上意识到的才能以类似的方式起作用",因而再创造过程很明显要优于创造过程（参见［德］康德:《判断力批判》,邓晓芒译,杨祖陶校,人民出版社 2011 年版,第 151、153 页）。

③ ［德］康德:《纯粹理性批判》,邓晓芒译,杨祖陶校,人民出版社 2004 年版,第 270 页。有学者指出,康德—施莱尔马赫之意既非对作者地位的贬低,亦非对读者价值的哄抬,因为尽管作者不再是其作品的权威解释者,但其"本意"依然是一切解释之真确性的最终裁决,而是在一种较间接的意义上对解释的作者性的否定,同时另一方面对解释的客观性而非读者性的肯定:解释者通过对作者所显露出的一切特征的比较和综合即客观的研究而实现对作者的整体而彻底的把握,即是说,解释者之所以能达此整体性与彻底性,乃是在于他比作者的自我审视要更加客观（金惠敏:《后现代性与辩证解释学》,中国社会科学出版社 2002 年版,第 14 页）。

（四）狄尔泰:致力于精神科学方法论的探求

威廉·狄尔泰（Wilhelm Dilthey，1833—1911 年）一生都把写作"历史理性批判"视为自己的哲学事业。他是施莱尔马赫传记的作者,他的博士论文也以施莱尔马赫为研究对象,他的心思一直被施莱尔马赫所占据着。但他并不满足于像施莱尔马赫那样为理解一般的文本或话语建立一种理解的技艺学,与康德批判性地建立自然科学的标准和方法论一样,他的目标致力于为精神科学建立一般的方法论基础,即所谓"历史理性批判","历史世界观使人类精神从自然科学和哲学尚未打破的最后束缚中解放出来。但用以克服将降临于我们的各种观点混乱状态的方法何在？我已将我的毕生精力致力于解决与此相关的一系列问题"①。

精神科学与自然科学的区别。自近代以来,随着自然科学的发展和实证主义的盛行,精神科学面临着来自自然科学的越来越大的挑战,与自然科学的精确性和科学性相比,精神科学何以可能成为一门科学？这是时代实践给当时的哲学家们提出的问题。狄尔泰试图通过对人类认识本身、认识历史和社会的能力进行批判,来为精神科学探寻方法论基础,为它的存在提供合法性辩护。而这样做的前提必须是先把精神科学与自然科学区分开来,在狄尔泰看来主要有以下几方面的不同:第一,研究对象不同。自然科学的研究对象是自然界中那些重复出现的自然物质,精神科学的研究对象"不是在感觉中所给予的对象,不是意识中对某个实在的单纯反映,而是直接的内在的实在本身"②,即精神世界和社会—历史世界。狄尔泰曾形象地用"外部世界"和"内在世界"来区分,外部世界"是通过各种感官在外部感知（感觉）之中给定的东西",内在世界则"是通过人们当初对于各种心理事件和心理活动的内在领悟呈现出来的"③。明确研究对象,这是建构精神科学的第一步。第二,研究方

① 转引自[美]鲁道夫·马克瑞尔:《狄尔泰传——精神科学的哲学家》,李超杰译,商务印书馆 2003 年版,第 1 页。
② [德]狄尔泰:《诠释学的起源》,载《理解与解释——诠释学经典文选》,洪汉鼎主编,东方出版社 2001 年版,第 75 页。
③ [德]狄尔泰:《精神科学引论》第 1 卷,艾彦译,译林出版社 2012 年版,第 18 页。

法不同。自然界是一个可以看得到、接触得到的世界,并且它具有普遍而必然的自然法则,因此自然科学的主要方法是观察、实验和按照归纳推理的规律认识特殊事物,并把特殊事物归于一般法则之下。精神科学的研究对象是精神世界,它不能根据外在于精神世界的范畴如自然界的规律和法则来理解精神,而是要依据生命本身的体验来理解精神世界。"我们的行动总是以对他人的理解为前提;人类大部分幸福都产生于对陌生的心理状态的再感觉",这种"再感觉"即对个别物的重新理解"可以被提高到客观性"①。狄尔泰曾以嘲讽的语气评论道:"洛克、休谟和康德所设想的认识主体的血管之中并没有流淌着真正的血液,而毋宁说只存在作为某种单纯的思想活动的、经过稀释的理性的汁液。"②在洛克、休谟和康德看来,人类的认识无关于人的内在生命体验而将它仅仅限定在理性的认识能力上。然而事实上,人类的感知、思考和理解的依据深深地扎根于人们的过去、现在和未来的生活当中,存在于人们活生生的内在体验的丰富意义整体之中。"只有在内在经验之中、在各种意识事实之中,我才发现了我的思维过程所具有的坚实的基点,而且我相信,我的读者也会通过我对这一点的证明而对此坚信不疑。"③在这个基础上,狄尔泰提出"我们说明自然,我们理解精神"的名言。研究方法的不同,将精神科学从自然科学中分离出来并具有自身的独立性。第三,研究思路不同。如果说自然科学是由内向外,根据认识主体的主观需要(纯粹的学术研究也是一种需要,满足好奇心的需要)选择性地来认识或说明客观物质世界的话,精神科学的研究思路则是由外向内,通过那些外在表达的东西如一个人的形体语言或是一部精神作品来探讨或理解隐藏在背后的内在的东西,即一个走向内在的"自我意识"的运动过程。"深入研究表达背后的内在语词的显现一直是从斯多葛派到施莱尔马赫的整个解释学传统的目标,而这现在则成了所有以理解

---

① [德]狄尔泰:《诠释学的起源》,载《理解与解释——诠释学经典文选》,洪汉鼎主编,东方出版社 2001 年版,第 75 页。
② [德]狄尔泰:《精神科学引论》第 1 卷,艾彦译,译林出版社 2012 年版,第 5 页。
③ [德]狄尔泰:《精神科学引论》第 1 卷,艾彦译,译林出版社 2012 年版,第 4 页。

为目标的精神科学的中心任务。"①

解释是对生命表现合乎技术的理解。这种由外走向内的"自我意识"的运动过程通过理解和解释来实现,"理解和解释是各门精神科学所普遍使用的方法。在这种方法中汇集了各种功能,包含了所有精神科学的真理。在每一点上,理解都打开一个世界。"②"理解"和"解释"在人们的日常生活中用法相当普遍,在各个领域、各个方面都需要"理解"和"解释",可以说,没有"理解"和"解释"的人类生活是不可想象的。那么,狄尔泰这里的"理解"和"解释"是否就是我们日常生活中所说的"理解"和"解释"?对这个"理解"和"解释"又该如何理解和解释?狄尔泰这样来定义"理解":"我们把这种我们由外在感官所给予的符号而去认识内在思想的过程称之为理解。"③显而易见,与自然科学的说明指向直接的自然存在物不同,理解指向的是人类精神的存在,理解的对象乃是人类精神和精神的生命表现——作品等。解释指的就是:"这种对一直固定了的生命表现(Lebensaeusserungen)的合乎技术的理解。"④从这里可以看出,理解和解释是相同的,解释只不过是"合乎技术"的理解,是一种带有科学方法程序的理解,只有借助这种技术,对陌生的生命表现及其他人的理解才能富有成果。因此我们可以说,解释是方法,理解是目的。在狄尔泰那里,理解和解释的行为是关乎解释者经验的行为,"经验与人的内心生活有一种观念无法分离的直接体味的沟通。经验先于分析,先于理解,先于价值判断"⑤,经验构成了解释活动得以进行的基础和前提,历史世界的基础就是经验本身的内在历史性。易言之,以他人生命经验的外在化所表现的一切文

---

① [德]Jean Grondin, *Introduction to Philosophical Hermeneutics*, translated by Joel C.Weinsheimer, Yale University Press, 1994, p.88.

② [德]狄尔泰:《对他人及其生命表现的理解》,载《理解与解释——诠释学经典文选》,洪汉鼎主编,东方出版社 2001 年版,第 93 页。

③ [德]狄尔泰:《诠释学的起源》,载《理解与解释——诠释学经典文选》,洪汉鼎主编,东方出版社 2001 年版,第 76 页。

④ [德]狄尔泰:《诠释学的起源》,载《理解与解释——诠释学经典文选》,洪汉鼎主编,东方出版社 2001 年版,第 77 页。

⑤ 殷鼎:《理解的命运——解释学初论》,三联书店 1988 年版,第 9 页。

本,都能够通过解释活动变成解释者自己的经验。① 因而试图摆脱个人经验以获得一种对历史世界的"客观"认识的做法恰恰是超历史的。这是对启蒙运动以来贬斥解释过程中传统和权威作用的反驳,或许正是在这里伽达默尔受到了启发,并在理解的历史性问题中为传统和权威正名。狄尔泰的这种历史意识如何能保证他所理解的历史知识的客观性? 换言之,如何确保他对历史的理解具有真理性而不是个人的偏见? 狄尔泰提出"客观精神"的概念作为衡量历史知识的标准。它不同于黑格尔思辨哲学中的"客观精神",而是指人类精神在历史文化中所形成的共同性;它不是历史世界本身,而是介乎于解释者与历史世界之间的"第三者",解释者在"客观精神"中来理解自我、理解他人、理解历史。因而个人经验之所以能对他人的历史经验有所理解,是因为人类经验的共同性和普遍性,因而通过将自我的生命向他人生命的移入和转换来理解他人的内在经验是可能的。这是狄尔泰在某种程度上赞同施莱尔马赫"心理移情"理论的原因。在对个人经验的体验中并连同经验到的那种生命关系一起移入他人的生命或生命表现中,他人生命表现的内部关系就被复原为生命。通过理解活动,生命表现中的言语和类似的环境被呼唤出来,从此他人的精神行走在熟悉的道路上,这条道路通往过去也向着未来的幻想开放。"在这种方式中,精神生命的整体参与到理解之中。这种方式就是模仿或重新体验。"②伽达默尔对狄尔泰的这种生命观念做了如下的总结:"由于生命客观化于意义构成物中,因而一切对意义的理解,就是'一种返回,即由生命的客观化物返回到它们由之产生的富有生气的生命性中'。所以体验概念构成了对客体的一切知识的认识论基础。"③如果说就为自己的研究领域寻求一个牢固的基础而言,康德和狄尔泰是一致的;但从寻求基础的路径来说,他们又存在着显著的区别,前者是从先验的立场出发说明自然科学何以可能,后者则

---

① 参见王治河:《后现代哲学思潮研究》(增补本),北京大学出版社 2006 年版,第 193 页。

② 〔德〕狄尔泰:《对他人及其生命表现的理解》,载《理解与解释——诠释学经典文选》,洪汉鼎主编,东方出版社 2001 年版,第 103 页。

③ 〔德〕伽达默尔:《诠释学Ⅰ:真理与方法》,洪汉鼎译,商务印书馆 2010 年版,第 99 页。

是从个体经验的角度来说明精神科学何以可能。①

　　狄尔泰毕生的精力都致力于为精神科学寻找一个固定的阿基米德点，捍卫它不受自然科学及其方法论的侵犯，从而实现它作为科学的合法性地位；狄尔泰对历史世界和他人生命表现的体验、表达和理解的三位一体的方式给我们对文本的理解以新的视角。但他的这种对他人生命表达的模仿和建立在人类共同感基础上的（重新）体验式的理解方式实在不能让我们苟同，而他的后继者们的努力也证明了，只有放弃建立一种普遍有效的方法论，解释学新的重要任务才有可能形成。因此，精神科学所缺乏的不是一个固定的阿基米德点，不是建构关于客体的认识论基础，而是缺乏一种新的普遍性，即把理解和解释看成是此在本身存在方式的历史普遍性。海德格尔开辟的本体论哲学方向为解释学奠定了普遍的哲学基础②，同时也实现了解释学从客体向度向主体向度的转变。

### 二、历史与存在：主体论解释学时期

　　无论是斯宾诺莎、克拉登尼乌斯，还是施莱尔马赫、狄尔泰，虽然对于理解和解释的看法各不相同，但他们都将解释学作为一种方法论，一种理解人类精神的客观化物的方法来看待。狄尔泰对文本意义的"模仿"和"体验"的理解，对他人生命表现的理解与自己的体验和理解联系起来的方式，让人很容易联想起海德格尔的实际性解释学，但他最终所关注的是认识论的分析而不是本体论的建构。海德格尔将理解看作是此在本身的存在方式，理解就是此在向

---

① 　参见何卫平：《解释学之维——问题与研究》，人民出版社 2009 年版，第 48 页。

② 　Cf.Jean Grondin, *Introduction to Philosophical Hermeneutics*, translated by Joel C.Weinsheimer, Yale University Press, 1994, p.90.也有学者持不同观点，认为是狄尔泰的生命解释学使解释学真正成了哲学的基本方法和理论，并为哲学解释学奠定了基础。狄尔泰在施莱尔马赫解释学的基础上，"将解释学改造成精神科学的基本方法和基础，让它面对人类的历史存在，让它不仅是精神科学的方法论，而且也是一般历史存在的理论。可以说，是狄尔泰，而不是后来的海德格尔或伽达默尔，使解释学真正成了哲学的基本方法和理论。是狄尔泰，为哲学解释学奠定了基础。"（张汝伦：《现代西方哲学十五讲》，北京大学出版社 2013 年版，第 93 页）

着可能性筹划它的存在,从此解释学从"方法论"转变为"本体论",由客体至上转变成主体至上。伽达默尔遵循海德格尔的解释学逻辑,将后者的解释学贡献发展为系统化的哲学解释学理论。

(一)海德格尔:理解是此在对历史存在的筹划

在谈论海德格尔之前,我们需要简单提一下他的老师胡塞尔。埃德蒙德·胡塞尔(Edmund Husserl)1859 年生于当时尚属奥匈帝国的迈林(Maehren)地区的普洛斯尼茨(Prossnitz),他在童年时期就在数学上表现出特有的天赋,并在那时就已经开始思考上帝存在之类的宗教问题。在高年级时,当时学校有一项规定,根据学生的学习成绩和天资发展情况为将来的职业选择做鉴定,胡塞尔得到的职业建议是"哲学",当时他只有 15 岁左右。[1] 从 1876 年起,胡塞尔相继在莱比锡大学、柏林大学和维也纳大学进行数学、天文学和哲学的学习,并于 1882 年在维也纳大学哲学系获得数学博士学位。

在 1887 年取得教授任职资格后,胡塞尔开始研究他的现象学哲学,1911 年发表的《哲学作为严格的科学》的长文,对于后人理解现象学和解释学之间的关系不无启迪作用。狄尔泰第一次将人类历史当作文本的解释对象来研究,并以个人经验的模仿和重新体验的方式来寻求精神科学的确定性,但正如胡塞尔指出的,"一门还是经验的精神科学既不能对某个提出客观有效性要求的东西提出反对的论证,也不能对它提出赞成的论证"[2],并且狄尔泰以心理学的方式来理解历史世界的路向是欧洲遭遇精神危机的主要原因之一;实证主义也在寻求一种确定性,不过在他们眼里,这种确定性只存在于自然科学中,精神科学只是一种"非精确的科学",这也是胡塞尔所反对的。他提出,从最初的开端起,虽然包括哲学在内的精神科学作为严格科学的理论旨趣从未放弃过,但也从未得到科学可靠的规定。[3] 在他看来,只有他建构的纯粹现象学才使精神科学作为严格的科学得以实现,"纯粹现象学是一门本质上全新

---

[1] 参见李鹏程:《胡塞尔传》,河北人民出版社 1998 年版,第 4 页。

[2] [德]胡塞尔:《哲学作为严格的科学》,倪梁康译,商务印书馆 2017 年版,第 50 页注②。

[3] 参见[德]胡塞尔:《哲学作为严格的科学》,倪梁康译,商务印书馆 2017 年版,第 2 页。

的科学，……这门科学由于其本质上的特殊性而远离自然的思想方式，因此只是在我们时代才获得进展。我们称它为关于'现象'的科学。"①这门科学只满足于一种绝对确定的认识，拒绝接受任何未经证实的结论。这种绝对确定的认识通过现象学还原的方法实现，具体说来就是，首先抛开事物的存在来仅仅分析它的本质，然后再通过排除实在之物，达到对先验意识、纯粹自我的把握。因此纯粹现象学"不是作为事实的科学，而是作为本质的科学"，"不应当是一门关于实在现象的本质科学，而应当是一门关于被先验还原了的现象的本质科学。"②纯粹现象学以一种先于主客关系经验层面的生活世界概念表明，在客观性或认识论的主体之前，就存在着世界的视域，一个运转着的生命，因而"历史性的问题不再被设想为作为方法的历史认识的问题。历史性的问题指的是生存者借以与诸存在者'共在'（est avec）的方式。"③纯粹现象学试图以一种"向后思索"的方式来寻求精神科学的先验确定性基础，为理解和解释问题打开了前概念领域，这种通过揭示人类的存在过程来解释历史世界的方法给海德格尔以重大的理论启发。

马丁·海德格尔（Martin Heidegger，1889—1976 年）生于德国西南部巴登州的一个小镇上。1916 年在胡塞尔的帮助下获得讲师资格后，海德格尔逐渐开始他的"实际性④解释学"系列讲座和研讨班，并在这一阶段的总结性文

---

① ［德］胡塞尔：《纯粹现象学通论》，李幼蒸译，商务印书馆 2012 年版，第 49 页。

② ［德］胡塞尔：《纯粹现象学通论》，李幼蒸译，商务印书馆 2012 年版，第 52 页。

③ Paul Ricoeur, *The Conflict of Interpretations*: *Essays in Hermeneutics*, edited by Don Ihde, Northwestern University Press, 2007, p.9.

④ 德文词"Faktiztät"在目前汉语学界有多种译法：张汝伦先生将其译为"事实"、"事实性"［张汝伦：《历史与实践》，上海人民出版社 1995 年版，第 162—163 页；《论海德格尔哲学的起点》，《复旦学报》（社会科学版）2005 年第 2 期］；洪汉鼎先生将其译为"事实性"或"实存性"（［德］伽达默尔：《诠释学 I：真理与方法》，洪汉鼎译，商务印书馆 2010 年版，第 363、368 页）。陈嘉映、王庆节、孙周兴等三位先生译为"实际"、"实际性"（［德］海德格尔：《存在与时间》，陈嘉映、王庆节译，商务印书馆 2016 年版，第 83 页，注②；［德］海德格尔：《形式显现的现象学》，孙周兴译，同济大学出版社 2004 年版，第 126 页）。何卫平先生在《哲学解释学导论》的译著中译为"事实性"（［加拿大］让·格朗丹：《哲学解释学导论》，商务印书馆 2009 年版，第五章）。在时隔半年之后出版的《存在论——实际性的解释学》的译著中，如标题所示的那样译为"实际性"，对于采取两种不同译法的做法，何先生在该书的"译后记"中这样

献——《存在论:实际性的解释学》中首次提出了解释学由方法论向本体论转变的问题。① 海德格尔对解释学很熟悉,这主要源于他对圣经解释学传统的关注,正如他所说:"我是因为研究神学而熟悉'解释学'这个名称的。当时,特别令我头痛的问题是圣经典籍的话语与思辨神学的思想之间的关系。……后来,我在威廉姆·狄尔泰的历史学精神科学的理论那里重又发现了'解释学'这个名称。狄尔泰也是从同一个源泉中来把握解释学的,就是从他的神学研究,特别是从他对施莱尔马赫的研究中来掌握解释学的。"②但跟施莱尔马赫将解释学限定为针对另一个人话语的"理解的艺术"一样,狄尔泰也通过分析理解本身来论证解释学就是"理解的规则",因而"暴露出其立场中一个严重的局限性。狄尔泰对解释学真正发展的决定性的时代(教父时代和路德时代)视而不见,他只是始终将解释学作为这样一个主题来加以探讨,即总表现为他自认为是对其本质把握的——解释性的精神科学的方法论",这就遮蔽了"被视为一种广泛的和活生生的解释学观念"③。于是,海德格尔宣称:"我们并不在现代的意义上来使用'解释学'(Hermeneutik)这个词,而且它也绝不是迄今为止一般所使用的解释学说的含义。在其本源的意义上,毋宁说

---

解释道:"我个人一直倾向于译成'事实'或'事实性',只是后来在翻译的过程中遇到了文句的贯通和避免不必要的混淆的麻烦,最后才迫不得已选择了'实际性'这个译法。"([德]海德格尔:《存在论:实际性的解释学》,人民出版社 2009 年版,第 155 页)"Faktiztät"与"Tatsächtigkeit"是两个意思很接近的词,都可以译为"事实"或"实际",但海德格尔将两者做了区分,前者指此在生存的实际性,后者指的是一般事物的实际性,因此我们将前者译为"实际性",将后者译为"事实性",相应地将"Hermerneutik der Faktiztät"译为"实际性解释学",并对本文相关引文作出改动。在此谨向本文所引文本的原译者致歉。

① Cf. James Risser, *Hermeneutics and the Voice of the Other*, State University of New York Press, 1997, p. 40. 这个问题的提出在解释学史上的重大意义不亚于康德在认识论领域掀起的"哥白尼革命",比如利科就曾将海德格尔的实际性解释学称之为第二次哥白尼式的革命,"如果能把从局部解释学向一般解释学的第一次运动看作一次哥白尼式的革命,那么,就应该把现在进行的第二次运动(即解释学从认识论向本体论的转向——引者注)看作第二次哥白尼式巨变的前兆"([法]保罗·利科:《诠释学与人文科学》,孔明安等译,中国人民大学出版社 2012 年版,第 14 页)。

② [德]海德格尔:《从一次关于语言的对话而来》,载《在通向语言的途中》,孙周兴译,商务印书馆 2004 年版,第 95—96 页。

③ [德]海德格尔:《存在论:实际性的解释学》,何卫平译,人民出版社 2009 年版,第 17 页。

这个术语指这样一个规定的统一体:实际性的解释(Auslegens der Faktiztät)之'传达的'(ερμηνευειν)实现"。① 将理解问题纳入到存在论领域的做法扭转了解释学只追求方法论的路向,同时"实际性的解释"赋予现象学直观一种具体的历史的意义,使其不再是先验主体的意向性行为,而是实际生命的一种历史的、境遇的自我展现行为。因为这是一种实际生命的非理论化的"直观",一种能够使实际生命或实际性自身显示自身的"直观",这样的"直观"就是"解释学直观",即对体验的体验,对生命的理解。这一"解释学直观"深化和改造了胡塞尔的范畴直观,"存在之理解(understanding-of-being)取代范畴直观,实际上就是胡塞尔的先验的—本质的现象学向海德格尔解释学的现象学的转变。"②为此,有学者就指出,现象学、解释学和存在论在海德格尔这里是交互融合,"他(指海德格尔——引者注)不仅以存在论的方式转换了现象学,而且转换了解释学本身。像现象学一样,解释学也被赋予了一种它先前不曾具有的存在论维度。"③

此在的生存论分析。与狄尔泰将解释学视为某种探寻精神科学的基础方法论不同,海德格尔更广泛地追寻一种更为基础的本体论的解释学。与狄尔泰一样,海德格尔需要一种用生命本身来揭示人的历史世界的方法,这是他在《存在与时间》中称赞狄尔泰用生命本身来解释历史问题的原因之所在。④ 其实正是由于狄尔泰的影响,海德格尔对胡塞尔《纯粹现象学和现象学的哲学观念》中关于先验意识与先验自我的思想产生了怀疑,并开始了他自己的现象学—解释学的转向。作为胡塞尔的助手,海德格尔在其身边教与学的过程中,感到这一问题越来越紧迫了,即"依据现象学原理,那种必须作为'事情本身'被体验到的东西,是从何处并且如何被确定的? 它是意识和意识的对象

① [德]海德格尔:《存在论:实际性的解释学》,何卫平译,人民出版社 2009 年版,第 18 页。

② Theodore Kisiel, *Heidegger's Way of Thought: Critical and Interpretative Signposts*, Continuum, 2002, p.175.

③ [德]M.费赫:《现象学、解释学、生命哲学》,朱松峰译,《世界哲学》2005 年第 3 期。

④ 参见[德]海德格尔:《存在与时间》,陈嘉映、王庆节译,商务印书馆 2016 年版,第 536—537 页。

性呢还是在无蔽和遮蔽中的存在者之存在？这样，通过现象学态度的昭示，我被带上了存在问题的道路。"①海德格尔认为现象学虽然是一种理论，但"现象学原则的原则"本身并不具有理论特征，"它是本源生命的原初意向，是生命体验和生命本身的本源姿态，是与生命体验一致的、对生命的绝对同感。"②这一"生命"并不是生物学意义上的生命，而是本源的、前理论的生命，同时，这一"生命"也不是静止的，而是处于生命体验之流中，即是一历史性的生命，"生命是历史性的，不能分解为本质性要素，而只是关联与境遇。"③狄尔泰在一定程度上意识到了这一"生命"，并用"体验"加以"理解"，这是他的重大贡献："狄尔泰关注的真正问题是历史的意义问题，它同从生命本身理解生命，而非从外在的实在来理解生命的倾向相关联。这就包含了生命使自身显现出自身样态的方式。狄尔泰强调了生命作为历史性—存在（Geschichtlich-Sein）的基本特征"，但"他仅只是做到了这一点，而忽略了去问：这一历史性—存在真正是什么，也没有表明生命本身如何是历史性的。"④海德格尔在存在论上彻底追问了这一问题，把"历史性—存在"规定为实际性。所谓实际性就是指此在不能再退到其后面的事实，这正是狄尔泰生命体验的特性，实际性就是我们自己的此在，它不以一切存在者的存在为前提，并包含有"对一切非此在式的存在者的存在的理解"⑤。此在既不是指人的现实客观存在，不是外在绝对精神的存在，也不是指个人的主观意识，此在的根本特征在于它能够询问存在并追究存在的意义，因而此在是讨论人的历史存在及人的精神客观化物的出发点，只有在对此在的生存论分析中才能达到对历史的客观认识。胡塞尔

---

① ［德］海德格尔：《我进入现象学之路》，载《面向思的事情》，陈小文、孙周兴译，商务印书馆2012年版，第94页。

② Martin Heidegger, *Towards the Definition of Philosophy*, translated by Ted Sadler, The Athlone Press, 2000, p.92.

③ Martin Heidegger, *Towards the Definition of Philosophy*, translated by Ted Sadler, The Athlone Press, 2000, p.99.

④ *Becoming Heidegger: On the Trail of His Early Occasional Writings*, 1910—1927, edited by Theodore Kisiel and Thomas Sheehan, Northwestern University Press, 2007, p.270.

⑤ ［德］海德格尔：《存在与时间》，陈嘉映、王庆节译，商务印书馆2016年版，第20页。

的现象学在这里就是关于此在存在的科学,此在的现象学,或此在的解释学。海德格尔继续承接解释学传统对理解过程之主体的研究,但这里的主体已经不再是"纯理性的存在、独立的自我,或者是站在世界之对立面或世界之外的独立的意志",而是"我们发现自己已经在我们这个世界之内了,我们是什么,这一点与其说是我们作为个体去做出决定的一个功能,倒不如说是这个世界的一个功能"①。在海德格尔看来,与通常显现着的东西相比而言,此在的现象或存在者的存在通常情况下是不显现的,隐藏不露的,以至于"存在可以被遮蔽的如此之深远,乃至存在被遗忘了,存在及其意义的问题也无人问津"②,但它又包含在通常显现着的东西中,构成这些东西的意义与根据。现象学的分析可以使此在的存在意义完全显露出来,"现象学描述的方法论意义就是解释。……通过解释,存在的本真意义与此在本已存在的基本结构就向居于此在本身的存在之理解宣告出来。此在的现象学就是解释学〔Hermeneutik〕。"③此在通过对自己实际性的解释并不是想使某物成为对象,而是此在把自己放入解释中,即便是它要被转变为理论表达时仍把握自己的起源。这种现象学的解释学不同于语文学意义上对文本文字本身的研究,也不同于狄尔泰通过个人经验来为精神科学建立普遍的方法论,而是一种将此在本身的存在带出其隐匿之处的根本的解释行为,是此在通过对自身存在的解释来理解历史存在的行为。所以,对于此在来说,"真理的问题不再是方法的问题,而是一个存在者——其存在就在于对存在的理解——存在的显明问题。"④

理解是此在本身的存在方式。按照海德格尔的分析,此在有两种生存论特征:现身(Befindlichkeit,又译为"境缘性")和理解(Verstehen,又译为"领

①　[美]D.C.霍埃:《批评的循环》,兰金仁译,辽宁人民出版社1987年版,"原作者中译本序言"第19、19—20页。

②　[德]海德格尔:《存在与时间》,陈嘉映、王庆节译,商务印书馆2016年版,第51页。

③　[德]海德格尔:《存在与时间》,陈嘉映、王庆节译,商务印书馆2016年版,第53页。

④　Paul Ricoeur, *The Conflict of Interpretations : Essays in Hermeneutics*, edited by Don Ihde, Northwestern University Press, 2007, p.10.

会")。现身意味着此在存在的被动性,在这种被抛向的现身情态中,此在"不断把自己交付给'世界',让自己同'世界'有所牵涉"①,此在从一开始就不可避免地被抛向整个历史世界的境遇中,这种现实的存在状态是此在无法选择的,无论它是否愿意来到这种存在中。我们可以把此在的这种生存论特征理解为此在存在的历史局限性。理解意味着此在存在的主动性,即在这种被抛的境遇中,此在通过理解来对自己将来的生活状态进行筹划,"作为理解的此在向着可能性筹划它的存在"②。这样,理解活动实际上就是此在在现实的历史存在状态中向着未来无限可能性的开放,在这种活动中,此在筹划未来,为它的存在提供新的可能性。因此,只要此在存在,此在总是已经在理解自己。海德格尔这样来定义"解释":"理解的筹划活动本身具有使自身成形的可能性。我们把理解使自己成形的活动称为解释",解释并不是在理解之后的某种东西,理解就是解释,解释无非是"把理解中所筹划的可能性整理出来"③。理解的概念在海德格尔这里与之前的定义已经大异其趣。在他看来,理解不是如施莱尔马赫那样是一种通过"移情"的方式进入另一个人的情境来理解那个人的特殊能力;也不是如狄尔泰那样通过个人经验,以体验的方式把握某种"生命表现"的意义之能力;而是人在他生存于其中的生活世界的语境关联中把握其自身存在可能性的能力。理解不能被认作是对某种东西的占有,而是在世之在的一种构成因素;理解是一切解释的基础,它与人的存在一样都是初始的东西,并出现于每一个解释行为之中。或许在这个意义上,我们就更能够准确理解伽达默尔对海德格尔的那句评价:"我认为海德格尔对人类此在(Dasein)的时间性分析已经令人信服地表明:理解不属于主体的行为方式,而是此在本身的存在方式。"④

　　理解的前结构。对于斯宾诺莎和克拉登尼乌斯来说,理解与解释是不同

---

① ［德］海德格尔:《存在与时间》,陈嘉映、王庆节译,商务印书馆 2016 年版,第 200 页。
② ［德］海德格尔:《存在与时间》,陈嘉映、王庆节译,商务印书馆 2016 年版,第 212 页。
③ ［德］海德格尔:《存在与时间》,陈嘉映、王庆节译,商务印书馆 2016 年版,第 212 页。
④ ［德］伽达默尔:《诠释学Ⅱ:真理与方法》,洪汉鼎译,商务印书馆 2010 年版,第 554 页。

的，解释是作为达到理解的目标而起作用的。对于某个文本的特殊段落来说，首先是解释，理解是解释的结果。海德格尔颠倒了这种目的论的次序，认为首要的事情是理解，而解释只不过是发展或扩大这种理解，"解释并非要对理解的东西有所认知，而是把理解中所筹划的可能性整理出来"。理解是此在对自身之历史存在的理解和把握，解释无非是把此在对自身在历史境遇中所把握到的东西展开来，以达到或完成此在对自身的理解，"理解在解释中并不成为别的东西，而是成为它自身。"①所以，解释是试图把此在对自身的理解即理解的"前结构"开显出来，它是形成一个人的解释学处境和决定操心的认识和行动的前提。为了达到对自身和历史世界的客观理解，在一切正确的解释中，首要的任务是必须反思地意识到解释者自己的理解的前结构。② 在海德格尔看来，前结构是由先行具有（Vorhabe，又译为先有或前有）、先行视见（Vorsicht，又译为先见或前见）和先行掌握（Vorgriff，又译为先把握或前把握）三要素构成。所谓先行具有是指在理解之前就已具备的东西，包括此在将自己置身于其中的社会背景、历史语境、文化传统和物质条件等一系列东西，它们以隐而未彰的方式影响和限制着此在的理解，不是此在先占有了历史世界，而是历史世界先占有了此在，先行具有是解释活动得以进行的前提条件；所谓先行视见是指此在理解和解释某一事物的先行立场、视角或成见，这是在我们既定的语言、观念以及运用语言的方式中所隐含着的先入的见解，我们用语言思考和解释问题时就会带入这种先入的见解。在任何情况下，缺乏语言观念的理解和解释活动是不可想象的，先行视见是理解和解释活动得以实现的可能性条件；所谓先行掌握是指在理解之前对某一事物的掌握，这个掌握在解释性的理解出现之前或者是最终地或者是暂时地被假定，因为我们的解释活动必须要以已知的东西为参照系来推导出未知的东西。对任何事物的解释都包含有这种假定，即使这种假定是错误的，也是解释活动得以发生的必要性条件。正如没

---

① ［德］海德格尔：《存在与时间》，陈嘉映、王庆节译，商务印书馆 2016 年版，第 212 页。

② Cf.Jean Grondin, *Introduction to Philosophical Hermeneutics*, translated by Joel C.Weinsheimer, Yale University Press,1994,p.96.

有语言观念的解释活动是不可想象的一样,没有先行假定的或已知的东西作为前提,解释活动是不可能发生的。因此,"解释从来不是对先行给定的东西所做的无前提的把握",前结构构成解释者的不言而喻的、无可争议的先入之见,这种先入之见"作为随着解释就已经'设定了的'东西是先行给定的,这就是说,是在先行具有、先行视见和先行掌握中先行给定的。"①我们并不是挑选一些意义和目的抛到赤裸裸的现成事物的头上,从而创造一个有意义的世界来,"我们所以能说话或行动,仅仅是因为,我们就处于这个揭示出来的世界结构及由其所开启的各种可能性之中,而且还依赖于它们。"②这样看来,理解并不是像传统解释学所认为的那样,是在主体(解释者)与客体(文本)相区分的情况下,通过自觉或不自觉的方法消除前结构的可能从而达到对文本意义的完全把握,而是先于主体和客体相区分的此在的存在方式,理解就是此在的存在在时间中的展开,因而包括此在的过去、现在和筹划的未来的可能性存在。不过这里有一个问题,既然解释要追溯至此在的前结构中才能理解,那么此在的前结构又该如何理解? 是否要深入到"前"前结构以致陷入无穷倒退的恶性循环? 在海德格尔看来,解释和前结构之间的这种循环是属于本体论的或无法逃避的此在的操心结构,任何想要摆脱这种循环或对它视而不见的做法都是错误的,"决定性的事情不是从循环中脱身,而是依照正确的方式进入这个循环。"③海德格尔在这里所采取的并不是一种主观主义的认识态度,而是要反思地突出解释的前结构,以打开两个不同的立场之间——事物本身的解释和此在的前结构之间的真正对话。如果没有这一实质性的对话过程,理解就会"以偶发奇想和流俗之见的方式出现"。因而,与客体论解释学时期的整体与部分的解释学循环不同,海德格尔的解释学循环具有生存论性质,正如伽达默尔所说:"海德格尔的解释学反思的最终目的与其说是证明这里存

---

① [德]海德格尔:《存在与时间》,陈嘉映、王庆节译,商务印书馆2016年版,第215页。
② [美]大卫·库尔珀:《纯粹现代性批判》,臧佩洪译,商务印书馆2004年版,第208页。
③ [德]海德格尔:《存在与时间》,陈嘉映、王庆节译,商务印书馆2016年版,第218页。

在循环,毋宁说指明这种循环具有一种本体论的积极意义。"①

语言是存在之家。在《存在与时间》中,语言只是被当作次要的问题在理解和解释问题之后才被引入的,语言是对理解和解释的表达或陈述,即对此在的历史存在过程的揭示。在这里我们看到,语言的首要作用不是人与人之间沟通的工具,而是对此在本身的展示,因而是与此在的生存论特征——现身和理解是同样源始的。在这个意义上,海德格尔指出:"语言这一现象在此在的展开状态这一生存论建构中有其根源",尔后他紧接着说:"话语是可理解性的表达。从而,话语已经是解释与命题的根据"②,在解释中的表达可以追溯到更源始的在语言中的表达。这已经预示了后期海德格尔哲学的"转向",即他开始忽略此在而直接关注语言的表现力。在海德格尔后期的哲学著作里,在理解中由筹划者变成了被抛者的此在感到语言是一种超越人的自我理解的命定,语言不再是用来解释此在展开状态的手段,而本身成了此在的被展开状态,语言"既使我们扎根于我们的大地中,又把我们置入我们的世界中,把我们维系在我们的世界中,所以,对语言及其历史力量的沉思就始终是对此在本身具有赋形作用的行动。"③人不再是语言的主人,而语言成了人的主人,成了"存在之家","人居住在语言的寓所中"④。语言作为人类历史的卓越见证者超越了人的自我理解,成了我们可以参与的真理事件,为了思考这种真理,海德格尔走向语言之途。不过海德格尔这里的语言并非日常生活中的语言,而指的是一种诗性语言,因为语言具有存在的显现和遮蔽存在的双重属性,而语言一经说出,便可能迫于传达的需要而遵循公众的逻辑和语法,堕落为我们统治存在者的工具,不复是存在的家。因此,当务之急是把语言从语法中

---

① [德]伽达默尔:《诠释学Ⅰ:真理与方法》,洪汉鼎译,商务印书馆2010年版,第378页。
② [德]海德格尔:《存在与时间》,陈嘉映、王庆节译,商务印书馆2016年版,第229页。陈嘉映、王庆节两位先生将德文词"artikulieren"译为"分环勾连",笔者在这里根据上下文的需要,将其改译为"表达"。在此谨向原译者致歉。
③ [德]海德格尔:《尼采》,孙周兴译,商务印书馆2014年版,第172页。
④ [德]海德格尔:《关于人道主义的书信》,载《路标》,孙周兴译,商务印书馆2000年版,第366页。

解放出来,使之进入一个更原初的本质结构。在海德格尔看来,这是诗的使命,只有诗的语言未被语法和逻辑败坏,只有在诗中,存在处于敞亮和澄明之中,真理才会出现。所以,纯粹的语言是诗,诗是真理发生之处,亦是存在昭示之所。

海德格尔的这些思想和观点深刻影响着伽达默尔,为后者的哲学解释学奠定了坚实的理论基础,拓展了广阔的视野。正如利科所言:"这位海德堡的哲学家企图通过海德格尔存在论,或更确切地说,通过在海德格尔后期著作中向诗化哲学的存在论转向,再次提出了有关精神科学的争论。"①这里的"争论"指的是解释学所关注的关于历史、存在、理解等问题的讨论。

(二)伽达默尔:理解的历史性

伽达默尔的哲学解释学理论直接受益于海德格尔此在解释学的启发,并在后者的影响下对哲学解释学理论进行了系统化的建构和实质性的推进。这种影响主要归结为两点:一是海德格尔在《存在与时间》中把解释活动视为对此在本身的存在之理解,是此在历史存在的开显过程,从而变革了传统解释学将解释仅仅看作是理解历史世界或人的精神世界的方法和手段的理论,这为伽达默尔哲学解释学的理解本体论奠定了坚实的理论基础;二是海德格尔后期从对存在意义的追问到对存在真理之思考的"转向"中,将语言视为万事万物的中心,走向对诗和艺术的研究,这直接导致了伽达默尔在其解释学著作中对艺术经验和语言视域的重视。正如他在《科学时代的理性》中指出的:"与海德格尔思想所产生的推动力相关,我曾力图使'浪漫主义解释学'以及它在历史学派——经过兰克、乔伊森(Droysen,又译德罗伊森——引者注)、狄尔泰和他的学生们——的推动下所获得的进一步发展产生一个哲学上的转向。"这一转向就指的是解释学从方法论向本体论的转向。尔后伽达默尔又宣称,海德格尔为了与胡塞尔先验现象学相抗衡而提出实际性解释学的那种哲学活

---

① ［法］保罗·利科:《诠释学与人文科学》,孔明安等译,中国人民大学出版社2012年版,第20页,译文略有改动。

力曾深深激励了他。① 因此,伽达默尔的解释学理论并不像传统解释学那样是为了发展出一门关于理解的"技艺学",也不像狄尔泰那样是为精神科学的方法论建立一套规则体系。在他看来,解释学并非仅仅是关于如何理解的方法论,而是人本身对历史和精神世界的经验行为的研究,它构成人的世界经验的一部分,"我们所探究的是人的世界经验和生活实践问题。借用康德的话来说,我们是在探究:理解怎样得以可能? 这是一个先于主体性的一切理解行为的问题,也是一个先于理解科学的方法论及其规范和规则的问题。"②不是来说明理解应该如何进行,而是去分析理解实际上是怎样进行的,这是伽达默尔哲学解释学理论的真正出发点。理解是人的根本存在方式,它包括人的全部世界经验和生活实践,同时也体现了人的存在的有限性和历史性。

理解首先是相互理解。与语文学家施莱尔马赫和他的先驱认为解释学是被它所要理解的东西规定的,只有当没有发生直接理解或易发生误解的地方解释学才是必要的观点不同,伽达默尔认为随着解释学任务向"有意义的对话"的转变,解释者的理解和文本的陌生性是一同出场的。在这种情况下,理解首先是相互的理解,即对话双方(对文本意义的理解是与被以文本形式所遮蔽的作者的历史经验和生活本身的对话)对彼此所提出或表达的某种可能性真理的把握,而不是如施莱尔马赫那样消解解释者的历史性存在来对文本意义做单方面的解释或重构。按伽达默尔的看法,相互理解所需的语言已经表明,"谈论的东西(Worüber)和涉及的东西(Worin)并不只是一个本身任意的相互理解不必依赖于它的谈论对象,而是相互理解本身的途径和目的。"③只有当相互理解遭遇威胁或受到阻碍,"我们重新又走到了关于事情的路上"时,深入文本背后来了解作者当时的历史语境、文化背景、心理状态和语言习惯即把握作者个性的生活方式与文本内容相关联的努力才是必要的,

---

① 参见[德]伽达默尔:《科学时代的理性》,薛华等译,国际文化出版公司1988年版,第33、35页。
② [德]伽达默尔:《诠释学Ⅱ:真理与方法》,洪汉鼎译,商务印书馆2010年版,第554页。
③ [德]伽达默尔:《诠释学Ⅰ:真理与方法》,洪汉鼎译,商务印书馆2010年版,第260页。

理解的真正问题也就被揭开了。斯宾诺莎对《圣经》传统理解方式的批判就是一个典型的例证。① 从这里可以看出,对伽达默尔来说,施莱尔马赫以"心理移情"的方式更好地理解作者与狄尔泰以个人经验来重建他人(作者)历史世界的解释学方法只是一种特殊情况下的运用,人们在大多数情况下是直接地相互理解的。伽达默尔进一步分析到,对于以文字形式固定下来的文本的理解并不是说像施莱尔马赫和狄尔泰那般,通过对作者心理过程的重构就能够完全理解的,因为言语或思想的东西一旦得以固定,它就同书写者或作者发生了分离并以此在的方式存在着,每一个后来者对它的阅读和解释都将参与到它的意义域当中。他一针见血地指出:"通过文字固定下来的东西已经同它的起源和原作者的关联相脱离,并向新的关系积极地开放。像作者的意见或原来读者的理解这样的规范概念实际上只代表一种空位(eine leere Stelle),而这空位需不断地由具体理解场合所填补。"②任何文本都是历史性的存在,都是对当年世界经验的精神性表达,每一个当代的解释者在自己所处的解释学境况中发生着当代与当年之间的对话,是对文本意义的创造性解释同时也是不同的解释,因而所谓原来的读者这样的概念完全是未经澄清的抽象。也正是在这里,当伽达默尔面临是像施莱尔马赫那样用"心理移情"的方法重构过去的思想,还是如黑格尔这般把过去的思想融合进我们自己的思想中的抉择时,他毅然选择了反对施莱尔马赫而赞成黑格尔。③ 这里需要稍微说明一下"黑格尔的遗产"对伽达默尔的影响。黑格尔在其《精神现象学》中指出,当命运给予我们古代的艺术作品,却没有给予它们的"周围感性世界"时,对它们的外部存在、语言、历史性等因素的重构只是对它们加以表象式的陈列,并没有让自己深入它们的生活当中。按照黑格尔的看法,只有以综合的方式将它们过去的"周围感性世界"以一种更高的方式聚集到现在的自我意

---

① 参见[荷兰]斯宾诺莎:《神学政治论》,温锡增译,商务印书馆2016年版,第102—124页。
② [德]伽达默尔:《诠释学Ⅰ:真理与方法》,洪汉鼎译,商务印书馆2010年版,第556页。
③ 参见[德]伽达默尔:《科学时代的理性》,薛华等译,国际文化出版公司1988年版,第34页。

识的眼光中，才能把握到真正的真理①，任何理解都是过去的历史存在与现在的解释视域相综合的结果。伽达默尔明确指出："这里黑格尔说出了一个具有决定性意义的真理，因为历史精神的本质并不在于对过去事物的恢复，而是在于与现时生命的思维性沟通。"②因而黑格尔实现了对施莱尔马赫解释学观念的根本性超越。

理解的历史性。如果说海德格尔主要是从批判传统解释学发展出理解的前结构概念的话，伽达默尔的主要任务则是如何正确地对待理解的历史性问题，具体说来，就是理解的前见问题。其实很大程度上，在理解和解释的过程中试图摆脱时代流行的见解的成见已成为我们的共识。我们常说，不能以今天的评判标准来衡量过去的成就，只有消除个人内心的前见才能达到历史知识的客观性。这一观念最初兴起于启蒙运动以理性来批判教会对圣经的独断论解释，否定或贬斥权威和传统在解释圣经中的作用。此后的传统解释学也主张，解释者基于自身的历史性存在而形成的前见是阻碍解释活动有效进行的屏障，只有消解前见的影响才能达到对历史世界的客观性把握。伽达默尔反对启蒙运动对前见的贬斥，认为这是受方法论意识支配所导致的。在他看来，前见不仅是解释活动得以进行的前提，更是个人存在的历史实在。个人的一切解释活动都必须从前见开始，正如海德格尔从"前有"、"前见"和"前把握"来分析此在存在对历史理解的关系一样，它不是个人通过强烈的自我意识就能够消解或摆脱的，因为这是个人存在的基本事实，是无法取消的历史自身的规定性。"认为我们可以置身于时代精神之中，以该时代的概念和观念而不是以自己的概念和观念来思考，并以此达到历史客观性，这只不过是历史主义天真的前提。"③前见是在理解事物之前的一种预先的判断，这种判断既可能有正面的积极的促进作用，也可能会有反面的抑制的否定效果，但不管怎样，都会使具有前见的个人或直接或间接地达到理解。在启蒙运动看来是不

---

① 参见［德］黑格尔：《精神现象学》下卷，贺麟、王玖兴译，商务印书馆 2010 年版，第 262 页。

② ［德］伽达默尔：《诠释学Ⅰ：真理与方法》，洪汉鼎译，商务印书馆 2010 年版，第 247 页。

③ ［德］伽达默尔：《诠释学Ⅱ：真理与方法》，洪汉鼎译，商务印书馆 2010 年版，第 78 页。

可避免地歪曲理解的前见,在伽达默尔这里变成了历史实在本身和理解的条件。因而前见并非使我们远离和摆脱传统,而是使我们经常地处于传统中,使过去向我们积极地开放,"前见并非必然是不正确或错误的,并非不可避免地会委屈真理。事实上,我们存在的历史性包含着从词义上所说的前见,它构造了我们整个经验能力的最初的方向性。前见就是我们对世界开放的倾向性。它们仅仅是我们经验任何事物的条件——我们遇到的东西通过它们而向我们说些什么。"①人们不是处在历史之外,把历史当作客观对象来理解,而是将过去的传统吸收或融化进自己的存在中,这是对自身的重新理解,也是对历史的理解。任何时候的理解都是历史与现在的汇合,并指向未来。正如帕尔默所言,"要进入过去是不可能脱离现在的;而过去作品也不能仅仅根据自身就看出其'意义'。恰恰相反,过去作品的'意义'是根据现在向它提出的问题来界定的。如果我们仔细地考察理解的结构,我们会看到:我们所追问的问题,是被我们在理解中将自己投射向未来的方式所规定的。"②这也就表明,解释者由自身历史存在方式而来的前见总已是一种视域,并将自身置于这一视域之中,这是人类自身存在的本质规定,也是进行解释活动的可能性,而解释的对象如历史世界总以特定的内容而拥有自己的视域。我们既不能以自己的前见来曲解解释对象的意义,也不能以解释对象的视域来反对我们自身的历史实在,而是要将这两种视域融合起来,"理解其实总是这样一些被误认为是独自存在的视域的融合过程"③。由"视域融合"而形成的理解既不是解释者原有的前见,也不是如传统解释学认为的那样,是对原有历史世界或文本意义的重建。伽达默尔针锋相对地指出,理解不是一种对原有内容的复制,而是一种创造性的理解。

理解的语言性。在后期海德格尔语言学转向的影响下,语言也成为伽达

---

① Hans-Georg Gadamer, *Philosophical Hermeneutics*, translated and edited by David E. Linge, University of California Press, 2008, p.9.

② Richard E. Palmer, *Hermeneutics: Interpretation Theory in Schleiermacher, Dilthey, Heidegger, and Gadamer*, Northwestern University Press, 1988, p.182.

③ [德]伽达默尔:《诠释学Ⅰ:真理与方法》,洪汉鼎译,商务印书馆 2010 年版,第 433 页。

默尔哲学解释学理论的中心议题。亚里士多德曾将人定义为具有逻各斯的生物①,伽达默尔通过对"逻各斯"概念的追溯,认为它包含有四种含义:思想、概念、规律和语言,但这个词的主要意思是语言。因为人区别于动物的最显著特征在于他有筹划未来的意识并以此来超越现存的东西,而对未来的筹划可以通过语言以思想、概念乃至于规律的形式表达出来,获得其他人的理解。更为重要的是,人能够通过语言相互传递意见,达到相互理解,形成相互一致的共识,语言"是谈话双方进行相互了解并对某事取得一致意见的核心"②。因此,与亚里士多德不同,伽达默尔认为"人是一种具有语言的生物"③。语言并非像工具那样当我们用它时把它拿出来,一旦完成它的使命又可以把它丢弃在一边,它产生于人类的本性之中,即个人通过与他人的交流来达到对历史世界的看法和理解的需要,无论对于人类的精神力量的发展还是个人世界观的形成而言,语言都是不可或缺的。④ 语言是人处于历史实在之中的表现,人对世界的理解和经验从一开始就是借助语言这个普遍媒介来进行的,正如我们从一开始就存在于世界之中一样,我们从一开始就处于语言之中。因而在伽达默尔看来,一切的理解都是通过语言媒介来进行的,语言媒介在把解释对象表达出来的同时又是解释者自己的语言。他从两个方面来论述理解的语言性:第一,语言性是解释学对象的规定。解释学的对象是人类历史的流传物,而流传物的本质在于它是以语言的形式存在的,因而具有语言性质的东西是最好的解释学对象。历史流传物既有非语言性的,如雕塑艺术等,也有语言性的;既有口头讲述的,也有通过文字固定下来的。在伽达默尔看来,文字固定的流传物是有着更为重要意义的解释学对象。相对于雕塑艺术,保存于我们手中

① 参见[古希腊]亚里士多德:《尼各马可伦理学》,廖申白译,商务印书馆 2003 年版,第 308 页。

② [德]伽达默尔:《诠释学Ⅰ:真理与方法》,洪汉鼎译,商务印书馆 2010 年版,第 540 页。

③ Hans-Georg Gadamer, *Philosophical Hermeneutics*, translated by Joel C. Weinsheimer, Yale University Press, 1994, p.60.

④ 参见[德]威廉·冯·洪堡特:《论人类语言结构的差异及其对人类精神发展的影响》,姚小平译,商务印书馆 1999 年版,第 25 页。

的语言性的流传物并不是"残留下来的",而是"被递交"、"被诉说"给我们的,它一旦以文字的形式固定下来以后,就脱离了原来的历史过程,并随着历史和时代的变迁以一种持续存在的记忆成为我们世界经验的一部分。"文字传承物并不是某个过去世界的残留物,它们总是超越这个世界而进入到它们所陈述的意义领域。"①我们所需要做的是参与到它对我们所传达的普遍的历史世界关系当中而不是以此来推知过去的生活。相对于口头语言,文字语言脱离了讲话者的心理因素和情感表达,以至于它不依赖于作者的思想和原来读者的解释而独自存在,因而不能如施莱尔马赫那样从心理学上加以解释,而是要有一种历史向度。正如伽达默尔所言,一切文字性的东西既不能完全被作者的视域所限,也不能在原来读者的视域中来解释,而是提升到了一种意义域当中,任何时代的每一个阅读者都能同时参与到这种意义域当中形成具有时代特征的新的解释。② 第二,语言性是解释学过程的规定性。"不仅是传承物这种优越的理解对象是具有语言性的——就是理解本身也同语言性有着根本的联系。"③在伽达默尔看来,理解的过程中存在着两种语言,一种是历史传承物所使用的语言,一种是我们现在所使用的语言。如果用后者去解释前者,历史就被无反思地纳入现在的统治中,暂且不论这种做法是否行得通,即便行得通,我们的解释活动得以发生的前见必然导致对过去的误解。反之,就像历史主义所主张的那样,排除现在的语言以被理解时代的概念进行解释,暂且不谈这种行为是否可能,即便可能也只能说明是对过去的复制,而复制根本就不是解释。唯一的办法只能是语言融合,在对历史传承物进行解释的同时,"让自己的前概念发生作用,从而使文本的意思真正为我们表达出来。"④因此是过去的语言与现在语言的融合,这种融合并不意味着让过去融合于现在或是相反,而是双方彼此进行的整合。双方都不保留它们曾经所是的东西,而是让

---

① ［德］伽达默尔:《诠释学Ⅰ:真理与方法》,洪汉鼎译,商务印书馆2010年版,第549页。
② 参见［德］伽达默尔:《诠释学Ⅰ:真理与方法》,洪汉鼎译,商务印书馆2010年版,第551页。
③ ［德］伽达默尔:《诠释学Ⅰ:真理与方法》,洪汉鼎译,商务印书馆2010年版,第556—557页。
④ ［德］伽达默尔:《诠释学Ⅰ:真理与方法》,洪汉鼎译,商务印书馆2010年版,第558页。

某种东西在它们双方中出现，这就是历史的理解或理解的历史性。

### 三、历史与多极主体：主体际解释学时期

由海德格尔在《存在与时间》中所开辟并经由伽达默尔继承和发展的哲学解释学理论在当代西方思想文化的各个领域，如哲学、美学、社会学、历史学、法学等领域产生了重大影响。同时，随着《真理与方法》的出版，哲学解释学遭遇到了前所未有的批判，以哈贝马斯代表的社会批判理论认为，人与人之间的交往才是理解历史世界的最终的和根本的前提；以德里达为代表的后现代主义解释学认为，"作者死了"，文本符号不断膨胀，意义无限延搁，不同的人在同一时间或同一个人在不同时间段里的理解是不同的，多极异质主体造就多元性意义。这种重视多极主体间的交往与对话以及强调多极异质主体之差异性意义的理解理论，显然与以海德格尔和伽达默尔为代表的主体论解释学强调对历史世界的理解是此在本身的存在方式的观点不同，为了有效地区别和研究的必要，我们将他们归于主体际解释学。它对历史和文本的解释"总的来说是主体际的，即指向现时的或未来的他者，研究交往意义"①，在交往共同体中考察解释的规则以及文本的解读性等。

（一）哈贝马斯批判解释学：交往行为是历史理解的根本基础

尤尔根·哈贝马斯（Jürgen Habermas，1929—　　）生于德国西部杜塞尔多夫附近的谷默斯巴赫小城，从小生长在中产阶级家庭里的他受到了良好的教育和教养，这或许为他日后成为德国最受关注的思想家之一提供了先决条件。第二次世界大战后，体现纳粹政治连续性的西德政府的成立，使哈贝马斯意识到自己一直生活于一个在政治上犯有严重罪行的制度之下；海德格尔的哲学曾深深地影响着他，但前者1953年发表的《形而上学导论》一书中对纳粹的吹捧和肯定又使后者感到极度的困惑和气愤，伟大的哲学思想家缘何会信奉法西斯主义？为了解决这个困惑，哈贝马斯开始把哲学问题和政治问题联系

---

① 任平：《交往实践与主体际》，苏州大学出版社1999年版，第499页。

起来思考,"哲学的任务不再是建立个人的学说,而是专业上的论战和公开批判"①。哈贝马斯所有的论著都是在抱着清醒的批判和反思的态度对现实政治的极度关切中,和与他人的论战中布展开来的,包括他的批判解释学也是在与伽达默尔激烈的论战中一步步建构起来的。

《真理与方法》(1960年)出版后的第二年,哈贝马斯受伽达默尔邀请来海德堡大学当编外教授。随后他们之间关于解释学的争论便开始了,1965年,哈贝马斯在法兰克福大学的就职演说——"认识与兴趣"中就表明,历史—解释学的知识只是人类理解世界的一种维度,它应该隶属于以批判和反思为主的解放的兴趣并为之服务。1967年,哈贝马斯在伽达默尔主编的《哲学评论》杂志上发表了《社会科学的逻辑》的长文,在"论交往科学的经验—分析的意义理解问题"(On the Problem of Understanding Meaning in the Empirical-Analytic Sciences of Action)的标题下讨论了解释学的方法,并试图将其与自然科学的说明性方法统一起来。② 同年,伽达默尔发表《修辞学、解释学和意识形态批判》一文,对哈贝马斯的质疑做了回应。针对1966年伽达默尔发表的《解释学问题的普遍性》的文章,哈贝马斯在1970年《伽达默尔诞辰70周年纪念文集》中提交了《解释学的普遍性要求》一文,明确批判了伽达默尔关于解释学问题普遍性的主张,认为解释学应当有其自身的理论限度。1971年,苏卡普(Suhrkamp)出版社出版了《解释学和意识形态批判》的论战性文集,其中包括哈贝马斯从《社会科学的逻辑》中抽取出关于哲学解释学的部分,并以《评伽达默尔的〈真理与方法〉一书》为题重新发表的文章,也包括伽达默尔《答〈解释学和意识形态批判〉》的回应性文章。次年,在《真理与方法》的第3版序言中,伽达默尔指出哈贝马斯等人囿于科学理论的方法论主义中,并未认识到实践反思的本质。③ 在1973年的自述中,伽达默尔深刻地剖析到,虽然

---

① [德]得特勒夫·霍尔斯特:《哈贝马斯传》,章国锋译,东方出版中心2000年版,第9页。

② Cf.Jürgen Habermas:*On the Logic of the Social Sciences*,translated by Shierry Weber Nicholsen and Jerry A.Stark,The MIT Press,1988,pp.143-170.

③ 参见[德]伽达默尔:《诠释学II:真理与方法》,洪汉鼎译,商务印书馆2010年版,第573页。

意识形态的批判者认识到对前见的肯定和把握"具有意识形态方面的前定性,但却未能对这种意识形态批判本身具有的意识形态关联给以足够的重视。"①

反思和批判精神是社会科学应有的向度。哈贝马斯认为,伽达默尔通过对解释活动中前理解概念的分析,将权威和传统看作是理解历史世界的前提和基础的结论没有看到权威和理性的对立,对权威和传统的过分褒扬只会导致对理解过程中反思力量的错误认识。与此相应,他提出了解释世界的三种兴趣:技术的兴趣、实践的兴趣和解放的兴趣。技术的兴趣是人们试图通过技术来解决自然界的不可认识和不可理解性的兴趣,其目标是形成一种具有科学规则的经验—分析的知识;实践的兴趣是维护和扩大主体际之间的相互理解以及确保解释者在自我认识的框架内形成可能的共识的兴趣,其目标是通过对历史世界的理解和解释形成具有解释学规则的历史—解释的知识;解放的兴趣是"把主体从依附于对象化的力量中解放出来"的兴趣,其目标是通过意识形态批判和心理分析在一切人同一切人之间建立一种自由的交往关系和取得一种普遍的共识。② 按照哈贝马斯的看法,对历史世界的理解不可避免地要与解释者的传统相关联,但这并不意味着经过科学反思和批判的传统不发生任何变化。当解释者在对历史世界进行理解的过程中,他总是自觉地理解某种权威和传统,并反思性地去考虑他与权威和传统的关系,因而权威和传统在理解的过程中总是可以被改变的,而不仅仅是简单地接受它们。"哲学只有当它放弃它的伟大的传统时,它才能永远忠实于它的伟大传统。"③当伽达默尔强调真正的权威"并不源于独断的权力,而是源于对独断的承认"④,而

---

① [德]伽达默尔:《诠释学Ⅱ:真理与方法》,洪汉鼎译,商务印书馆 2010 年版,第 629 页。关于哈贝马斯与伽达默尔之间更详细的论战情况的介绍,请参见 D.C.霍埃:《批评的循环——文史哲解释学》,兰金仁译,辽宁人民出版社 1987 年版,第 148—166 页。

② 参见[德]哈贝马斯:《作为"意识形态"的技术与科学》,李黎、郭官义译,学林出版社 1999 年版,第 126—133 页。

③ [德]哈贝马斯:《作为"意识形态"的技术与科学》,李黎、郭官义译,学林出版社 1999 年版,第 136 页。

④ [德]伽达默尔:《诠释学Ⅱ:真理与方法》,洪汉鼎译,商务印书馆 2010 年版,第 303 页。

对独断的承认并不意味着盲目的顺从,而是与认识相关联时,哈贝马斯认为伽达默尔实际上在这里否认了反思的力量。权威是教育者运用其背后的传统"把逐渐成长起来的人的头脑中所想象的前见加以合法化,而这种前见只能在逐渐成长起来的人的反思中得到证明"①,因而权威和认识是不一样的。权威是人们在强大的势力下对内心规范的盲目服从,而认识则是通过反思排除掉权威中纯统治性的东西而形成的合理性的决断。因此在反思性的回忆和批判中,权威终将被在摆脱了统治的对话中达成的认识所替代。正是在这个意义上,哈贝马斯认为伽达默尔的哲学解释学只考虑理解与认识的统一,而未认识到理解与反思的统一。② 以反思和批判精神为主的社会科学则超越传统本身而提出了一种新的解释学体系,这就是以主体际之间的社会交往作为理解历史基础的批判解释学。

意识形态批判和精神分析法的重要性。哈贝马斯认为,与传统的修辞学和解释学只是研究一种理解的技艺和方法不同,哲学解释学则是对交往能力过程中即在语言的对话中所获得的语言经验的反思和批判,因而它"并不用来建立一种可教的艺术,而是用来对日常交往的结构进行哲学上的思考"③;与维特根斯坦将语言作为先验自我的反思不同,伽达默尔将语言视为解释者与艺术经验和历史世界相关联的客观因素,这是值得肯定的。因为只有通过在理解过程中得以展示的语言媒介,人类历史中的诸种交往活动才能延续下来,"以海德格尔为起点的伽达默尔才真正走向了解释学本身——也就是走向了由语言构成的前后关系和生活方式"④。但当伽达默尔提出解释学的普遍性要求,认为语言是人类的存在方式,一切解释行为只有在语言中才能实现,"能被理解的存在就是语言",解释者只有在语言中才能达成一致和团结时,哈贝马斯对此是强烈反对的。他认为解释学应该有自身的限度,即只有在

---

① ［德］哈贝马斯:《评伽达默尔的〈真理与方法〉一书》,郭官义译,《哲学译丛》1986 年第 3 期。
② 参见洪汉鼎:《诠释学——它的历史和当代发展》,人民出版社 2001 年版,第 282 页。
③ ［德］哈贝马斯:《诠释学的普遍性要求》,载《理解与解释——诠释学经典文选》,洪汉鼎主编,东方出版社 2001 年版,第 270 页。
④ ［德］哈贝马斯:《现代性的地平线》,李安东、段怀清译,上海人民出版社 1997 年版,第 91 页。

精神科学中才起作用，换句话说，只有在精神科学范围内才是普遍的。"如果实际情况是理解活动回复到前语言的、认知的方式中去，并因此能够以一种工具性方式使用语言，那么，解释学的普遍性主张就会在科学的语言系统和合理选择的理论中发现自己的有限性。"①此外，解释学的理解也有其限度，这主要表现为以下不可理解的表达：首先，语言是统治阶级进行规范社会秩序和权力合法性的表达，因而它也是一种意识形态，"在这种情况下，问题不是语言中包含着欺骗，而是用语言本身来进行欺骗"②，如何认识语言本身的欺骗并达至正确的理解，哈贝马斯认为应该对这种解释学经验进行意识形态批判。况且，语言的形成也依赖于社会劳动，生产方式的变革必然导致语言结构的变化，因而对历史世界的解释虽然是在语言中进行的，但生产方式的变革并不是说通过一种新的解释就能实现的，而是要变革现实的物质生活来改变旧的解释模式。③ 其次，语言组织本身的缺陷也造成不可理解性，例如精神病患者中明显病态的语言表达。如果说对于这种情况可以通过排除病态的语言现象而使解释学的理解回归日常生活的话，那么当正常交往中出现一贯被曲解的无效交往（Pseudokommunikation，又译"伪交往"）时，交往者便无法认识到他们交往中出现的破裂和障碍。这样一种现象从预先假定意见一致的哲学解释学的立场上是无法解释的。哈贝马斯提出了一种以弗洛伊德精神分析法为主要

---

① ［德］哈贝马斯：《诠释学的普遍性要求》，载《理解与解释——诠释学经典文选》，洪汉鼎主编，东方出版社 2001 年版，第 278 页。

② ［德］哈贝马斯：《评伽达默尔的〈真理与方法〉一书》，郭官义译，载《哲学译丛》1986 年第 3 期。在时隔十多年（1983 年）之后发表的一篇论文中，伽达默尔把这种文本称为前文本，即不能在其意指的意义转达中得到理解，而是以假象的方式出现的交往表述的文本。它所意指的是一种托词，"意义"则隐藏在这种托词背后，解释的任务就在于识破托词，并把其中所含的真正意义表达出来。意识形态批判就具有这种功能。但这种意识形态批判本身同样可能需要进行意识形态批判，因为它也代表某种利益，从而也掩盖了它本身的托词性质。（参见［德］伽达默尔：《诠释学Ⅱ：真理与方法》，洪汉鼎译，商务印书馆 2010 年版，第 438 页）

③ 参见［德］哈贝马斯：《评伽达默尔的〈真理与方法〉一书》，郭官义译，《哲学译丛》1986 年第 3 期。从这里我们可以觉察到，哈贝马斯离马克思是如此之近，这不禁让我们联想到了镌刻在马克思墓碑上的那句脍炙人口的名言："哲学家们只是用不同的方式解释世界，问题在于改变世界。"（马克思：《关于费尔巴哈的提纲》，《马克思恩格斯文集》第 1 卷，人民出版社 2009 年版，第 502 页）

特征的深层解释学——它不是像哲学解释学那样从以权威和传统为特征的前理解开始,而是从本身扩展到语言之上的系统的前理解开始。① 由于这种前理解超出语言,因而能对一贯被曲解了的语言本身的不可理解性进行理解,而这种深层解释学的成立,还需要一种交往行为理论。

交往行为是历史理解的根本基础。哈贝马斯认为"理解"这个词有广义和狭义之分,狭义上是指"两个主体以同样方式理解一个语言学表达";广义上是指"在与彼此认可的规范性背景相关的话语的正确性上,两个主体之间存在着某种协调;此外还表示两个交往过程的参与者能对世界上的某种东西达成理解,并且彼此能使自己的意向为对方所理解。"②理解不是如客体论解释学那般消除个人前见,以达到对历史世界的客观认识,也不是如主体论解释学这般对个人前见合法化,把理解看作人的存在方式,而是两个主体之间通过交往过程达到相互协调和理解。理解的实质问题不是心理移情和视域融合,而是交往行为问题。为此,哈贝马斯首先将人类行为划分为四种:一是目的(策略)行为,这是行为者在客观存在的事态世界中,运用有效的手段和恰当的方法所实现的个人目的的行为,这种行为可以用"真实性"的标准来衡量;二是规范行为,这是在客观存在的事态世界和"作为角色主体的行为者与其他相互可以建立规范互动关系的行为者"③共同组成的社会世界中,各成员之间以普遍适用的规范价值解决共同关心的问题的行为,它必须提出"有效性"要求;三是戏剧行为,这是指行为者在观众面前运用一定的方式把自己的愿望和情感表达出来,并获得观众的相信和接受,因而是与主观世界相关联的,并以"真诚性"来获得观众的认可;四是交往行为,这种行为是指言语者和听众同时从他们的生活世界出发,并同时与客观世界、社会世界和主观世界发生关联,以求进入一个共同语境,以便在相互谅解的基础上把他们的行为计划和行

---

① 参见[德]哈贝马斯:《诠释学的普遍性要求》,载《理解与解释——诠释学经典文选》,洪汉鼎主编,东方出版社2001年版,第292页。

② [德]哈贝马斯:《交往与社会进化》,张博树译,重庆出版社1989年版,第3页。

③ [德]哈贝马斯:《交往行为理论·第一卷:行为合理性与社会合理性》,曹卫东译,上海人民出版社2004年版,第87页。

为协调起来。因而交往行为必须同时具备"真实性"、"有效性"和"真诚性"的要求，并且本身具有"正确性"的要求，即解释者必须表达的足够清楚以便两个主体之间能够相互理解时，理解问题才是可能的。其实这四种人类行为概括起来只有两种：一种是指向"主体—客体"向度的有目的的理性行为，在哈贝马斯看来这是较低级的活动；一种是从"主体—主体"向度出发的达到意义的相互理解、重建合理性规范的活动，这是较高级的活动，"我把达到理解为目的的行为看作是最根本的东西"①。这就是哈贝马斯普遍语用学所建构的交往机制，只有同时具有"真实性"、"有效性"、"真诚性"和"正确性"要求的交往行为才是理解历史世界的根本基础。

(二)德里达激进解释学：多极异质性主体造就多元性意义

雅克·德里达(Jacques Derrida, 1930—2004 年)生于当时还尚属法国殖民地的阿尔及利亚，是著名的法国哲学家、解释学家和解构主义大师。1942 年因犹太血统被驱逐出学校，尽管那时候的他还难以理解这样的事情为何发生，但这在他少年的心灵里留下了难以估量的创伤，这种"身份纠纷"让他开始怀疑作为母语的法语是不是真正属于自己的语言。1949 年，19 岁的他考取了巴黎师范高等专科学校的预科班，"终于成为曾经梦想着的巴黎人"②。不过在接下来的 3 年里，由于面临超难度的考试以及对学校生活的不适应，德里达陷入了精神上的危机，这严重损害了他的健康。家庭和学校两边都没有归属感，总而言之，他被社会解构了，成了一个社会的游荡者。"所有这些，在他的灵魂中留下了深深的缺口，这个缺口就是不完整性、边缘性和非中心性。解构思想之成形于他就是在所难免的。"③1966 年，德里达在约翰·霍普金大学主办的"批评语言与人文学国际研讨会"上做了题为"人文科学话语中的结构、符号与游戏"④的发言。该发言体现了解构主义解释学的基本思想，即反

---

① [德]哈贝马斯：《交往与社会进化》，张博树译，重庆出版社 1989 年版，第 1 页。
② [日]高桥哲哉：《德里达：解构》，王欣译，河北教育出版社 2001 年版，第 15 页。
③ 汪楚雄：《解构主义大师德里达》，《世界文化》2005 年第 1 期。
④ 参见[法]德里达：《书写与差异》，张宁译，三联书店 2001 年版，第 502—525 页。

对逻各斯中心主义和语言中心主义,消解作者、消解读者,否定文本的终极意义,为新的写作方式和阅读方式开辟了广泛的可能性。

如果说伽达默尔与哈贝马斯的论战主要集中在 20 世纪六七十年代的话,伽达默尔与德里达的争论则主要发生在 80 年代。1981 年 4 月 25 日至 27 日,在巴黎大学举行的"文本与解释"的国际学术研讨会上,81 岁高龄的伽达默尔与风头正健的法国少壮派思想家德里达进行了面对面的交锋,这是解释学与解构论思潮的代表人物的首次学术对话。① 伽达默尔在题为"文本与解释"的演讲中指出,不管是书面会话还是口头交流,两者都有相互理解的善良愿望。在人们寻求理解的地方,都有善良意志作为前提。② 在次日的圆桌讨论中,德里达就伽达默尔的"善良意志"说提出质疑,认为这个前提是形而上学的。后者以"然而:善良意志的强力"澄清了前者的误解。之后,德里达又做了"对签名的阐释(尼采/海德格尔)"的报告,讨论了尼采这个"名字"和"整体性"概念。不过由于德法传统和语言的差异以及"德里达的思维方法不允许他进行对谈"(伽达默尔语)的原因,有学者就认为"一个富有成效的讨论那时并未发生"③。关于此次会议的完整文本于 1984 年以《文本与解释:德法之争》为题结集出版。事后几年,伽达默尔又发表了《致达梅尔的信》(1984 年)、《解析与解构》(1985 年)和《解释学与逻各斯中心主义》(1986 年)3 篇文章,进一步梳理了他与德里达的异同,回应了德里达的解构论对解释学的挑战。

德里达的解构主义思想以及"文本之外无他物"的主张最初受惠于瑞士语言学家索绪尔(F.de.Sauaaure,1857—1913 年)的语言学理论。索绪尔的语言学理论将研究对象由传统的物与名的关系变为纯粹的符号关系,"语言符

---

① 有学者指出,伽达默尔与德里达曾在数年前就海德格尔思想的政治维度进行过对话,全部录音资料存于西德广播电台,未整理发表,知者甚少,故国际学术界一般把 1981 年的巴黎会议视作是解释学和解构论的首次短兵相接。(参见[德]伽达默尔、杜特:《解释学 美学 实践哲学:伽达默尔与杜特对谈录》,金惠敏译,商务印书馆 2005 年版,第 41 页注①)

② 参见[德]伽达默尔、[法]德里达:《德法之争:伽达默尔与德里达的对话》,孙周兴、孙善春编译,商务印书馆 2015 年版,第 23 页。

③ [德]伽达默尔、杜特:《解释学 美学 实践哲学:伽达默尔与杜特对谈录》,金惠敏译,商务印书馆 2005 年版,第 39 页。

号连结的不是事物和名称，而是概念和音响形象"①，这里的"概念和音响形象"不是指纯粹物质的东西，也不是指物理上的声音，而是指一种心理印迹，是对感觉进行证明的声音表象，因而可以看出，语言符号就是由能指（音响形象）和所指（概念）组成的一种两面的心理实体。在索绪尔看来，能指和所指的联系是任意的，"一个社会所接受的任何表达手段，原则上都是以集体习惯，或者同样可以说，以约定俗成为基础的"②。能指的任意性和约定性决定了一个所指的能指在不同的国度、民族、种族、文化和地域中是不同的，因而所指的意义取决于言语链以及在语法体系中形成的相互关系，"只有在能指符号的差异关系即句段关系与联想关系中"、"在句段中跟前一个符号或后一个符号或前后两个符号的对立中"③所指的意义才能体现出来，没有差异和对立就没有意义。因此，在语言符号系统中，能指和所指是紧密地联系在一起的，每一个音响形象符号总有一个确定的概念与它相对应。

索绪尔关于能指和所指的观点深深地影响了德里达，他本人曾在肯定的意义上指出：索绪尔的语言学理论"指出所指和能指是不可分割的，所指和能指是同一产物的两面，这是反传统的。"④但他不赞同索绪尔将能指和所指区分开来，并将所指与概念等同起来的观点，因为如果将能指和所指加以区分，那么就意味着存在着独立的所指，而所指需要能指才能表现出来，能指变成了所指的替代物。他认为这不仅违背了符号的差异性原则，还会陷入一种"形而上学偏见"，即把所指看作是符号所要表达的意义，从而符号的意义成了不变的、静止的和凝固的。在德里达看来，既然能指和所指的联系是任意的，那么语言符号系统便是一个无穷的系列，所指随着不同的符号链和差异的句段关系而不断产生出不同的意义，"事实上，甚至在所谓的表音文字中，'书写'

---

① ［瑞士］索绪尔：《普通语言学教程》，高名凯译，商务印书馆 2014 年版，第 94 页。
② ［瑞士］索绪尔：《普通语言学教程》，高名凯译，商务印书馆 2014 年版，第 96 页。
③ 杨生平：《索绪尔的语言学与德里达的哲学变革》，《哲学研究》2006 年第 11 期。
④ ［法］德里达：《多重立场》，佘碧平译，三联书店 2004 年版，第 22 页。

能指可以通过一种多维网络来指称音素。像所有能指一样,这种多维网络在向所有可能的赋义活动(investissements de sens)开放的'完整'系统中,把它与其它书写能指或口头能指联系起来。我们恰恰必须从这个完整系统的可能性入手。"①语言符号就像一张多元性的图画,其中各种因素相互发生作用,理解是在"无底的棋盘"上的游戏,意义在多元结构的交织中不断出场又不断退场,真正的理解不是要达到一种绝对的、全面的、正确的真理,而是一种在无底的棋盘上进行着的游戏,永远找不到一个意义的确定划界。为此,德里达提出了所谓延异(différance)的概念,他是想说明文本的意义决定于符号的差异,在同一时间的不同人那里,或者在同一个人的不同时间段里,蕴含于符号中的意义是不同的,在不断的理解和解释的过程中,意义不断地向外"延展"。无论是可读文本还是可写文本都是处于多元状态,解释本身并不是赋予它一种意义,而是随着能指行为的滑动而变化的,"多极异质主体造就多元性意义"②,意义永远都不可能得到最终的确定。如果说索绪尔还在不变的结构中去寻找不变的意义,那么德里达则强调符号的无限膨胀和意义的不断延搁。为反对西方传统的逻各斯中心主义和声音中心主义,他强调理解的暂时性、有限性、相对性,意义走向了无底板、无规范、无客体甚至无主体,在文本或语言系统内,"没有任何纯粹在场或不在场的东西。只有差异和踪迹之踪迹遍布各处"③。美国亚拉巴马大学哲学系教授 B.G.张(Briankle G.Chang)曾以一个生动的比喻来说明德里达的解构理论:德里达主义者"是真正的流浪汉,或波希米亚人。流浪汉四海为家而永远不在家,对他而言,无家存在,没有任何地方可以成其为家","在流浪中,每一步都会使界限立即被突破而又重新被划定,这种不断突破和重划的界限根本就不是什么界限。流浪汉流浪在漫无边际的世界上,因为他既无家可归,亦无根可寻。"④文本意义如同流浪汉一样,

---

① [法]德里达:《论文字学》,汪堂家译,上海译文出版社 2015 年版,第 62 页。
② 任平:《交往实践与主体际》,苏州大学出版社 1999 年版,第 501 页。
③ [法]德里达:《多重立场》,佘碧平译,三联书店 2004 年版,第 31 页。
④ [美]B.G.张:《海德格尔的解释学与德里达的解构学》,江振华译,《哲学译丛》1990 年第 3 期。

一直在寻根找家,却一直处于回家的途中,意义被放逐在文本之外,永远没有确定性。从这一点来看,德里达的观点与尼采的透视学似乎有家族相似性,后者也强调理解的多元性和不确定性。尼采指出,真正的"文本"都是不可触及的,或者毋宁说,它们对于我们是不存在的,如果存在,也仅仅存在于我们的"解释"之中,而"解释"无非是多元性的,"同一个文本允许无数种解释,不存在一种'正确的解释'","根据我的经验,认为一般来说存在着一种正确的、即唯一正确的解释,这个基本前提是错误的……事实上,在许多事例中,不正确的东西是确定的,而正确的东西则几乎都不确定……总之,老语言学家说:不存在唯一正确的解释。"①

所以,当伽达默尔提出理解的先决条件,即每一个对话者都有乐于理解对方发言的"善良意志"时,德里达一口气提出三个问题来质疑这个提法的正当性。他认为"善良意志"这个概念是在康德哲学的意义上使用的,它不仅是一个伦理的要求,更是在对一个言说者共同体都有效的起点上来规整误解的出现,因而它在一种道德的本质中超越任何价值,处于一般的评价之外,是某种无条件的东西。那么意志到底是什么呢?难道这不属于海德格尔称为意志或意愿主体性的存在者之存在的规定?难道这不属于意志的形而上学时代?德里达要解构的就是这种不证自明性的形而上学概念。其次,德里达提出,面对精神病患者的病态语言时,我们的理解不能从患者的病态语言入手,而是要体察到患者的说之未说。那么,当伽达默尔把精神分析的解释学整合进一般解释学时,是不是还需要一种善良意志或者说善良意志是否还有存在的必要性?最后,理解的条件"是不是更多地是一种关联的断裂,在某种意义上就是作为关联的断裂,一种对所有中介作用的扬弃呢?"②也就是说,理解不是按照作者或原始读者的思维而来的一种连续性、一致性的扩展,而是自始至终都是一种断裂性的、重构式的理解。德里达的三个重磅炸弹直接掷向了伽达默尔观点

---

① 转引自周国平:《尼采与形而上学》,译林出版社 2012 年版,第 183—184 页。

② [德]伽达默尔、[法]德里达:《德法之争:伽达默尔与德里达的对话》,孙周兴、孙善春编译,商务印书馆 2015 年版,第 53 页。

的前提,即对话双方都有善良意志来确保能达到意见的相互一致和相互理解。为此,伽达默尔指出:善良意志的概念不是康德意义上的,也与形而上学没有任何关联,这里的善良意志"指的是柏拉图以'eumeneis elenchoi'[善意的决断]所命名的东西。这说的是:人们并不谋求维持权利,并且因此要发现他人的弱点;相反地,人们试图使他人变得尽可能强大,使得他人的陈述得到某种说服力。在我看来,这样一种态度对任何互相理解来说都是本质性的。"①善良意志的提出只是一个纯粹的断定,是达到相互理解、形成共识的前提,并非与伦理相关,因为即使是不讲道德的人们,只要开口讲话,也总会想得到对方的理解,否则他就不会说出来了。伽达默尔指出,你德里达向我提出问题,必定也是事先假定我是愿意来理解你的问题的。你去说、去写也是希望能够被人理解的,但你的解构主义思想本身又反对有任何真正的、一致的理解,德里达是自相矛盾的,他对自己"不公"。② 伽达默尔在这里可谓精确地戳准了德里达的"软肋",德里达一直反对理解的同一性和意义的确定性,追求理解的差异性和意义的延搁,但这种"差异"和"延搁"在伽达默尔看来是形而上学的旧病复发,是德里达对"自己的形而上学"的证实。以反形而上学的姿态出现,最后又不自觉地走向了形而上学,这不正说明了德里达的矛盾和失败吗?对于德里达提出的将一般的理解形式向心理分析或精神分析方面扩展的质疑,伽达默尔觉得德里达没有真正理解他,因为他的努力在于表明,"心理分析的解释是沿着一个完全不同的方向进行的,并不是要理解某人想说什么,而是要理解他不想说什么或者不想承认什么。"③心理分析是解释者帮助患者理解自己、对付自己情结的办法,解释者的理解不是对患者所言说的理解,而是通过心理分析来理解患者所言说背后隐藏的所未说,"所说出的东西绝不是

---

① [德]伽达默尔、[法]德里达:《德法之争:伽达默尔与德里达的对话》,孙周兴、孙善春编译,商务印书馆 2015 年版,第 54 页。

② [德]伽达默尔、[法]德里达:《德法之争:伽达默尔与德里达的对话》,孙周兴、孙善春编译,商务印书馆 2015 年版,第 55—56 页。

③ [德]伽达默尔、[法]德里达:《德法之争:伽达默尔与德里达的对话》,孙周兴、孙善春编译,商务印书馆 2015 年版,第 55 页。

一切。只有未说出的东西(das Ungesagte)才使我们能达到的说出的东西(das Gesagte)得到表述。"①关于第三个问题，伽达默尔不否认理解的条件是一种关联的断裂或中断(rupture)，人们不可能用完全相同的方式对某物达到相互理解，也不可能在一切事物上达到相互理解和完全一致，即便是在两个人之间，要达到这种境界也需要一种永无止境的对话。但是，正如柏拉图所强调的，在这些话语与话语、问与答的交换形式中，人们总会排除那些虚假的一致、误解和误释而真正建立起正确的理解。伽达默尔举例说，"文学文本、语言的艺术作品，不仅像一种冲力一样击中我们，而且也被接受下来——带着一种同意，这种同意乃是长久的、往往重复出现的相互理解之努力的开始。每一种寻求理解的阅读都只是一条永无尽头的道路上的一个步骤。"②人们的理解并不是以意见一致或自我证实为前提，而是处在不断追寻本真意义的路途中，"每一个人首先是一种语言的圈子，这种语言的圈子和其他的语言圈子发生接触，从而出现越来越多的语言圈子。由此产生的总是语言，是以词汇和语法出现的语言，而且永远伴随着内在的谈话的无限性，这种谈话是在每一个讲话者和他的谈话对象之间进行。这就是解释学的基本向度。真正的说话，即要说出一点东西而不是给出预定的信号，而是寻找一些借此能与他者联系的语词，这就是普遍的人类任务。"③在无限性的对话中，双方重又唤起已失落的意义，这样的意义不是单独个别的存在，而是在"我们"的对话中所达到的超出其自身存在的意义，这是在与他人一起思想并在理解他人的同时回归自身的过程中达到的。正是在这个意义上，伽达默尔认为他和德里达的差异其实并没有想象中的那么大。他们的相同之处在于，都反对把意义做客观化的理解；他们的分歧在于，德里达在反对客观化理解的同时走向了意义的"延搁"，意义永远都不在场，而伽达默尔的全部努力在于让意义在对话的过程中不断出场。霍埃

---

① ［德］伽达默尔：《诠释学Ⅱ：真理与方法》，洪汉鼎译，商务印书馆2010年版，第642页。

② ［德］伽达默尔、［法］德里达：《德法之争：伽达默尔与德里达的对话》，孙周兴、孙善春编译，商务印书馆2015年版，第58页。

③ ［德］伽达默尔：《诠释学Ⅱ：真理与方法》，洪汉鼎译，商务印书馆2010年版，第287页。

在谈到关于理解的开放性时也曾指出,其实德里达和伽达默尔在这一点上是一致的,"这两位思想家都坚持了开放性,以作为形而上学的消毒剂,尤其是作为目的论或末世学思想的消毒剂,是那种要在历史和思想的发展中设置必然秩序的作法的消毒剂"①。因此伽达默尔在整个对话的最后不无道理地指出:"那个让我关心解构论的人,那个固执于差异的人(指德里达——引者注),他站在会话的开端处,而不是在会话的终点。"②

在对整个解释学思想史梳理的过程中,我们看到了伽达默尔哲学解释学的诸多富有创造性和启发性的思想和观点。在与当代著名的哲学家和解释学家对话的过程中,我们看到了伽达默尔在逐步地发展和完善自己的思想和观点。面对众多诘难,伽达默尔没有放弃原则,而是充分发挥他渊博的哲学史知识,步步为营,沉着应对,在可能的广度和深度上,将他的解释学思想全面地展现在世人面前。在这些批判与反批判的争论中,我们也看到了伽达默尔哲学解释学思想确实有它自身的缺陷和无法克服的历史局限性,但这一切并没有否定而是恰恰相反地肯定了他的解释学思想在哲学史上所产生的广泛影响以及他对当代哲学思想的不可磨灭的贡献,他倡导的学术宽容和问答式对话的原则始终都散发着迷人的生命力,并展现着巨大的现实意义。

## 第二节　基础与效果:历史在哲学解释学中的功能

从这一节开始,我们转入伽达默尔哲学解释学"历史观"的研究。受近代自然科学的影响,哲学的经验、艺术的经验和历史的经验等精神科学由于缺乏精确性和规律性被排除在"科学"之外,以致人们渐渐地遗忘了对这种真理的

---

① ［美］D.C.霍埃:《批评的循环——文史哲解释学》,兰金仁译,辽宁人民出版社1987年版,第105—106页。

② ［德］伽达默尔、［法］德里达:《德法之争:伽达默尔与德里达的对话》,孙周兴、孙善春编译,商务印书馆2015年版,第120页。

追求。在伽达默尔看来，真理存在着认识与经验两种方式，认识的真理是指把对象客观化，并使主体尽量不参与和影响客体，以便达到对对象的客观认识，一般自然科学遵循的即是这种认识方式。在精神科学中真理是通过经验的方式被理解的，即在这里主客体是相统一的，主体在参与客体的过程中认识对象，认识自己。对精神科学真理的理解之所以从艺术经验开始，伽达默尔认为相比哲学经验和历史经验而言，艺术经验显然是对科学意识最严重的挑战。在他看来，人们的审美经验并非如康德所认为的那样是脱离艺术作品的纯粹主观的合目的性，审美活动从一开始就是与艺术作品相结合的认识活动，是人在自然界和历史世界中的自我发现，对艺术真理的把握是解释者在时间的变迁中所达到的过去世界与现在世界的统一。同在整个精神科学中一样，这种对真理的经验必须在前见的基础上进行，由权威和传统构成的前见不是阻碍理解正常进行的因素，而是理解的根本基础与历史的实在本身。理性不是绝对的和无限的，它只有在前见的基础上并经常地依赖被给予的环境中才能去行事，摒除前见就是摒弃理解，就是否定历史研究本身。权威并不意味着对命令的盲目服从，而是在理性判断的基础上对他人作出的超出自己见解的某种承认和认可的行动；传统也不是毫无根据的合理性，而是在自由和理性的前提下对以前存在的东西的保存行为。理解过程就是在由权威和传统所构成的前见基础上的过去视域与现在视域的融合过程，历史在不断地视域融合中表现为效果历史。当然，这一切都必须在语言的媒介中才能实现。语言并不是与事物脱离的纯粹形式，而是对原型的摹写，原型只有在摹写中才能得以表现并继续存在，理解的对象和理解的过程都要借助语言媒介，语言是理解的中心，是人本身的存在模式，哲学的真理、艺术的真理和历史的真理在语言的媒介中被经验。

## 一、艺术：一种时间性的存在

### （一）艺术经验缘何成为解释学的对象

自古以来就存在的神学解释学和法学解释学，不仅仅将文本作为研究的对象来探究科学理解的正确方法,更为重要的是它还涉及人类的整个世界经验。不过在近代以来,这些"进行理解的"科学却遗忘了一种东西,这就是艺术经验。在伽达默尔看来,造成对艺术真理忽视的原因有两个:一是由于近代自然科学的发展,一切知识和真理都打上了科学方法论的烙印,以至于人类本来就有的那种超出科学方法论的对真理的经验如哲学的经验、艺术的经验和历史的经验,被认为是不正当的和不合法的。这种趋向对德国浪漫派以来的解释学深有影响,所以才有狄尔泰为精神科学奠定科学方法论一说。二是自康德以来的一切美学理论否认、忽视或抛弃艺术真理的要求。当康德写出《纯粹理性批判》(对认识和真理的考察)和《判断力批判》(对美学或审美意识的考察)时,就意味着艺术经验已被他排除在真理之外。康德的美学理论是建立在自然美和艺术美相区分的基础上的,在他看来,美是想象力与知性的自由协调活动,它无关乎对象,不涉及概念和范畴,也不涉及认识和真理,仅仅与主体的内心感受相关联,是以人类的共通感为前提的主观的合目的性的形式。"要说一个对象是美的并证明我有品位,这取决于我怎样评价自己心中的这个表象,而不是取决于我在哪方面依赖于该对象的实存。"①这一切都是以自然美的无利害的愉悦和无概念的普遍性为立足点的,艺术美只是对自然美的现实的、经验的传达,与自然美相比,艺术美是依存美。

鉴于此,哲学解释学的任务首先便是追问那些在自然科学看来不正当的和不合法的人类经验。伽达默尔在《真理与方法》中一开篇就明确指出:"本书所关注的是,在经验所及并且可以追问其合法性的一切地方,去探寻那种超出科学方法论控制范围的对真理的经验。这样,精神科学就与那些处于科学之外的种种经验方式接近了,即与哲学的经验、艺术的经验和历史本身的经验接近了,所有这些都是那些不能用科学方法论手段加以证实的真理借以显示自身的经验方式。"②由此,艺术经验在伽达默尔哲学解释学中的重要地位是

---

① [德]康德:《判断力批判》,邓晓芒译,杨祖陶校,人民出版社2011年版,第39页。
② [德]伽达默尔:《诠释学Ⅰ:真理与方法》,洪汉鼎译,商务印书馆2010年版,第4页。

显而易见的,它与哲学、历史科学一样,是我们直接理解自身存在的经验方式,这种经验是不能通过科学分析的手段获得的。况且,探讨艺术经验中的真理问题,能为我们在更广泛的程度上研究精神科学中的真理问题提供帮助,因为在对艺术作品的经验中已经包含了某种解释学中的理解现象,而这种现象也确实不是能用某种科学分析的方法就能解释的。其次,伽达默尔认为康德之所以将真理问题排除在艺术经验的范围之外,除了受近代自然科学的方法论影响外,最主要的原因是康德始终没能从根本上超越自然美的立场,而把美看作是主观的合目的性的形式。这种对美的主观化和形式化的理解与人们的审美经验是完全矛盾的,因为审美活动从一开始就是认识活动,是人在自然界和历史世界中的自我发现,只有对概念和真理问题进行把握的艺术美才是真正的美。如果说在康德那里是自然美高于艺术美的话,在伽达默尔这里则刚好相反,在他看来,人们对艺术的审美活动比对自然的审美活动更具有源始性,对自然的审美取决于由特定时代的艺术创造性所决定并打上印记的环境,为此,伽达默尔以对阿尔卑斯山风景的审美历史为例来说明这一观点。① 自然美只是对艺术美的反思。他坦陈,艺术品所引起的"不纯的"、理智化的愉悦才是"使我们这些美学家感兴趣的东西"。与自然相比,艺术品显然更具有韵味,它是人的现实生活的生动反映,是人对内心世界和生活情感的真实表达。在对艺术品的审美中,人们会因为在情感表达和生活真理的反映上的共鸣而拥有一种无比的亲近感。而自然对于人来说则是陌生的、疏远的,它虽然也能

---

① 在《美的现实性》一文中,伽达默尔指出:"实际上我们只能用具有艺术经验的并且受过艺术熏陶的眼光来看待自然。例如,我们记得阿尔卑斯山在 18 世纪的旅行日记中怎样被描述为一座令人恐怖的山脉,它的丑陋的、吓人的荒蛮被经验为一种对美、人性以及人类生存的熟悉的安全性的否定。而今,每一个人都相信我们的伟大的山脉不但再现了崇高,而且再现了自然的范例之美。"18 世纪的人们是用一种由理性秩序训练出来的眼光来看待自然的,因而阿尔卑斯山无规则、无秩序的形态被认为是丑陋的,这正如 18 世纪英国园林建设风格在设计出某种接近自然或带有自然特性的形式之前,总是按几何学的方式来建造一样。我们之所以懂得感受自然中的美,是由于艺术家的眼睛及其创作的引导。( Hans-Gerog Gadamer, *The Relevance of the Beautiful and Other Essays*, translated by Nicholas Walker, Cambridge University Press, 1986. p.30)

呈现出一些美的气息，但难以与艺术品相媲美。① 因而，当康德从自然美的立足点出发提出纯粹趣味判断，认为自然美由于无利害的愉悦关系是一种主观的合目的性的形式时，伽达默尔反驳道："我们必须承认，就由人创造并为人创造的艺术品向我们述说某些内容的意义上来看，自然美根本不会向我们'述说'任何东西。我们可以正确地断定，艺术品决不会像一朵花或某件装饰品那样满足于一种'纯美学'方式。至于谈到艺术，康德讲的是'理智化的'愉悦。但这种说法帮不了什么忙。由艺术品所唤起的'不纯的'、理智化的愉悦仍然是使我们这些美学家感兴趣的东西。"②艺术品是人们在自然界和社会生活中所碰到的一切事物中最直接地向人们述说某些内容的东西，它似乎与人们的生活之间有着天然的同质感和神秘的亲近性，对艺术品的理解就像是人们对自身存在的理解一样。所以，伽达默尔极其肯定地断定："美学必须被并入到解释学中。这不仅仅是一句涉及问题范围的话，而且从内容上说也是相当精确的。这就是说，解释学必须整个反过来这样被规定，以致它可以正确对待艺术经验。"③对此，当代美国解释学家霍埃（Hoy）也曾旗帜鲜明地指出，如果把"解释学理论看成是美学的一个狭窄的部分，便会误入歧途的"，与其说解释学属于美学，倒不如说美学属于解释学。④ 实际上，解释学本来就应该在包括整个艺术领域的广度上来理解，因为艺术作品和任何其他需要理解的文

---

① 伽达默尔的这一观点无疑受到了黑格尔的影响。黑格尔在《美学》中一开始就宣称，他"所讨论的并非一般的美，而只是艺术的美"，并且认为美学的正当名称应该是"艺术哲学"。把美学的范围这样界定，他"就把自然美除开了"。因此他说："我们可以肯定地说，艺术美高于自然。因为艺术美是由心灵产生和再生的美，心灵和它的产品比自然和它的现象高多少，艺术美也就比自然美高多少。"黑格尔这里所说的高低不仅仅是一种量的分别，还是一种质的分别，因为"只有心灵才是真实的，只有心灵才涵盖一切，所以一切美只有在涉及这较高境界而且由这较高境界产生出来时，才真正是美的。就这个意义来说，自然美只是属于心灵的那种美的反映，它所反映的是一种不完全的不完善的形态。"（黑格尔：《美学》第一卷，朱光潜译，商务印书馆2013年版，第4、5页）

② Hans-Georg Gadamer, *Philosophical Hermeneutics*, translated by Joel C. Weinsheimer, Yale University Press, 1994, p.97.

③ [德]伽达默尔：《诠释学Ⅰ：真理与方法》，洪汉鼎译，商务印书馆2010年版，第241页。

④ 参见[美]D.C.霍埃：《批评的循环——文史哲解释学》，兰金仁译，辽宁人民出版社1987年版，第93页。

本一样,也是需要理解的,且这样一种理解是可能的。

(二)艺术经验中真理的显现

既然艺术经验是哲学解释学的研究对象,那么,艺术中的真理是以何种方式显现的? 它对于哲学解释学来说,又具有怎样特殊的意义?

自康德以来,美学中的审美意识将艺术对象与作者和解释者及其世界相分离,将艺术对象的形式与内容规定相分离,这样一种"审美区分"(ästhetische Unterscheidung)抽掉了人们理解一部艺术作品的基本条件,同时也抛弃了人们对一部艺术作品就内容、道德和宗教上所提出的见解,只关注纯粹的艺术作品形式,艺术在这里变成了纯粹趣味判断的对象,所有的艺术作品在审美意识这里成了超历史、超时空的"同时性"(Simultaneität)存在。"为了正确对待艺术,美学必须超越自身并抛弃审美特性的'纯正性'。"①与"审美区分"相对应,伽达默尔提出了"审美无区分"(ästhetische Nicht-Unterscheidung)的概念,即审美经验不是如审美意识那样将艺术作品看作客观化的对象,只专注于艺术作品的形式,而是将它看作是展现自身的存在过程,更多地关注承载在艺术作品中的或宗教或道德的意义内容。而意义内容的展现并不是如艺术作品的形式那样是直观的、瞬间的,而是一种在时间向度中的呈现。在时间的视域中,艺术作品不断地展现自身,意义也就不断地出场,艺术作品是一种时间性的存在。"艺术的万神庙并非一种把自身呈现给纯粹审美意识的无时间的现时性,而是历史地实现自身的人类精神的集体业绩。所以审美经验也是一种自我理解的方式。但是所有自我理解都是在某个于此被理解的他物上实现的,并且包含这个他物的统一性和同一性。只要我们在世界中与艺术作品接触(Begegnen),并在个别艺术作品中与世界接触,那么艺术作品就不会始终是一个我们刹那间陶醉于其中的陌生的宇宙。我们其实是在艺术作品中学会理解我们自己,这就是说,我们是在我们此在的连续性中扬弃体验的非连续性和瞬间性。"②这其实就是伽达默尔在后文将要涉及的"视域融合"概念,即解释

① [德]伽达默尔:《诠释学 I:真理与方法》,洪汉鼎译,商务印书馆 2010 年版,第 136—137 页。
② [德]伽达默尔:《诠释学 I:真理与方法》,洪汉鼎译,商务印书馆 2010 年版,第 142—143 页。

者自身的世界与艺术作品的世界之间的融合与相互理解。这种视域融合和相互理解,本身就是一种理解事件,它将解释者与艺术作品共同容纳于其中,正是在理解的事件中,艺术作品本身的真理性显现了出来。"艺术经验是真理经验,但真理经验并不是我们所拥有的东西,真理并不是我们在方法论证明中获得或占有的东西。艺术真理不是隶属于主体的对象,而是主体所隶属的某物,是主体所不能控制的某物。这个某物是事件,是真理事件,我们得到它是因为我们隶属于它。"①所以,要真正把握艺术真理的要求,就必须批判康德美学式的"审美区分"观念,在"审美无区分"的概念上达到主客体的再结合或再统一,而伽达默尔提出的艺术是游戏的观点正是具备这种既解构又建构的双重作用。

　　游戏是艺术作品本身的存在方式。当伽达默尔把游戏与艺术经验联系起来时,这里的游戏并不是指康德审美意识中的主观态度,也不是指席勒美学中的精神自由活动或某种主体性的自由,而是指"艺术作品本身的存在方式"②。游戏是在一定规则约束下的循环往复运动,是一切有生命之物的自行运动,它不包括任何目标也不谋求任何目的,仅仅为运动而运动,在不断的重复中更新自身。"确定地说,首要的事情乃是一种来回往返、持续重复的运动——我们可以想到这样的表述,如'光的游戏'和'波浪的游戏',它们就是这样一些不断地来来回回的运动,这种运动绝不束缚于任何目的。……凡有生命的东西都在其自身中具有运动的源泉,以自我运动的形式运动着。游戏也是一种自我运动,它并不通过运动来谋求任何特殊的目的或目标,而是作为运动的运动,它也可以说是一种精力过剩的现象,亦即生命存在的自我表现。"③在这种有秩序、有规则却无目的、无意图的游戏中,游戏者会专注于自身的活动而获得一种放松感、愉悦感,进而有更进一步重复游戏的本能冲动,就好像是从自

---

① Joel C. Weinsheimer, *Gadamer's Hermeneutics: A reading of Truth and Method*, Yale University Press, 1985, p.100.

② [德]伽达默尔:《诠释学Ⅰ:真理与方法》,洪汉鼎译,商务印书馆 2010 年版,第 149 页。

③ Hans-Gerog Gadamer, *The Relevance of the Beautiful and Other Essays*, translated by Nicholas Walker, Cambridge University Press, 1986, pp.22–23.

身出发而进行的一样。人的游戏与自然的运动方式是如此的相似和接近,以至于我们可以把它看作是一种自然的过程,只有在这个意义上,人的游戏才是"生命存在的自我表现"。因而在伽达默尔看来,游戏根本不是人的一种活动,游戏的主体也并不是如传统理解的那样是游戏者,而是游戏本身,游戏者在游戏中完全被卷入游戏自身,成了整个游戏的一个有机组成部分,主客体在这里融为一体。"游戏就是具有魅力吸引游戏者的东西,就是使游戏者卷入到游戏中的东西,就是束缚游戏者于游戏中的东西"①。游戏的真正魅力或迷惑力就在于它能够超越游戏者而成为主宰,它把游戏者吸引到它的领域中并使游戏者充满了它的精神。正如游戏在被游戏的过程中具有自身同一性一样,艺术作品也在不断的自我表现中具有自我同一性;正如游戏向游戏者和观赏者开放一样,艺术作品也只有在与观赏者的照面中,在观赏者对艺术作品的"经验"中,才能达致其真正存在。因此,可以说,"游戏是作品本身的存在方式。这意味着:当艺术作品不再是为了主体的客体,而是这两者的重新统一时,艺术作品首先就是其自身。艺术作品是它自身的游戏。这一难以理解的语词有真正的圆圈性。作品是进行游戏的游戏者所游戏的东西。"②艺术作品的存在方式就是游戏,它不是像审美意识那样被当作是与主体相对立的客体,而是如游戏这般在经验者的经验中才实现它真正的存在;艺术经验的"主体"不是康德美学中的经验者的主体性,而是艺术作品本身,因为在艺术经验中主体也改变自身,对艺术真理的把握是在这种主客体相融合的过程中获得的。

游戏向构成物的转化彰显审美存在的时间性。在伽达默尔看来,人类游戏活动不同于一般活动的地方在于,它是游戏者自由选择的,是他想要游戏某种东西,不过这种选择的自由并不意味着游戏是一种主体性的自由活动,因为在游戏中游戏者是要承担风险的,要完成游戏本身向他提出的任务。虽然游戏的本质在于让游戏者在专注于自身的游戏活动中获得一种轻松感和愉悦

---

① [德]伽达默尔:《诠释学 I:真理与方法》,洪汉鼎译,商务印书馆 2010 年版,第 157 页。

② Joel C. Weinsheimer, *Gadamer's Hermeneutics: A reading of Truth and Method*, Yale University Press, 1985, p.103.

感,但他仍然需要采取一定的行为,即与他选择的"某物"进行游戏,这就好像是游戏给他提出的任务一样,只有当他把所有的精力和目的转化到单纯的游戏任务中去,才能使自己进入到表现自身的自由之中。显然,这种表现自我的轻松和愉悦取决于游戏任务的完成和解决,游戏任务并不指向一定的目的关系,它只不过是游戏活动本身的安排和规定,与其说是任务,倒不如说是游戏者展示自我的平台,因此"游戏的存在方式就是自我表现"[1]。不过在游戏活动中的游戏者并非把自己的活动作为真实性来看待和感受的,而是把它当作一种"超过他的实在性"的活动来表现给观众的。伽达默尔通过对宗教膜拜游戏和观赏游戏的考察得出,任何一种游戏在本质上都需要观众的参与,游戏者在游戏活动中充分表现自我的同时,也为观众呈现了某个游戏的意义整体,也就是说,"通过观众的公在(Offensein)共同构成了游戏的封闭性。只有观众才实现了游戏作为游戏的东西。"[2]特别是像戏剧这样的游戏,在由游戏者(表演者)和观众共同构成的封闭的世界中,最真实地感受游戏并把握游戏意义整体的不是游戏者,而是观众,整个游戏在观众那里实现了它的全部意义。因此,游戏自身是蕴含某种意义内容而为观众独立存在的,它可以脱离游戏者的游戏(表演)行为,甚至脱离观众的观赏行为,由游戏者和观众组成的整体来参与游戏只是为了通过理解游戏的意义内容来把握游戏本身。这对于艺术的存在是决定性的东西,因为"艺术的表现按其本质就是这样,即艺术是为某人而存在的,即使没有一个只是在倾听或观看的人存在于那里。"[3]伽达默尔把这称为"向构成物(Gebilde)的转化",所谓构成物是指一种独立而超然的存在方式,它在不断的转化中实现自身却又永远达不到完全实现自身,就像游戏在不断地循环往复的运动中不断地更新自身却又永远达不到终点一样,它们的本质都是开放性。艺术作品的存在方式也是不断地再现,正是在再现中,艺术作品来到了它的真正存在,它的存在或真理是在不断转化的过程中所展现的

---

[1]　[德]伽达默尔:《诠释学Ⅰ:真理与方法》,洪汉鼎译,商务印书馆 2010 年版,第 159 页。

[2]　[德]伽达默尔:《诠释学Ⅰ:真理与方法》,洪汉鼎译,商务印书馆 2010 年版,第 161 页。

[3]　[德]伽达默尔:《诠释学Ⅰ:真理与方法》,洪汉鼎译,商务印书馆 2010 年版,第 162 页。

面向未来的无限可能性。在这个过程中，所有过去时代的艺术作品与现时代都是同时的，都是被作为当下的事物呈现出来的，这就是艺术作品存在的时间性问题。因此，如果说以游戏为艺术作品的存在方式强调的是艺术作品同一性中的差异，那么以"构成物"为艺术作品的存在方式则强调的是艺术作品差异性中的同一，"谁创造了一件艺术作品，事实上就等于他与任何其他人一样站在他所亲手构成的东西面前。这是从构思和制作向成品的一种飞跃。现在，成品'站立着'，并因此而成为一个永远在'此'的东西。遭遇它的人可以发现它，并察觉到它的'质量'。通过这种飞跃，艺术作品才显示出它自身的唯一性和不可替代性。"①两者共同构成了艺术作品存在的辩证法。

怎么样的一种方式是时间性的存在？伽达默尔指出，艺术作品如同游戏一样，它的真正存在依赖于它的自我表现，在自我表现中，无论发生多么大的改变，它仍然与构成物形成统一性和同一性，依然是其自身，不过自我表现要受到构成物的制约并从其那里取得正确性的标准。表现既不是对原来意义的纯粹单一的复现，也不是完全与原来意义无关的主观化解释，而是与构成物相关联的当下存在。艺术作品就是以自我表现的形式处于过去与现在的沟通之中，艺术作品的真理和意义存在于过去和现在之间无限中介的过程之中，"艺术作品并非仅仅作为过去的残余物向历史研究者讲话，也非像使某些东西得以永恒保存的历史文件那样讲话"，而是"对每个人讲话时都好像是特别为他而讲，好像是当下的、同时代的东西"②。解释者需要做的就是把握艺术作品对每个人而言的当下意义和当代意义，在创造性的理解过程中，解释者使艺术作品达到它的存在，在不同时代的解释者那里，艺术作品的存在处于时间的变迁当中，每一个时代所达到的存在都是艺术作品与当下时代的统一性和同一性。"审美理论家们也许会竭其所能，以求获得超历史的知识，但当人们回顾

---

① Hans-Gerog Gadamer, *The Relevance of the Beautiful and Other Essays*, translated by Nicholas Walker, Cambridge University Press, 1986. pp.33−34.

② Hans-Georg Gadamer, *Philosophical Hermeneutics*, translated by Joel C. Weinsheimer, Yale University Press, 1994, p.100.

这些理论时，就很容易发现它们清楚地带有它们所产生的那个时代的痕迹。"①梅洛—庞蒂在他的论文《间接的语言和沉默的声音》中高度肯定了伽达默尔对艺术作品的这种理解方式："过去的艺术作品，作为我们的时代的材料，也超越了以前的艺术作品，走向我们的将来，在这个意义上，要求我们强加给它们的其他变化。"②解释者不可能完全彻底地理解一件艺术作品，因为它在流逝着，它能不停地存在和普遍地存在。所以，艺术作品是一种时间性的存在，"无论如何，'共时性'（Gleichzeitigkeit）是属于艺术作品的存在"③。这里的"共时性"不同于康德美学中撇开艺术作品的历史前提、意义内容而将一切时代的艺术形式作为"同时性"对象来研究的审美意识，而是指呈现在解释者面前的艺术作品无论历史多么悠久，在它被理解的每一个时代中都具有完全的现在性，解释者不能使它回归于历史时代，它也不能使解释者进入到另一个完全陌生的世界。"所以，共时性不是意识中的某种给予方式，而是意识的使命，以及为意识所要求的一种活动。这项使命在于，要这样地把握事物，以使这些事物成为'共时的'，但这也就是说，所有的中介被扬弃于彻底的现在性中。"④伽达默尔曾以节日庆典的例子来说明艺术作品的时间性存在，节日庆典活动显然是在固定的日期重复出现的，但每一次的庆典活动既不是对原来庆典活动的单纯重复，也不是进行另外一个新的庆典活动，而是一种在变化中的永恒性，在差别中的同一性。"从庆典的起源上看，例如通过它的创立或通过逐渐的引进，属于庆典活动的只是它应当定期地被庆祝。因此按照它的自身的原本本质来说，它经常是一种异样的活动（即使它是'这样严格地'被庆祝）。只是由于其经常是另外一种东西而存在的存在物，才在某种比所有属于历史的东西更彻底的意义上是时间性的。只有在变迁和重返过程中它才具

①　［德］彼得·比格尔：《先锋派理论》，高建平译，商务印书馆 2002 年版，第 79 页。
②　［法］梅洛-庞蒂：《符号》，姜志辉译，商务印书馆 2003 年版，第 71 页。
③　［德］伽达默尔：《诠释学Ⅰ：真理与方法》，洪汉鼎译，商务印书馆 2010 年版，第 187 页。
④　［德］伽达默尔：《诠释学Ⅰ：真理与方法》，洪汉鼎译，商务印书馆 2010 年版，第 187 页。

有它的存在。"①解释者在时间性的理解中将艺术作品这个世界展现于自己面前，并在这个世界里认识他自己，解释艺术作品就是解释他自己，正如艺术作品在解释中来到存在一样，解释者也在解释中来到存在。这就是伽达默尔"审美无区分"观念的体现，它旨在提醒我们对艺术作品既不要像施莱尔马赫那样做客观主义的解释，也不要如康德那般从主观主义的角度去解释，而是在过去与现在的中介中达到解释者与艺术作品的融合。

## 二、前见：个人存在的历史实在

### （一）狄尔泰的理论贡献与逻辑困境

在狄尔泰看来，神学解释学或圣经解释学总是把独断的传统或教条强加于对某些神圣文本的解释，把某些特殊文本的解释当作是此在真理的显现，这样的解释往往带有教会和权威的强烈意志，缺乏合理性和正当性。解释学的任务应当是摆脱传统和教条的束缚，转向文本自身、个人的生命表现和历史世界的研究，提出有助于正确理解文本意义及历史世界的技术或方法，从而使解释学"从教条中解放出来"②。启蒙运动在批判权威和传统，主张用人类独立的理性来审视一切对象的观点上是值得肯定的，但它的严重缺陷在于，在把历史还原为人类自身历史的同时，把历史当作研究对象来看待，它隐含的一个前提假设即是历史学家可以独立于历史之外来对历史作出解释。为此，狄尔泰重新肯定了个人经验的必要性，认为对历史世界和精神科学的理解之所以可能，不是因为人类运用自身的理性来对它进行对象化的研究，而是因为人本身就是历史性的存在，人在自身的经验中解释历史世界进而解释自己；历史不是一个已经固定的形态，而是在历史学家的不断解释中"去存在"的动态化过程。正如有学者指出的，"狄尔泰的梦想是，为历史精神科学去做一些也许是康德为数学和自然科学所做的事情：即写一部能表明这种类型'客观知识'的

---

① ［德］伽达默尔：《诠释学Ⅰ：真理与方法》，洪汉鼎译，商务印书馆 2010 年版，第 182 页。
② ［德］狄尔泰：《诠释学的起源》，载《理解与解释——诠释学经典文选》，洪汉鼎主编，东方出版社 2001 年版，第 85 页。

可能性、本质、范围和有效性的历史知识批判。"①但我们的问题是,历史性存在的个人如何能达到对历史世界的客观性把握? 或者换句话说,有限性的个人如何能认识无限性的世界? 狄尔泰提出了人类理解的"同质性"和比较方法。他认为,有限性的意识并不意味着意识的有限性和局限性,人类本性有一种同质性,它是历史理解之稳固的根基。通过人类生活状态的体验、体验之生命表达式的表现以及对这些表现的理解,"人类本质的共同性放射出光芒,并且以直观、确定的方式展现在我们面前"②,使得历史学家能够超越自己时代的偏见,达到对历史世界的真正普遍的理解。其次是比较的方法,狄尔泰认为从亚里士多德学派的时代起,在动植物学中得以发展的比较方法为历史学派在精神科学中对它的应用提供了出发点,所以在历史学派那里,"比较的方法变成了通达更高普遍真理的唯一途径"③。基于上述两点原因,狄尔泰认为用个人存在的历史有限性来限制对理解之普遍性的把握是一种主观性的行为。不过这里依然存在着重大的理论缺陷,这种通过"同质性"达到的对历史世界的普遍性和永恒性的理解是否是对个人生命体验的否定? 因为个人的生命体验总是暂时的和不断变化的。在自然科学和精神科学中作为附属工具的比较方法是否真正能成为对历史本质的认识所不可缺少的东西? 历史意识究竟具有怎样的特征以至于即使自身是有限的也会达到客观性认识,历史研究的普遍性又该如何推理出个人体验的历史性和有限性? 所有的这些问题都可以归结为一个问题:即精神科学如何实现从心理学基础向解释学基础的转变,或者说从心理学解释学向历史解释学的转变? 狄尔泰一生都在与黑格尔先验主体的概念做斗争,并只承认历史个人的存在,但现在为了解决这个矛盾他不得不设置一个"逻辑的"经验主体来代替个人经验的存在,这使他不得不回到思辨

---

① Richard J.Bernstein, *Beyond Objectvism and Relativism*; *Science*, *Hermenetics and Praxis*, University of Pennsylvania Press, 1983, p.113.

② Wilhelm Dilthey, *The Formation of the Historical World in the Human Sciences*, edited, with an introduction, by Rudolf A.Makkreel and Frithjof Rodi, Princeton University Press, 2002, p.108.

③ Wilhelm Dilthey, *The Formation of the Historical World in the Human Sciences*, edited, with an introduction, by Rudolf A.Makkreel and Frithjof Rodi, Princeton University Press, 2002, p.121.

唯心主义;狄尔泰用一生的精力在努力地证明着历史知识的客观性,尤其是通过研究表明历史学家何以能摆脱自己的有限性存在来证明这一点,以应对相对主义的责难。但他最终的理论指向却证明了:历史条件一般来说是可以避免的,因而"历史地"研究是没有必要的。"对历史过去的探究,最后被狄尔泰认为是解释(Entzifferung),而不是历史经验。"①狄尔泰陷入了一种永远无法解决的"永恒的矛盾":"在狄尔泰眼里,融入'永恒真理'的创造过程中的形而上学意识是人们的生活中不可或缺的一种意识。人类生命在根本上被一分为二:人类生命是有限的,但它却对无限性怀着形而上的希望。"②

伽达默尔认为胡塞尔现象学中的意向性理论可以克服现代科学方法论对狄尔泰所施加的压力,"在意向性这个概念中,自我意识的内在性和人对世界的认识的超验性之间那种独断地被设定的分离,从根本上被克服了,这种分离正是认识论概念及其理论构造的基础"③。他指出,对历史的理解不能被当作是认识论问题,而是本体论问题。此在对历史世界的解释并不能处于历史之外来对它做客观的认识,理解历史的唯一方式就在于此在内在于它,对于历史世界的解释不能与个人的经验相分离,主体不能脱离客体;历史是此在认识的方式,更是此在存在的方式,对历史世界的理解,也就是对自己的理解,这种理解不是把它当作客观对象,而是把它理解为它意欲成为的东西,即可能性和历史。"精神科学中的本质性东西并不是客观性,而是同对象的先前的关系。……在精神科学中衡量它的学说有无内容或价值的标准,就是参与到人类经验本质的陈述之中。"④在这种意义上,我们可以说,理解不是一种认识能力,也不是主体的一种活动,而是主体本身的存在方式。不过这种特殊的存在方式需要一个前提,即由权威和传统构成的前见。

---

① [德]伽达默尔:《诠释学Ⅰ:真理与方法》,洪汉鼎译,商务印书馆2010年版,第344页。
② [荷兰]约斯·德·穆尔:《有限性的悲剧——狄尔泰的生命释义学》,吕和应译,上海三联书店2013年版,第385页。
③ [德]伽达默尔:《科学时代的理性》,薛华等译,国际文化出版公司1988年版,第136页。
④ [德]伽达默尔:《赞美理论——伽达默尔选集》,夏镇平译,上海三联书店1988年版,第69页。

（二）为权威和传统正名

当海德格尔在存在论的基础上提出理解应当回到它在历史中开始的起点——由前有、前见和前把握所构成的人的"前理解"的存在状态时,伽达默尔认为这是解释者首要的、经常的和最终的任务,对任何事物的理解都是在前见基础上所做的"预先的筹划",正确性的理解在于承认前见,而不是避免前见,前见是个人存在的历史实在,是一切理解活动的基础和可能。正如马克思所指出的:"一切已死的先辈们的传统,像梦魇一样纠缠着活人的头脑。"①在我们理解历史之前,我们已经属于历史了,这是一个不可争辩的"事实"。

包括狄尔泰在内的浪漫主义解释学家虽然批判启蒙运动把历史当作人类理性的客观对象的做法,但在消除前见、否定前见的观点上他们是一致的。伽达默尔通过概念史的分析指出,前见概念实际上就是一种判断,是对任何事物在做最终的定夺之前的一种预先判断。它既有肯定的价值,也包含着否定的价值,因此对于是否符合事实来说,前见并未说出什么。当一个前见具有肯定的价值时,它能使具有它的人直接地达到理解;反之,当它具有否定的价值时,它同样也能使他间接地达到理解。对任何事物的理解都是在前见基础上作出的适当的筹划。但在启蒙运动看来,所有的前见都是错误的,只有经过人类理性的审视得来的判断才是正确的,未经科学方法论检验的确定性是错误的,或者至少是值得怀疑的。正是在这里,伽达默尔指出,由于启蒙运动,前见概念才具有了否定的意义。在他看来,启蒙运动极力消除前见的观点本身也是一种前见,历史主义在这一点上不自觉地分享了启蒙运动的偏见,如果说启蒙运动主张对历史世界的理解返回到过去时代的想象方式,那么浪漫主义解释学家所构想的历史意识只不过是对启蒙运动的一种彻底化。不过"德国启蒙运

---

① 马克思:《路易·波拿巴的雾月十八日》,《马克思恩格斯文集》第2卷,人民出版社2009年版,第471页。康德在否定的意义上定义了前见,他认为"对被动的理性、因而对理性的他律的偏好就叫作成见(即前见——引者注)",一切前见中最大的前见是迷信,而想要从迷信中解放出来,则需要启蒙。([德]康德:《判断力批判》,邓晓芒译,杨祖陶校,人民出版社2011年版,第136页)

动大多都曾经承认基督宗教的'真实前见'"①,前见并不是在启蒙理性中不起作用,这就意味着启蒙运动要求摆脱一切前见的这一方法论要求并未实现,也不可能实现,因为理性主义的要求本身是一种前见,而且是错误的前见。理性不是绝对的和无限的,它只有在前见的基础上并经常地依赖于被给予的环境中才能去行事。由此伽达默尔得出一个结论:在启蒙运动看来是理解障碍的前见,现在却变成了历史实在本身和理解的条件。摒除前见就是摒弃理解,他反对启蒙运动和浪漫主义解释学对历史采取的客观主义态度,认为历史并不是一个历史学家或解释者可以摆脱他的历史境遇和历史条件而对它加以研究的客观对象,而是始终在自己的前见基础上的理解,理解历史的过程就是参与历史的过程,否定前见就是否定历史研究本身。

为了便于规定前见的合法性地位,伽达默尔考察了前见的两个来源——权威和传统。启蒙运动以来,前见被区分为由轻率而产生的前见和依赖于权威而产生的前见,前者是在运用理性时产生错误的根源,后者的过失是根本不让使用理性,宗教改革运动的贡献在于完全削弱了教会和教皇的权威,运用人类自己的理性从根本上来保护文本的合理意义。因此,对于启蒙运动来说,权威和理性之间是根本对立的,他们的普遍要求是不承认任何权威,把一切事物放在理性的审判台前。毋庸置疑,如果用权威的前见代替解释者自身作出的判断本身,那么权威本质上就成了一种偏见,从这个角度来说,启蒙运动认为权威和理性之间根本对立的看法有其合理性,但这并不意味着权威不包含真理源泉的可能性。当启蒙运动诋毁一切权威时,权威概念也相应地被曲解,在他们那里,权威与盲目服从命令并无不同之处。伽达默尔指出,权威的真正本质是基于某种承认和认可的行动,即我们对真理的要求或威望的赞成或反对,总是基于有充分的理由对他人所发表的判断和见解的赞同。因此,权威并不是对某种命令的盲目服从,不是先天地被给予的,而是在与他人的交往和辩论中争取来的;权威在这里所依赖的不是赤裸裸的权力,而是依赖于承认,一种

---

① [德]伽达默尔:《诠释学Ⅰ:真理与方法》,洪汉鼎译,商务印书馆2010年版,第387页。

理性本身的行动。如果说权威的存在确实是为了能够命令和得到服从的话，也是以一种理性和自由的行动为根本基础的，那种"党派（或领导人）总是正确的"这一臭名昭著的命题并不是因为它主张领导的优越性而错误的，而是在于它旨在维护那种靠专制命令行事的领导免受任何一种可能是真实的批判。真正的权威并不需要权威者出现。

为了更进一步说明权威与理性之间并不是绝对的对立关系，伽达默尔还更深一层探讨了以权威形式加以保存的传统。传统不是通过证明才有效的，而是由于流传和习俗而被看作一种无名称的权威，在人类有限的历史性存在中它总是具有一种超常的行为力量。为此，在启蒙运动中，传统和权威一样被当作是理性和自由的对立面，其主要原因在于，在他们看来，传统的"有效性不需要任何合理的根据，而是理所当然地制约我们的"①。而伽达默尔却指出，传统和理性之间并不是绝对对立的，相反地，应当被理解为自由和历史的一个要素。因为传统并不是依靠自身来存续，而是需要人们对它的肯定、掌握和培养，这样的行为通常来源于自由的选择，是一种理性行为。即便是在遭受猛烈改变的革命年代，虽然人们对旧的制度和观念进行猛烈的批判，但却还是有更多的东西在这个过程中被保存了下来，并与新的东西一起构成新的价值。传统的本质是保存行为，这种行为与破坏和更新行为一样，是一种理性而自由的行为。所以，伽达默尔说，我们总是身处于传统之中，当我们作为历史性的存在来考察过去时，并不是把传统当作对象化的客体，当作某种另外的、异己的东西，而是把它当作与自己进行对话的存在，在对话中达到对自身的重新认识。② 举个例子来说吧，一百年前甚至几百年前的哲学家由于极其有限的客观条件和知识积累，他们在某些方面作出的判断和得出的理论可能是不正确的，但从整体上来说，今天的读者更乐意读康德和黑格尔甚或柏拉图和亚里士多德的著作，而不喜欢去翻阅某个当代哲学家就某个问题所占有的最新资料。因此，"在所有历史解释学一开始时，传统和历史学之间的对立，历史和历史

---

① ［德］伽达默尔：《诠释学Ⅰ：真理与方法》，洪汉鼎译，商务印书馆 2010 年版，第 398 页。
② 参见［德］伽达默尔：《诠释学Ⅰ：真理与方法》，洪汉鼎译，商务印书馆 2010 年版，第 399 页。

知识之间的抽象对立必须被消除",因为"继续存在的传统的效果(Wirkung)和历史研究的效果形成了一种效果统一体(Wirkungseinheit)"①,在这里,传统已经发挥着举足轻重的作用,它不是被当作必须要摒弃的历史因素,而是必须被看成是理解历史的纽带,并进一步探究这一纽带在理解历史中的关键性作用。梅洛-庞蒂在论述解释者如何正确理解艺术作品时也谈道:"自从画家看到世界以来的世界,画家的最初尝试和绘画的整个过去给予画家一种传统,即胡塞尔所说的忘记起源的能力和不是把作为遗忘的虚伪形式的残存,而是把作为记忆的崇高形式的新生命给予过去的能力。"②

当我们认识到权威和传统并不是与理性相对立的,而是历史实在本身和理解的基础时,我们不禁要问:以追求正确理解方法为目标的传统解释学,是否真正使我们摆脱了对精神科学采取一种对待自然科学的态度? 当我们以摆脱前见的方式达到对精神科学的理解,是否就真正正确地理解了自身? 或者说"无前见的科学"所把握到的东西是否比通过对传统和过去的接收和反思得到的更多? 伽达默尔的回答是否定的,在他看来,当包括狄尔泰在内的浪漫主义解释学以人类的同质性为基础寻求对历史世界的普遍性理解时,并因而这种非历史性的基础脱离了个体的有限性和历史性存在时,"历史意识的自我批判最后却发展成不仅在事件过程中而且也同样在理解中去承认历史性运动"③。理解不是此在的一种主体行为,而始终是一种置自身于传统中的存在方式,并在这个过程中历史研究成为"传统中介"的历史因素。

(三)时间距离:理解的一种积极的创造性的可能性

前面已有所论及,理解的前见包括由轻率使用理性带来的前见和依赖于权威而产生的前见,或者用伽达默尔的话来说就是阻碍理解并导致误解的前见和理解得以可能的生产性前见。那么,如何让生产性前见充分发挥作用的同时尽量避免阻碍性前见? 伽达默尔诉诸时间距离(Zeitenabstand),即只有

① [德]伽达默尔:《诠释学Ⅰ:真理与方法》,洪汉鼎译,商务印书馆2010年版,第400页。
② [法]梅洛-庞蒂:《符号》,姜志辉译,商务印书馆2003年版,第71页。
③ [德]伽达默尔:《诠释学Ⅰ:真理与方法》,洪汉鼎译,商务印书馆2010年版,第411页。

在理解的过程中,在过去与现在不断中介的解释学循环中,在问题的敞开和开放的可能性中消除阻碍理解的前见,让生产性前见发挥应有的作用。

从整体来理解部分,同时又从部分返回到整体,这是起源于古代修辞学的解释学循环。施莱尔马赫进一步将它区分为客观与主观两方面,所谓客观的解释学循环即是文本自身内的循环,个别字句的含义要通过上下文的语境来理解,个别文本的含义要通过作者其他的作品来理解,而作者的全部作品又要通过整个文学的整体来理解,反之亦然;所谓主观的解释学循环是指文本作为作者心理状态的表达,总是要还原为作者的整个内心世界中才能理解。理解就是在客观和主观的不断循环中完成的。狄尔泰继承了施莱尔马赫的思想,并将这种循环扩展至整个人类历史。对此伽达默尔一一作出批判:就主观的解释学循环来说,与其说我们把自己置于作者的心理世界中,倒不如说我们把自己置于他人形成其意见的意义域中,在这种意义域中,对意义物的理解并不需要追溯至他人的主观性中,而是它自身就是可理解的;就客观的解释学循环来说,虽然形成了一种与自然科学的客观性相媲美的形式上的普遍性,但这是以否定历史意识在解释学中的作用为代价的。海德格尔对解释学循环的描述和生存论上的论证为我们打开了一个全新的视域。在他看来,解释学循环并不是文本内的循环,而是传承物(广义上的文本)和此在之间的内在相互作用,此在理解、参与和规定传承物进程,这种循环不是主观的,也不是客观的,更不是方法论的,而是此在自身的实现形式。伽达默尔遵循海德格尔开启的解释学的生存论转向,认为解释学的任务不是如传统解释学那样努力构建正确理解的方法或技术,首要的是探究理解得以发生的条件,这些条件不是随意就能摒弃或消除的,它是由解释者的历史处境和历史条件所给予的。因而对被给予的前见的区分不能在理解发生之前就预先作出区分,而只能在理解的过程中进行,这就需要把以往解释学所排斥的东西置于突出的位置上,即时间距离及其对于理解的重要性。

伽达默尔指出,时间距离根本不是传统解释学所认为的那样是阻碍正确理解得以发生的因素,也不是历史主义幼稚地假定的那样只有排除它才能确保历史的客观性,相反,时间距离实际上是理解的积极的和建设性的可能性,文本意义发现的无穷过程只有通过它才能实现。"时间距离并不是某种必须被克服的东西",它"不是一个张着大口的鸿沟,而是由习俗和传统的连续性所填满,正是由于这种连续性,一切传承物才向我们呈现了出来。"①在这个对文本的真正意义不断追寻的永无止境的过程中,时间距离会不断过滤掉那些阻碍理解的假前见,并使那些正确理解得以可能的真前见浮现出来,这种过滤工作不是解释者采用一定的方法所能做到的。说得更具体一点,理解得以发生的最先动机是有东西吸引我们并与之进行对话,对话就是问题结构,而问题的本质乃是敞开和开放可能性。这种敞开和开放并不意味着简单地拒绝接受他人的新东西而固守自己的偏见,或者像历史客观主义那样简单地否定自己的前见而让他人或文本诉说的东西起作用。事实上,文本意义的整体表现为一种意义域,或者说是在一定场域中的意义活动空间,在这个意义活动空间中,文本提出一系列的问题并以正确的方式回答这些问题。如果我们解释某个文本就必定先要进入这个场域中,为了理解文本所主张的东西,我们不必与文本相统一,但要认真对待文本诉说的真理,"如果不承认过去的真理要求,我们就根本不可能激起我们的前见,根本不可能将真前见从假前见中区分出来,也就根本不可能达到对过去的正确理解。"②当我们向文本提出问题并在一定的意义活动空间中讨论它的回答时,我们就是在正确地解释文本,这样,真(正确)的解释就与真理结合了起来,假的前见就会被排除。所以,如果不承认某个过去文本向我们诉说的真理,就缺乏前见与文本进行对话的底板,也就不可能区分真前见与假前见。解释学不是在主体化的理解中,也不是在对象化的理解中,而是在主客体相统一的理解中显现历史的真理性,这就是伽达默尔的"视域融合"(Horizontverschmelzung)概念,它凸显的是理解的历史性。

---

① [德]伽达默尔:《诠释学 I:真理与方法》,洪汉鼎译,商务印书馆 2010 年版,第 421 页。
② Joel C. Weinsheimer, *Gadamer's Hermeneutics: A reading of Truth and Method*, Yale University Press, 1985, p.180.

### 三、理解:历史意识的筹划

（一）理解的历史性

每一个流传下来的历史文本包含着双重含义:一方面它是由某个过去时代流传下来的东西的见证,另一方面它涉及的不仅是对某个古老东西的保存,而且是一个面向当代解释者的文本。① 因而对某一文本的解释并不是通过心理学和语文学来再现一个过去的时代,更为重要的是倾听文本诉说的东西并把它当作是对某个问题的真理性回答,解释者只有在承认过去文本真理要求的同时进入文本的意义域,向文本提出有关的问题时,才能正确理解该文本。过去的文本从它的前见、意义和问题的视域出发诉说某种真理的东西,解释者同样从自身的前见和视域出发去理解文本。在承认时间距离的基础上,通过在过去与现在不断中介的解释学经验中,文本的视域与解释者的视域在一定意义活动空间中结合起来,这种关系把文本带入解释者的视域中,或者让解释者在面对文本的问题时给出自己真理性的回答,或者解释者向自己提出文本的问题并把它的回答作为真理要求加以理解。所以,如果没有过去,就不会有文本的视域,也不会有当代解释者的视域,过去的视域影响着解释者的现在,也影响着解释者对未来的向往、希望和畏惧,"理解其实总是这样一些被误认为是独立存在的视域的融合过程"②。

视域(Horizont)就是看的区域,即从某个立足点出发所能看到的所有东西。这个概念最初是由尼采和胡塞尔引入哲学术语中的,用来表示思想受一定条件限制所导致的有限性以及如何扩展视野的规则。胡塞尔指出,对任何事物的经验都有自己的视域,"现实经验到的东西总还是无限地拥有对同一物的一个可能经验的视域"③。但这个"视域"并不是凝固的、一成不变的,而是总可以被"打破"的,"处于未规定之中的视域"随着主体观察角度的变换而变换。在伽达默尔这里,视域的概念包含着两层含义:首先,任何解释者对任

---

① 参见洪汉鼎:《诠释学——它的历史和当代发展》,人民出版社 2001 年版,第 233 页。

② ［德］伽达默尔:《诠释学Ⅰ:真理与方法》,洪汉鼎译,商务印书馆 2010 年版,第 433 页。

③ ［德］胡塞尔:《经验与判断》,邓晓芒、张廷国译,三联书店 1999 年版,第 48 页。

何历史文本的理解都要依据由自己的历史条件所决定的视域,一个没有具体视域或者将自身置于过去的历史视域中的人不可能真正理解历史文本的意义。当传统解释学的历史意识主张不应该从解释者的前见和现代的标准出发,而应该将自身置身于过去的历史视域中去理解过去时,伽达默尔批判性地指出,这种主张只是了解他人立场和视域的一种手段,就像医生了解病人的病情一样,真正的理解是在与文本对话的过程中提出真理的要求。其次,解释者的视域并不是封闭的和孤立的,而是在对话和理解的过程中不断运动、不断变化的。"人类此在的历史运动在于:它不具有任何绝对的立足点限制,因而它也从不会具有一种真正封闭的视域。视域其实就是我们活动于其中并且与我们一起活动的东西。视域对于活动的人来说总是变化的。"①不管是现在的视域,还是保留历史文本的过去的视域,总是一直处于运动之中。与视域概念紧密相连的是处境概念,伽达默尔指出:"我们并不处于这处境的对面,因而也就无从对处境有任何客观性的认识。我们总是处于这种处境中,我们总是发现自己已经处于某个处境里,因而想要阐明这种处境,乃是一项绝不可能彻底完成的任务。这一点也适合于解释学处境,也就是说,适合于我们发现我们自己总是与我们所要理解的传承物处于相关联的这样一种处境。对这种处境的阐释,也就是说,进行效果历史的反思并不是可以完成的,但这种不可完成性不是由于缺乏反思,而是在于我们自身作为历史存在的本质。所谓历史地存在,就是说,永远不能进行自我认识。"②伽达默尔之所以说我们"永远不能进行自我认识",是说我们一切的自我认识都有一个前提,自我认识开始前都有一个历史的"在先给定"存在着,这种"先在性"决定了理解历史传承物的一切有限性和可能性。因此,如果说视域提供给解释者一种不断展开的可能性的话,解释者的解释学处境则必然使其遭遇理解的限度。在理解活动中,存在着解释者自己的视域和历史视域这两种不同的视域:解释者自己的视域就是前见构成的"某个现在的视域",即解释者自身由于处境和先在性而形成的视

---

① [德]伽达默尔:《诠释学Ⅰ:真理与方法》,洪汉鼎译,商务印书馆2010年版,第430页。
② [德]伽达默尔:《诠释学Ⅰ:真理与方法》,洪汉鼎译,商务印书馆2010年版,第427页。

域;而历史视域是指,我们所理解的历史文本、艺术作品由于其特定的历史条件和特定的个人创造而具有的那个时代的特殊的历史语境。理解发生的过程便是在解释者自己的视域即现在视域的不断运动和变化的过程中,在与过去的接触中,与其他各种历史视域相遇和融合进而形成新的理解,这种新理解的产生不是回到过去视域中对历史文本的重建,也不与解释者在第一次接触历史文本时所处的意义域相等同,而是由解释者自己的视域和过去的视域共同构成的一个不断运动着的更大的视域中的理解,它超越了解释者自己的个性,同时也超越了文本本身的个性,是一个向更高的普遍性提升的理解。视域融合是理解历史文本的可能性条件,它既不能预先被把握,也不能通过某种方法来理解,因而我们可以把它称为理解得以可能的先验条件。这不禁让我们想起伽达默尔在《真理与方法》第二版序言里提出的目标:哲学解释学的目的并不是像传统解释学那样发展出一整套关于理解的方法论程序,而是致力于研究"什么东西超越我们的愿望和行动与我们一起发生"①。当解释者与一定的历史文本照面时,经常遭遇到文本的主张与现在的看法之间的紧张关系,哲学解释学的任务在于"不以一种朴素的同化去掩盖这种紧张关系,而是有意识地去暴露这种紧张关系"②。在这种紧张关系中,过去与现在、主体与客体、自我与他者通过视域融合构成了一个无限的统一整体,历史在不断的视域融合中表现为效果历史。

在伽达默尔看来,不是传统属于我们,而是我们属于传统,传统构成了我们存在的一部分,只有在传统中我们的理解才能发生,历史就是在理解过程中传统所造成的"效果",历史实在就是历史与对历史理解的统一。对历史的理解既不是由解释者单方面作出的解释,也不是对历史对象的单方面重建,而是在两者相互作用的统一体中形成的"效果历史"。历史客观主义虽然批判性地消除了对历史对象的随意性和任意性的解释,但它的素朴性就在于遗忘了自己存在的历史性这样一个理解的根本前提,因而从未达到对真理的把握。

---

① [德]伽达默尔:《诠释学 II:真理与方法》,洪汉鼎译,商务印书馆 2010 年版,第 552—553 页。
② [德]伽达默尔:《诠释学 I:真理与方法》,洪汉鼎译,商务印书馆 2010 年版,第 433 页。

一种真正的历史思维必须首先意识到它自己的历史性,只有这样,才能在历史对象的研究中认识到它自己,并在对它自己的理解中把握到历史对象。在此基础上,伽达默尔得出结论:"真正的历史对象根本就不是对象,而是自己和他者的统一体,或一种关系,在这种关系中同时存在着历史的实在以及历史理解的实在。一种名副其实的解释学必须在理解本身中显示历史的实在性。因此我就把所需要的这样一种东西称之为'效果历史'(Wirkungsgeschichte)。理解按其本性乃是一种效果历史事件。"①效果历史就是历史实在性的显现,理解从本质上来说就是历史实在性和对历史理解相统一的效果历史事件。对效果历史的意识就是效果历史意识,效果历史意识是理解历史、解释文本的一个普遍的结构要素,避开效果历史意识的判断权限,就等于取消了对认识和真理的追求。此外,效果历史意识还揭示了解释学的另一个重要功能,即应用,在沟通过去与现在的中介中包含着应用的真理。

(二)应用因素:解释学不可或缺的功能

自古以来的神学解释学和法学解释学不仅将圣经、法典等特殊文本视为研究的对象,来探究正确理解的方法问题,更为重要的是他们将解释学的应用功能放在显要的位置。对圣经的解释是为了更好地布道,将救恩的福音与万民分享;法典解释的应用问题更不在话下,纯粹的理解和解释是远远不够的。"应用是双向的。法官应用他的理解于法律——这就是说,他试图按照他对当前情况最好的想法去理解法律;但他也应用法律于他的理解,因为他需要援引法律而不是单靠他自己的理解去理解当前情况。法律真正被理解就是当它真正地被应用之时,同样,圣经被理解是当它在布道时被带回到教堂会众的具体境遇。"②将文本的意义应用于解释者目前的具体境况,看来是一件理所当然的事,"赫尔墨斯"的传说就是最好的例证。在浪漫主义解释学那里,由于受启蒙运动和近代自然科学发展的影响,他们的主要任务是发展出一整套关

---

① [德]伽达默尔:《诠释学Ⅰ:真理与方法》,洪汉鼎译,商务印书馆2010年版,第424页。

② Joel C. Weinsheimer, *Gadamer's Hermeneutics: A reading of Truth and Method*, Yale University Press, 1985, p.186.

于正确理解文本的方法和规则。施莱尔马赫把解释学看作是避免误解的技艺学,把理解看成是主客体关系,历史文本中所有陌生的东西在这种关系中都成为熟悉的,当文本和解释者的时间距离之间架起这一熟悉的桥梁时,关于解释学的应用问题自然而然就消失了。伽达默尔通过对解释学传统的研究和分析,强调被浪漫主义解释学所掩盖的应用问题其实一直是解释学的中心问题,"在理解的过程中产生一种真正的视域融合(Horizontverschmelzung),这种视域融合随着历史视域的筹划而同时消除了这视域。我们把这种融合的被控制的过程称为效果历史意识的任务。虽然这一任务曾经被由浪漫主义解释学所产生的美学—历史实证主义所掩盖,但它实际上却是一般解释学的中心问题。这个就是存在于一切理解中的应用(Anwendung)问题。"①对任何文本的正确理解在本质上来说都是一种历史性的理解,也就是说,只有当解释者依据一定的历史时刻和一定的具体境况作出不同方式的理解时,文本才被正确地理解。"如果解释学问题的真正关键在于同一个传承物必定总是以不同的方式被理解,那么,从逻辑上看,这个问题就是关于普遍东西和特殊东西的关系的问题。因此,理解乃是把某种普遍的东西应用于某个个别具体情况的特殊事例"②,对文本的理解必须与解释者的目前境况相联系,理解的过程总已经是应用的过程。

伽达默尔通过援引亚里士多德关于理论(科学)知识和实践(道德)知识的区分指出,这里的应用并不是指把某种普遍的原理或规则应用于某个个别具体情况的特殊事例,而是相反,对某个特殊事例的应用是对普遍原理或规则的补充和发展。亚里士多德曾在《尼各马可伦理学》中指出,理论知识或科学

① [德]伽达默尔:《诠释学Ⅰ:真理与方法》,洪汉鼎译,商务印书馆2010年版,第434页。

② [德]伽达默尔:《诠释学Ⅰ:真理与方法》,洪汉鼎译,商务印书馆2010年版,第441页。把广义上的应用与理解的历史性和具体性相等同,伽达默尔并不是第一人。D.C.霍埃认为,维特根斯坦同样也强调了理解基于生活形式提供的含义背景并由这些背景所组成的思考方法。他也不认为在理解和应用之间存在着鸿沟。在《哲学研究》中,他指出理解一个规则的同时也就是理解如何去应用这个规则。([美]D.C.霍埃:《批评的循环——文史哲解释学》,兰金仁译,辽宁人民出版社1987年版,第70—71页)

知识是关于不可改变的、必然的和永恒事物的知识,它是一种依赖于推理证明而可以被人学习来的演绎性知识;技艺知识是关于制作或生产某种可改变事物并且服务于制作者目的的一种与运气相关联并能为人们学习的知识;实践或道德知识则是一种关于其对象是可改变事物的人类践行的知识,并以在具体事物中的践行作为自身的目的,它不是通过单纯学习和传授就能获得的,经验在这里起了很大作用,它要求我们身体力行,去做对人类整个生活有益的事。① 实践处于极端的知和行之间,即纯粹的理论知识和技艺知识之间,它是实践哲学的研究对象,"实践固有的基础构成了人在世界上的中心地位和本质的优先地位,因为人固有的生活并不听从本能驱使而是受理性的指导"②,这种理性就是实践的理性,一种需要包容一切的理性,它存在于人的理智之内的自我责任心。

伽达默尔认为,就实践知识作为学习者和传授者在实践经验的基础上探究关于人类善的问题的普遍意义的知识而言,解释学也属于实践知识,因为解释学从古至今一直在强调,"它关于各种可能性、规则和解释手段的思考将直接有用于和有利于人们的解释实践"③,它本身就包含着关于实践知识的内容。对流传下来的已经脱离当代人法律经验的法典作出符合今天境况的合理解释,这不仅仅是关于如何理解的技艺问题,更是法律理想的一种实践的具体化。因此,在伽达默尔看来,解释学知识既不同于那种脱离任何特殊存在的理论知识,因为它的对象是关于可改变的具体事物的经验;也不同于制作或生产应用于人类对象产品的技艺知识,因为它是人类自身存在的方式;而是属于亚里士多德所说的实践知识,解释学本身就是一门现实的实践的学问,即理解本身就"证实自身是一种效果方式,并知道自身是这样一种效果"。虽然道德知

---

① 亚里士多德对人类认识事物和表述真理的能力或知识形式区分为五种:技艺、科学、明智、智慧和努斯,在这里我们根据上下文的需要只介绍了技艺、科学和智慧这三种。(参见[古希腊]亚里士多德:《尼各马可伦理学》,廖申白译,商务印书馆 2003 年版,第 169—179 页)
② [德]伽达默尔:《赞美理论——伽达默尔选集》,夏镇平译,上海三联书店 1988 年版,第 70 页。
③ [德]伽达默尔:《科学时代的理性》,薛华等译,国际文化出版公司 1988 年版,第 82 页。

识需要经验才能获得,但仅仅靠经验并不能产生正确的决定,在经验之前也需要一定的真理知识以指导,例如在家庭或者学校的教育中,家长和老师总是以不具名的传统和习俗在潜移默化中教导着什么是正确的道德观念和理想的道德行为,这对接受者来说必然是一种前见。因此,道德行为的决定是在道德的前见中作出的,这种决定本身就已经是应用。但这并不意味着可以把正确的道德前见应用于任何特殊情况,正确的道德行为不能预先被决定,也不能完全脱离具体的历史境况作出决定。同样的说谎行为,在不同的境况中所产生的效果是不同的,在一种情况下可能会为众人所不齿,在另一种情况中可能会获得赞赏,比如善意的谎言。

伽达默尔在亚里士多德关于实践知识的思想中找到了解决解释学应用问题的方法。不管是把解释者的前见认为是要被应用于个别文本的一般,还是把文本认为是要被应用于解释者个别情况的一般,在这两种情况里,应用对理解来说都不是附属的,因而应用也就不是多余的和失真的。正如对实践知识的分析所表明的,一般不能事先就被理解,对个别的应用也不能是事后的,因为不仅个别隶属于一般之下,一般也隶属于个别之下。一般不是可以先认识的先给予的共相,因为一般是不断地由个别而规定的,即使它也规定个别,在这个意义上来看,应用非但不是多余的,还是创造的。伽达默尔最后得出结论:"我们已经证明了应用不是理解现象的一个随后的和偶然的成分,而是从一开始就整个地规定了理解活动。所以应用在这里不是某个预先给出的普遍东西对某个特殊情况的关系"①,而是解释者和某个历史文本之间的双向决定。因而,"应用就不仅仅是某种对'理解'的'应用',它恰恰是理解本身的真正核心"②。历史文本对于解释者来说不是作为一个普遍的东西被事先给予和理解的,解释者对历史文本的理解不是脱离了解释者自己具体的解释学处境而作出的普遍的理解,而只能是根据自身的历史境况作出的不同的理解,并试图将这种理解应用于自身。所以,如果说解释者想要理解某一历史文本的

① ［德］伽达默尔:《诠释学Ⅰ:真理与方法》,洪汉鼎译,商务印书馆 2010 年版,第 459 页。
② ［德］伽达默尔:《科学时代的理性》,薛华等译,国际文化出版公司 1988 年版,第 114 页。

话,他必须要把文本和自己具体的解释学境遇相联系,意义永远在一定历史处境的解释者和文本之间的对话中不断地被实现,而对话的前提是对话双方必须拥有共同的语言。达到共同理解,形成共同意义,依赖于参与者的共同语言,对一切事物的理解必然是通过语言的形式来完成的,理解的实现方式就是使事物本身得以用语言表达。

### 四、语言:作为世界的经验

"解释学的理论像结构主义一样趋向于提出一种在很大程度上由来自语言的特征所确定的现实对象"[1],伽达默尔的哲学解释学也不例外。在《真理与方法》第三部分的最开始,他就引用施莱尔马赫的名言——"解释学的一切前提不过只是语言"——来表明语言在解释学中的媒介作用,但这并不意味着语言只是理解得以发生的工具和手段。在他看来,语言不仅是展现真理的方式,更是人本身存在的本质,它深深地根植于人类存在的本体论经验之中。

#### (一)语言的兴起与嬗变

在远古时代,语言和事物之间的内在统一性是不言自明的,语言附属于事物,在对事物的认识中达到对语言本身的正确性理解,语言似乎就是存在本身。不过在古希腊哲学时期,语言和事物之间的内在统一性曾一度遭到质疑,柏拉图《克拉底鲁篇》中对约定论和自然主义摹写论的讨论就是一个典型的例证。[2] 约定论主张语词和对象之间并不是内在统一的,对象的名称是通过约定俗成和人们一致的同意来确定的,是一种习俗和使用者的习惯,它并不属于对象本身,因而是可以随时改变的。自然主义摹写论主张语词是为对象所发现的,是对对象的摹写,每一个对象都有专门的语词来指称它,因而语词与对象之间是自然的对称关系,是不可随意更改的,不是约定俗成的。这两种理论的共同点在于,都是从对象即客体的角度来讨论语词的。通过对约定论和自然主义摹写论进行比较,我们可以看出,前者能够说明语词的多样性和可变

---

① [法]保罗·利科:《哲学主要趋向》,李幼蒸、徐奕春译,商务印书馆 2004 年版,第 417 页。

② 参见[古希腊]柏拉图:《柏拉图全集》第 2 卷,王晓朝译,人民出版社 2014 年版,第 58、61 页。

性,但却无法解释语词的正确性与不正确性;后者虽然弥补了前者的缺陷,能够解释语词的正确性,然而却无法说明语词的多样性和可变性。为了规定事物和语词之间的关系,柏拉图讨论了这两种观点,但他并没有否认其中的任何一方,也没有肯定其中的任何一方,因为在他看来,不管是约定论还是自然主义摹写论,都开始于无名称的对象,事物相对于语言有着绝对的先在性。因此,对真理的把握不在语言中,而在对事物本身的认识中,以"理念"为思维对象来消除语词的诡辩性和技术性,达到对事物本身的真正认识,这是他的根本诉求。不过这并不意味着存在一种与语词无关的认识,而是说语词并不是通向把握事物真理的大道;相反地,只有通过对事物本身的认识才能对语词的正确性作出判断。柏拉图借苏格拉底之口说:"我怀疑你我如何能够学习或发现真正的存在。但我们可以承认,事物的知识并不是从名称中派生出来的。要学习和研究事物必须学习和研究事物本身。"①

"柏拉图显然在语词和事物的真正关系面前退缩了",他"所谓的发现理念过程比起诡辩派理论家的工作还更为彻底地掩盖了语言的真正本质"②,后者最起码是在对语言的运用中发展他们的技巧的,伽达默尔可谓一语中的。正如柏拉图在对约定论和摹写论都不满意的同时却因为他的摹本与原型的形而上学观点而偏爱摹写论一样,伽达默尔在批判柏拉图掩盖了事物和语词之间真正关系的同时,指出了摹写论关于事物和语词相统一的观点所具有的重大的理论意义。摹写论认为只有语词表现出某个事物的时候,才能说它是正确的,这里的语词已经不仅仅是一种摹写,而是一种存在,因为语词发出的声音与事物没有任何相似之处。因此,"当苏格拉底认为语词同绘画(zōa)不一样,语词不仅具有正确性,而且具有真实性(alēthē)时,这就像在完全黑暗的真理领域中的一道闪电"③,语词的真理性不在于它正确地表达事物,而在于

① [古希腊]柏拉图:《克拉底鲁篇》,《柏拉图全集》第 2 卷,王晓朝译,人民出版社 2014 年版,第 132 页。
② [德]伽达默尔:《诠释学Ⅰ:真理与方法》,洪汉鼎译,商务印书馆 2010 年版,第 572、573 页。
③ [德]伽达默尔:《诠释学Ⅰ:真理与方法》,洪汉鼎译,商务印书馆 2010 年版,第 578 页。

它本身"完满的精神性之中"，在于语词声音显现的过程之中，它的存在就是它的意义。中世纪道成肉身（Inkarnation）的观念很好地解释了语词的重要性，在这里，语词与肉体并不是分离的，而是语词本身变成了肉身，圣灵的现实性通过它的道成肉身被实现。与古希腊哲学所主张的具体事物脱离逻各斯的观念相反，基督教道成肉身的观念不仅坚持了语词与事物的统一性，更强调了语词存在的实在性。伽达默尔高度肯定了中世纪的语言观点相对于柏拉图思想来说的进步性和科学性，并表明神化人的过程第一次真正地显示了语词的过程特征。

被伽达默尔称为"现代语言哲学的创始人"①威廉·冯·洪堡（Wilhelm von Humboldt，1767—1835 年，又译洪堡特）认为，语言与事物相比并非处在次要的位置，语言也不是因为人与人之间外部交往的需要才产生的，而是产生于人类的内部需要，人类的本性之中，人在本质上是一种语言的存在物。"尽管语言完全是内在的，但它同时又具有独立的、外在的实存"②，无论是对于人类精神力量的发展还是人类世界观的形成，语言都发挥着不可替代的作用。其次，他认为人类语言结构有复杂和简单的区分，不过语言的发展会使这两种结构都趋向于语言结构的完善性，从而"把语言中的独立成分与那些只是作为形式而伴随独立成分出现的东西适当地区分开来"③，语言必须被看作是脱离了任何特殊内容的形式。洪堡开启了语言哲学的研究，他的"把每一种语言都理解为一种特有的世界观"的看法对后世语言学的发展有着重大影响，但他对语言的内容与形式的区分导致了把语言认为是形式手段的工具主义语言观的出现。洪堡之后的瑞士语言学家索绪尔将语言学的研究对象由传统的物与名的关系变为纯粹的符号关系，语言符号是由能指（音响形象）和所指（概念）组成的一种两面的心理实体，能指和所指的联系是任意的，能指的任意性

① ［德］伽达默尔：《诠释学 I：真理与方法》，洪汉鼎译，商务印书馆 2010 年版，第 618 页。
② ［德］威廉·冯·洪堡特：《论人类语言结构的差异及其对人类精神发展的影响》，姚小平译，商务印书馆 1999 年版，第 25、27 页。
③ ［德］威廉·冯·洪堡特：《论人类语言结构的差异及其对人类精神发展的影响》，姚小平译，商务印书馆 1999 年版，第 26 页。

和约定性决定了一个所指的能指在不同的国度、民族、种族、文化和地域中是不同的①,因而所指的意义取决于言语链以及在语法体系中形成的相互关系,没有历史的差异和对立就没有意义。索绪尔的语言符号理论使工具主义语言观在现代的语言哲学和语言科学中居于统治地位,伽达默尔在对现代形形色色的语言观的批判中指出语言是主客体的统一,是对人类世界和文化遗产的揭示。

(二)语言作为存在的模式

与工具主义语言观将语言看作是与内容相分离的形式,是一个纯粹的符号工具不同,伽达默尔用现象学的方法追溯至语言的起源,认为语言既不属于事物,也不属于人类,而是两者的统一;语言不是事物的符号,也不是人类的工具,而是原型的摹本。在摹本中,原型才得以表现并继续存在,语言与人类世界的同时发生不仅是年代学的事实,也是本质事实,人类被语言引入一种确定的世界关系中,并在语言中表现整个生活世界。因此,语言虽然是一种独立的存在,但离开它所表达的世界后它也就不成为存在了,"世界之所以只是世界,是因为它要用语言表达出来——语言具有其根本此在,也只是在于,世界在语言中得到表述"②,语言对于人类世界的源始性同时也意味着人类世界对于语言的源始性,这就是语言揭示世界的功能。

在伽达默尔看来,语言的功能并不在于指示事物,相反,它具有揭示整个人类生活世界的功能。他是通过对环境概念的分析来揭示这一功能的。最初的环境概念是指人生活于其中的周遭世界,是指个体对于生活世界的依赖性,但当环境概念扩展至一切生物,意指一切生物都生存于其中的周围世界时,环境概念的内涵已经发生了变化。因为相对于其他生物对于环境的深度依赖性来说,人类通过语言而拥有世界,所谓拥有世界并不是指对世界的对象化理解,而是指对世界采取的一种态度,使随世界而来的流传物按其本来所是的那样出现在人类面前。与其他生物对环境的直接依赖性相比而言,人类通过语

---

① 参见［瑞士］索绪尔:《普通语言学教程》,高名凯译,商务印书馆 2014 年版,第 95—96 页。

② ［德］伽达默尔:《诠释学Ⅰ:真理与方法》,洪汉鼎译,商务印书馆 2010 年版,第 623—624 页。

言与他们生活于其中的世界保持着距离,从而可以超越环境而呈现一种无环境性(Umweltfreiheit)的关系。这种无环境性理所当然是通过对世界的语言表述来实现的,不过这并不意味着脱离环境,而是指越向世界(Erhebung Zur Welt),"是指用另外的态度对待环境,指一种自由的、保持距离的举止,而这种态度或举止的实现总是一种语言的过程。"①这就能够解释为什么相对于特定的语言世界而言还存在着多种多样的语言,因为语言和世界的关系不是固定的,同样的事物能够被多种语言所意指,不是事物规定语言而是语言规定事物。但这并不意味着每一种语言所构成的世界都是独立的和相对的,对人类来说的世界总是由语言构成的世界,不管是在地方语言中形成的世界还是由外来语言形成的世界,就他们都是一种人类的世界而言,总是包含着共同性、开放性和扩展性,"每一个这样的世界由于作为语言构成的世界就从自身出发而对一切可能的观点并从而对其自己世界观的扩展保持开放并相应地向其他世界开放。"②人类对世界的经验在不断扩展和完善的过程中逐步形成一种世界"观",世界就是由人类语言经验所组织起来的整体。每一种语言所表达的世界是这个整体中的一部分,就它是部分地表现世界而言,它是消极地包含这个整体;就它属于世界整体而言,它又是积极地表现这个整体的。因而在伽达默尔看来,众多语言所表现的不同的世界不能被看作是一个与绝对世界对立的相对性世界,因为它们彼此之间并不对立,"每一种语言世界观都潜在地包含了一切其他的语言世界观,也就是说,每一种语言世界观都能使自己扩展到其他语言世界观中。它能使在另一种语言中所提供的世界的'观点'从自身而得到理解和把握。"③每一种世界经验的语言都是有限的,但它也根本不需要一种无限性来克服某种障碍,因为这样的无限性是无止境的,也是无法言明的,每一次的经验并不是对世界意义的不断接近,而是对其意义在每一

---

① [德]伽达默尔:《诠释学Ⅰ:真理与方法》,洪汉鼎译,商务印书馆 2010 年版,第 626 页。
② [德]伽达默尔:《诠释学Ⅰ:真理与方法》,洪汉鼎译,商务印书馆 2010 年版,第 629 页。
③ [德]伽达默尔:《诠释学Ⅰ:真理与方法》,洪汉鼎译,商务印书馆 2010 年版,第 630—631 页。

个不同阶段上的不断表现。① 任何事物都能够在语言的视域中被理解,超出语言视域的事物是不存在的,语言具有潜在的无限性,在语言中,整个世界被经验。

但语言的无限性并不意味着意识的无限性,因为意识总是针对某个对象的意识,因而是有限的。语言从本质上来说先行于意识,因为它包括整个人类世界,包括所有能被看作是对象的东西。当哥白尼用科学实验证明日心说的时候,并不能用它来反驳我们日常经验中所观察到的太阳东升西落的自然现象,因为它们都是关于某个对象的意识,是受某种条件制约下得出的结论。所以,科学真理是有限的,它不能成为世界经验整体的真理。只有语言才能真正解释世界经验的整体,在语言中,无论是科学实验还是日常观察都找到了自己的合法性,因为语言不仅包括了所有是对象的东西,也包括了不能被对象化的东西,如在科学实验中研究者是排除在对象之外的。"世界本身是在语言中得到表现。语言的世界经验是'绝对的'。它超越了一切存在状态的相对性,因为它包容了一切自在存在,而不管自在存在在何种关系(相对性)中出现。"②语言相对于一切存在物具有绝对的先在性,世界在语言中不是被当作对象,而是所有的对象在被认识和陈述之前已被语言所包围。语言也不能看作是对象,因为人类经验的有限性无法经验到包罗万象的语言,更不存在一种外在于语言之外而把语言本身作为对象的立场,不消说人们用不同的语言经验着不同的世界,通过对陌生语言的掌握能够扩充和丰富经验到的世界关系,从这个意义上来说,"谁拥有语言,谁就'拥有'世界。"③作为人类世界经验的语言所把握的就是存在者如其所是地存在的过程,对艺术真理的理解和对历史真理的把握归根结底都要通过语言来实现,它们统一于语言。因此,在伽达默尔这里,解释学就避免了为了弥补过去与现在、文本与解释者之间的鸿

① Cf. Hans-Georg Gadamer, *Philosophical Hermeneutics*, translated by Joel C. Weinsheimer, Yale University Press, 1994, p.80.

② [德]伽达默尔:《诠释学Ⅰ:真理与方法》,洪汉鼎译,商务印书馆 2010 年版,第 633 页。

③ [德]伽达默尔:《诠释学Ⅰ:真理与方法》,洪汉鼎译,商务印书馆 2010 年版,第 637 页。

沟而设置一种像心理移情这样的第三种术语了,它们本身就是发展中的语言过程的一部分。①

　　20世纪是一个非理性主义占据主导地位的时代,叔本华的唯意志主义、尼采对酒神精神的揭示、弗洛伊德对潜意识的发现、马尔库塞对爱欲的颂扬、拉康的精神分析结构主义以及克罗齐的艺术本质是抒情的直觉等的提法,已势不可当地证明了非理性精神的崛起,并最终都消解在语言符号的不断"延异"和意义不断"撒播"的解构主义哲学面前。这是这个时代的哲学主题,也是解释学的主题。在这个以非理性精神批判理性精神的时代境遇中重提艺术经验中美与真的合流以及理解的真理问题,是需要巨大的理论勇气的,也是一件费力不讨好的事情,然而伽达默尔却坚定地走出了这一步。不过他并不是对近代科技理性的简单恢复,而是倡导一种新理性,即一种既包括科技理性却又超越出科技理性的亚里士多德式的实践理性,这种理性"是知识和真理的整个为科学的方法意识所不能把握的半圆状态","是应当能支配给人类打开的整个生活空间,也应当能支配我们的一切科学能力和我们一切的行动"②。这种实践理性"总是被理解为经常对自身和自己的条件性进行自我解释"③的理性,因而是一种有限的、自我限制的理性。

　　伽达默尔对艺术经验中真理问题的探讨旨在批判康德式的主观化审美意识和美学中的科学化倾向,从而使艺术经验转向对人类自身和生活的揭示,真理是在艺术作品本体论的基础上由人们参与所形成的。伽达默尔在下列观点上批判并超出了康德的主观主义美学:艺术经验从一开始就是关乎认识的活动,是人在历史世界中的自我发现,相对于陌生和疏远的自然美来说,对概念

① 参见[法]D.C.霍埃:《批评的循环——文史哲解释学》,兰金仁译,辽宁人民出版社1987年版,第80页。

② [德]伽达默尔:《科学时代的理性》,薛华等译,国际文化出版公司1988年版,"作者自序"第3页。

③ [德]伽达默尔:《赞美理论——伽达默尔选集》,夏镇平译,上海三联书店1988年版,第62页。

和真理问题进行把握的艺术美才是真正的美；艺术作品不是与人们的生活无关的、纯粹主观合目的性的博物馆式的陈列品，而是注入了主体的社会、宗教、道德等的认识因素；艺术通过对现实的模仿而与真理紧密相关（这里的模仿不是柏拉图意义上的原型之摹本，而是事物更真实的状态和最本质东西的展现），美是一种对存在的认识，是一种存在的真。伽达默尔对艺术经验的理解与海德格尔的美学思想有着很大的相似性，后者也曾指出，"美是作为无蔽的真理的一种现身方式"，"艺术就是真理的生成和发生"①。不过与海德格尔在反对形而上学的基础上将美与真归于存在论意义上的"在"不同，伽达默尔通过对古希腊哲学史尤其是柏拉图思想的研究，将存在论与柏拉图的理念论进行综合，形成了一种"理念存在论"，这是伽达默尔研究艺术经验中真理问题的根基。从将艺术看作是主体的认识活动，是与主体的社会背景、宗教背景和道德因素相关联这一点上，伽达默尔的美学理论似乎与马克思的美学思想有着一定的相似性，但细究起来其实有着本质的差别。马克思的美学思想通过艺术与人们的实践活动的关系来证明实践是第一性的，艺术虽然是人们的日常生活中不可或缺的本质环节，但相对于实实在在的感性活动而言，它只是表现生活的方式或手段之一，这与伽达默尔认为艺术是存在的方式，是"在的扩充"的观点是根本不同的。伽达默尔上述的解释学美学观点直接导致了德国康斯坦茨接受美学学派的诞生，以罗伯特·耀斯（Hans Robert Jauss）为创始人的接受美学学派突出强调了读者在理解过程中的重要作用。一部文学作品的意义和价值只有在读者的接受活动中才能逐步得到实现，读者是理解活动的能动主体。接受美学理论作为 20 世纪文学理论研究的根本转向，在世界范围内产生了广泛而深刻的影响。

　　正如海德格尔将时间性引入存在之思，从而把存在论导入一种全新的哲学境界那样，伽达默尔依据时间性来理解文本和历史世界，也将解释者与作者、历史、语言的关系推进到一个全新的境界。解释者的任何理解都是从前见

---

① ［德］海德格尔：《艺术作品的本源》，载《林中路》，孙周兴译，上海译文出版社 2008 年版，第 37、51 页。

出发的理解,是扎根于自己的历史实在的理解,权威是理解真理的源泉,传统是理解历史的纽带,在作者视域与解释者视域、过去视域与现在视域不断融合的过程中,真理不断地显现出来。因而不是传统属于我们,而是我们属于传统,传统构成了我们存在的一部分,只有在传统中我们的理解才能发生,历史就是在理解过程中传统所造成的"效果",历史实在就是历史与对历史理解的统一。正是在这里,哈贝马斯指责伽达默尔对权威和传统构成的前见的维护是一种保守的姿态,是一种"政治上的保守主义"。除此之外,伽达默尔在下列观点上又不可避免地带有相对主义倾向:他主张对文本和历史世界真理的理解是在时间距离中所展开的问答逻辑和对话辩证法,因而其在对话语言中不断展现并处于永无止境的追寻过程中。美国当代著名解释学家赫施(Eric Donald Hirsch,1928—  )严厉批评了伽达默尔哲学解释学中的相对主义倾向,并旗帜鲜明地捍卫被后者所摒弃的传统解释学中的客观主义精神。赫施区分了意义(Bedeutung)与含义(Sinn)的不同,指出文本的意义处于变动不居的历史演变之中,但文本的含义是确定的、不变的,"文本的含义始终未发生变化,发生变化的只是这些含义的意义"①。伽达默尔没有看到意义与含义的这种区分,从而走向对作者原意的否定,最终陷入相对主义泥沼。不过在笔者看来,虽然伽达默尔的哲学解释学理论不可避免地带有一定的历史局限性,但他对精神科学真理问题的经验式理解、对历史意义无限可能性的开放以及这一切都只有借助语言才能展现出来的观点,为我们的研究提供了一个全新的视野。

正如 19 世纪的哲学家们弘扬理性和人的主体性地位一样,20 世纪哲学家们的关注焦点则不约而同地转向了语言,法国解释学家利科就曾指出,"如果我们企图涉及一切表明过去五六十年间哲学家对语言发生兴趣的研究,就不得不涉及我们时代的几乎全部哲学成果。因为这种对语言的兴趣,是今日哲学最主要的特征之一。"②自古以来,哲学的使命是努力寻求解释世界、历

---

① E.D.Hirsch, JR. *Validity in Interpretation*, Yale University Press, 1967. p.213.
② [法]保罗·利科:《哲学主要趋向》,李幼蒸、徐奕春译,商务印书馆 2004 年版,第 371 页。

史、知识的一个坚固的阿基米德点,当代英美语言分析哲学企图通过精确的科学语言和严密的逻辑分析来为它的合法性做辩护;面对近代科学技术的发展所导致的人的全面异化以及带来的人的生活危机、价值危机和信仰危机的局面,欧洲大陆哲学主张通过对精神科学的研究来为人的精神危机寻求一种灵丹妙药。伽达默尔的解释学哲学则将两者综合了起来,就他在《真理与方法》中将语言归结为一切理解和解释活动的媒介,语言是理解的中心,是人本身存在的中心,是包罗万象的世界构造的形式而言,他与英美语言分析哲学有进行对话的底板。就他批判自然科学方法论对精神科学的侵蚀,主张在存在论的意义上来探究精神科学中的真理问题,并在开放的对话语言和问答逻辑中解决人与世界、历史、文本的关系问题而言,伽达默尔与欧洲大陆哲学有着共同探讨的哲学主题。他为英美语言分析哲学和欧洲大陆哲学的合作和对话进行了卓有成效的尝试,为解释学中的理解问题和语言哲学的发展提供了一个全新的思路,这是伽达默尔解释学哲学"语言转向"的深刻意义。当然,伽达默尔的语言观在为解释学的发展带来新的活力的同时,也不可避免地带有自身的缺陷,比如在对话中对对话双方地位的平等、自由交流的语境的要求就有明显的理想主义倾向;对解释学对象、解释学过程的语言性规定,以及对人与世界、历史甚至是人与人之间的关系都归结为语言的关系,有着明显的抽象化倾向,难逃"语言唯心主义"的指责。

# 第二章　历史：作为客体的在场

毋庸置疑，伽达默尔的哲学解释学理论是解释学史上和当代解释学发展的最高成就之一，他与前人的最大不同在于始终将历史作为考察艺术和历史领域中真理要求的最重要的维度，唯此他取得的瞩目成就和产生的深远影响是有目共睹的。但他过于夸大文本理解在艺术经验中的作用而忽视了审美体验中建基于观赏者感性活动之上的内心情感和个人感受；在精神科学中，他将解释者的理解归于传统基础上的单一"主—客"模式的效果历史，解释者被笼罩在单一的文化交往场中，因而历史作为主体和客体的中介始终是现存在场的，而非主体构境的结果；他把语言拔高为人类一切理解和解释活动的中心，语言成了本体论的存在，没有看到语言在根源上发端于人类的交往实践活动，前者不过是后者的转型和延伸罢了，他对对话语言中双方平等的地位、自由的交流以及开放的问答逻辑的设想充满着浓厚的乌托邦色彩，基本不具有现实可能性。

## 第一节　审美经验：与观赏者的"脱离"

由于近代自然科学方法论的影响和科学美学理论自身的阻碍，艺术经验中的人文主义传统被人为地狭窄化并最终被遗忘了，导致艺术经验中真理问题的被否认或忽视，被斥为"非精确科学"。伽达默尔试图通过重新恢复美学中的人文主义传统因素、对康德的美学主观化倾向的批判和超越来探究"被科学的真理概念弄得很狭窄的美学理论"①，但他以存在论的方式来把握艺术

---

① ［德］伽达默尔：《诠释学Ⅰ：真理与方法》，洪汉鼎译，商务印书馆 2010 年版，第 5 页。

作品的解释学意义的观点又不可避免地带有其自身的理论缺陷。

### 一、审美与经验：对康德美学之主观化倾向的批判与超越

无论是德罗伊森（J.G.Droysen，1808—1884 年）通过对历史概念的深刻把握来为精神科学的真理性奠定基础，还是狄尔泰以个人体验的方式来为精神科学寻求方法论基础，他们最终都因受自然科学模式的影响，排除了精神科学中的人文主义要素，消除了与生命的联系而让所有曾经的努力都付诸东流，因而从总体上和根本上来说，他们甚至没有超出赫尔姆霍茨（Hermann Helmholtz，1821—1894 年）在心理学的基础上对自然科学和精神科学作出的逻辑归纳法和艺术—本能归纳法的区分。伽达默尔把重新恢复艺术经验中的人文主义因素作为自己美学理论的立足点，并通过对其所使用概念本身的历史性关系的分析来为精神科学的真理源泉扫清道路。

教化（Bildung）是人文主义传统的最重要的主导概念，它是指远离人的直接性和本能性的存在而向人性普遍性的提升，本质上是使人类自身成为普遍的精神存在。黑格尔曾以劳动为例说明劳动意识在塑造对象的同时也在塑造自身，使其超越自身的直接性而达到普遍性，也就是说，教化是一种通过对外在于自身的他物的认识和塑造来重新以更高、更充分的形态返回到自身的活动。在黑格尔那里，教化活动不仅包括理论上的教化，也还有实践性的教化，不过这里的实践（劳动）并不是马克思所讲的物质实践活动，从本质上来说它是一种精神性的活动。受黑格尔的影响，伽达默尔认为教化有本体论（就实践性的教化而言）和认识论（就理论上的教化而言）的双重含义，不过前者是后者的基础，不能只从抽象的理论层面上来理解教化，只有在人们的社会实践活动等本体论的前提下才能谈论教育和文化的意义。与普遍性的精神存在和教化观念紧密相连一样，精神科学也是随着教化才产生的，它的根本特征在于在陌生的、不熟悉的世界中重新认识自身。"由此可见，构成教化本质的并不是单纯的异化，而是理所当然以异化为前提的返回自身（Heim kehr zu sich）。因此教化就不仅可以理解为那种使精神历史地向普遍性提升的实现过程，而

且同时也是被教化的人得以活动的要素。"①这里"教化"就具有了两方面的特征:一是教化意识在理解包括实践对象在内的历史世界和包括教育文化传统在内的异己世界中,不断地认识自身、超越自身并最终走向普遍性的精神存在;二是教化意识在对异化对象真理内容的理解和解释中,在不断趋向普遍性的过程中,与任何时代的存在都呈现出一种同时性的状态,教化是理解人类一切活动的前提和基础。通过以上的分析我们可以看出,与其说是在现代科学的方法论概念中,不如说是在教化概念传统中,精神科学才成为真正的科学。教化是精神科学得以确立的首要条件,在教化过程中,人的共通感(Sensus communis)、判断力(Urteilskraft)和趣味(Geschmack)的能力得到培养和造就。

共通感是指存在于一切人之中的那种能够形成共同性感觉的普遍能力,这不是一种理性的抽象普遍性,而是一种感觉的普遍性,即"我们把自己的判断依凭着别人的虽不是现实的、却毋宁只是可能的判断,并通过我们只是从那些偶然与我们自己的评判相联系的局限性中摆脱出来,而置身于每个别人的地位"②。伽达默尔援引维柯(G.B.Vico,1668—1744年)的观点指出,共通感就是指"在所有人中存在的一种对于合理事物和公共福利的感觉,而且更多的还是一种通过生活的共同性而获得、并为这种共同性生活的规章制度和目的所限定的感觉。"③共通感是人与人、集团与集团、民族与民族、国家与国家乃至整个人类达成相互理解、形成共识的可能性前提,它也预示着除了科学的知识和理性的真理之外,还存在着另外一种关怀人类自身存在意义和价值的知识和真理。与共通感概念密不可分的是判断力的概念,正如康德所指出的,共通感应被"理解为一种共同的感觉的理念,也就是一种评判能力的理念"④。判断力即是一种把某个具体事物归入某种普遍的一般范畴的能力,是所有人在共通感的基础上,基于真正公民道德的团结一致和对"共同利益"的关心所

---

① [德]伽达默尔:《诠释学Ⅰ:真理与方法》,洪汉鼎译,商务印书馆2010年版,第26页。
② [德]康德:《判断力批判》,邓晓芒译,杨祖陶校,人民出版社2011年版,第136页。
③ [德]伽达默尔:《诠释学Ⅰ:真理与方法》,洪汉鼎译,商务印书馆2010年版,第37—38页。
④ [德]康德:《判断力批判》,邓晓芒译,杨祖陶校,人民出版社2011年版,第135页。

作出的判断,因而与其说是一种能力,倒不如说是对一切人在面对具体事物时作出正确和合理判断的要求。正因如此,一般说来,判断力是不能仅凭理论的学习得到的,而只能从具体事物的训练和社会实践中获得。很显然,作为人文教化的结果,判断力和共通感一样,都注重于社会生活中的意义、价值与真理的问题。从概念史分析的角度来看,趣味①最早并不是一个审美的概念,而是一种社会的和道德的概念,只是到了后来,才被限制在"美的精神性东西"之上。趣味并不是个人的东西,而是一种社会现象,是在共通感和判断力的基础上,人们使自己超越自身兴趣的狭隘性和偏爱的自私性来达到一种普遍性的要求,即使没有可论辩的基础,但仍然期待一种普遍的同意。就像康德所说的,趣味就是"使我们对一个给予的表象的情感不借助概念而能够普遍传达"②的评判能力。因而趣味活动不具有任何有根据的知识,但就人们通过与自己本身和个人的偏爱保持距离来达到一种普遍的同意来说,它也体现为一种认知方式。

　　以上就是我们对人文主义传统中四个基本概念的分析,这些概念是使精神科学进入科学之列的最根本的要素,精神科学将在这些要素里找到它不同于自然科学的认识方式和真理源泉。康德的美学理论中也涉及了这些概念,但他都做了主观化和形式主义的理解。在他看来,美的对象不涉及概念和范畴,也不涉及认识和真理,人在审美对象之前,就已先验地具有一些审美的普遍原则和规律,美就是想象力和知性之间的自由协调活动所产生的一种主观上的愉悦感受,并没有任何客观性的意义。它虽然也追求一种普遍性,但这种普遍性不是客观的,而是主观的。康德的审美判断力批判想要努力证明的,就是不再具有任何客观知识的审美趣味的主观普遍性,为此他"所付出的代价却是:他否认了趣味有任何意义。这是一种主体性原则"③,这就必然否定艺

① 德文词"Geschmack"在中文里的基本意思是"趣味"、"鉴赏(力)"。洪汉鼎先生将其译为"趣味",宗白华和邓晓芒先生译为"鉴赏(力)",其实在康德那里,两者是互通的。

② [德]康德:《判断力批判》,邓晓芒译,杨祖陶校,人民出版社 2011 年版,第 137 页。

③ [德]伽达默尔:《诠释学 I:真理与方法》,洪汉鼎译,商务印书馆 2010 年版,第 67 页。

术经验中甚至是精神科学中的真理要求。其次,康德美学理论的缺陷还在于,他一方面把美归结为纯粹主观的合目的性的形式,另一方面又在美的理想中把道德性引入美的规定性,"美的理想只可以期望于人的形象。在这个形象这里,理想就在于表达道德性,舍此,该对象就不会普遍地而又是为此积极地(而不只是在合规矩的描绘中消极地)使人喜欢"①。既然在美的理想中,只有引入道德性的审美对象才会使人喜欢和愉悦,那么此时所作出的审美判断就已经不是一种纯粹的趣味判断,因此伽达默尔不无道理地指出,根据康德的美的理想的学说,"某物要作为艺术作品而使人愉悦,它就不能只是富有趣味而令人愉悦的"②,还应包括道德、宗教等方面的内容,而这样的艺术作品势必传达着人们的认识和经验的真理。伽达默尔通过对柏拉图原型与摹本的理念论的思考,提出与康德"审美区分"相对立的"审美无区分"的重要观点,他把游戏看作是艺术作品的存在方式,如同游戏只有在被游戏和被观赏的过程中才展现自身一样,艺术作品只有在被经验和被观赏的审美过程中才实现它真正的存在。此外,艺术作品是以"构成物"的方式存在的,当它被再现时,原来的它已经不再是存在的东西,而现在的它才是真实性的存在,它与观赏者的主体性脱离而成为一种超然和独立的存在。也就是说,它虽然是为人存在的,但又不依赖于人,即使没有一个观赏者存在于那里,艺术作品依然存在于那里。因而与康德将艺术作品看作是无关乎对象内容的主观合目的的形式不同,伽达默尔在存在论的基础上把艺术作品看作是审美经验的真理表达,它的每一次再现都是关于现时代的人与人、人与社会、人与历史的真理内容的彰显。

### 二、传统与理解:对艺术经验之解释学意义的夸大与偏离

伽达默尔通过恢复人文主义传统中的重要概念和对康德主观化美学的批判,为艺术经验中真理问题的探究廓清了理论地平。但他在艺术审美中对内容的过于重视和对形式的过于忽视以及以"构成物"的形式来理解审美经验

---

① [德]康德:《判断力批判》,邓晓芒译,杨祖陶校,人民出版社 2011 年版,第 71—72 页。
② [德]伽达默尔:《诠释学Ⅰ:真理与方法》,洪汉鼎译,商务印书馆 2010 年版,第 73 页。

中的真理内容所导致的相对主义倾向等缺陷，值得引起我们的警惕。

第一，过分夸大了理解在艺术经验中的作用。伽达默尔哲学解释学的基本观点是，理解不是主体的某种行为方式，而是主体本身的存在方式，理解是本体论的问题而不是方法论的问题，精神科学中的真理内容是在主体本身的视域与过去视域的融合中不断得以展现的。那么将美学并入解释学中，就意味着美学中的基本问题即是艺术作品与对艺术作品理解的关系问题。艺术作品不是纯粹的主观合目的性，也不是主体的客观审美对象，而是一种具有超然和独立存在状态的构成物，它需要人的理解和解释，在人的"参与"过程中，艺术作品的意义不断地得以展现自身。伽达默尔虽然也提到了艺术审美中的体验概念，但在他那里，体验概念所强调的不是审美意义，而是解释学的意义，就像在胡塞尔的现象学中，体验概念不是被理解为对艺术作品的欣赏，而是被看作是一种意向性关系一样。所谓体验就是"意指某种不可忘却、不可替代的东西，这些东西对于领悟其意义规定来说，在根本上是不会枯竭的"①，因此由体验流组成的体验统一体决不仅仅存在于某个个人的短暂生命之中，而是存在于某种与生命的整体或总体的直接关系之中。这样，对艺术作品的审美体验也就意味着"使得体验者一下子摆脱了他的生命联系，同时使他返回到他的存在整体。在艺术的体验中存在着一种意义丰满（Bedeutungsfülle），这种意义丰满不只是属于这个特殊的内容或对象，而是更多地代表了生命的意义整体。"在这种情况下，"体验概念对确立艺术的立足点来说就成了决定性的东西"②，艺术审美中的体验就是对艺术作品的理解，进而是对人本身的理解。因而在伽达默尔那里，对艺术和美的欣赏是等同于理解的，或者说，他排除了艺术和美中观赏者的感觉和体验，也就是排除了审美欣赏和美感。就这一点来说，他和海德格尔是完全一致的，后者也认为艺术和美所展现的是"金属闪烁，颜料发光，声音朗朗可听，词语得以言说。所有这一切得以出现，都是由于作品把自身置回到石头的硕大和沉重、木头的坚硬和韧性、金属的刚硬和光

①　［德］伽达默尔：《诠释学Ⅰ：真理与方法》，洪汉鼎译，商务印书馆2010年版，第101—102页。
②　［德］伽达默尔：《诠释学Ⅰ：真理与方法》，洪汉鼎译，商务印书馆2010年版，第105、106页。

泽、颜料的明暗、声音的音调和词语的命名力量之中"①，个人的审美和体验并不包含于其中。

在笔者看来，把对艺术欣赏中的体验直接等同于人类的理解活动未免有拔高理解的作用之嫌。因为在体验概念中除了包含对艺术作品的理解之外，更多的是体现观赏者对艺术作品的欣赏以及由此所实现的情感的交流、传达乃至共鸣。举个例子来说吧。例如中国观众在欣赏中国的水墨画时，因为有大致相同的审美趣味和丰富的文化传统，因而能够很快接受它、理解它并言说它。如果说在这里对审美之体验表现的还不是很明显的话，那么当他们欣赏西方的现代绘画尤其是印象派和后印象派的艺术作品时，大多数观众就会发现很难用语言来描述究竟看到了什么，但这并不影响他们对某一作品的欣赏，或许还会为某一作品奇特的线条和色彩的混合而大为吸引，进而达到与艺术家相同情感的交流和传达。即使不可言传，但毕竟可以意会，在这种情况下，艺术家、艺术作品与观赏者之间反而可能有"此时无声胜有声"般的通透和澄明。那么，如何深度地解释不同的观赏者所具有的不同的主观感受或审美体验？在伽达默尔那里，是用仅仅被局限为达到理解的一种手段的体验概念来加以解释的，他剥离了其中所包含的由某一件艺术作品所激发的观赏者丰富的内心情感和个人感受，而将其简单地混同于普遍解释学观念中的理解活动，未能更好地解释审美体验中所内含的个人情感的交流和传达。我们认为，在审美体验活动中，观赏者摆脱了外在的条件限制和利害欲念的束缚，甚至与艺术作品完全融合在一起，达到一种忘我的境界，但这并不意味着审美体验活动就是一种维系于纯粹主观感受的活动。审美活动的发生和实现，要归之于建基在观赏者交往实践活动之上的自我意识以及由其形成的不同主体之间的共同情感的交流、传达和共鸣。艺术作品作为对象化了的情感，它所体现的并不是单纯的理解或解释的意义，更多的则是被看作具有情感性质的、客观现实的

---

① ［德］海德格尔：《艺术作品的本源》，《林中路》，孙周兴译，上海译文出版社2008年版，第27—28页。

物质性符号,通过这一现实的客观中介能使本来不可能同一的不同主体间的情感得到陶冶和规范,最终达到情感的相互传达和共鸣,获得一种审美意义上的美感。这种高级情感的获得或体验并不能简单地排除在或归并于对艺术作品的理解活动之中,或者更准确地说来,这种高级情感的获得或体验才是艺术作品的真正目的和最终使命。

第二,对艺术作品是"构成物"的理解有走向相对主义的嫌疑。伽达默尔为了说明游戏向艺术的转变提出了"构成物"的概念,即是说,正如游戏者和观赏者属于游戏而不是游戏属于他们,游戏的本质在于指向表现,在不同的游戏者和观赏者那里,游戏的意义不断地得到规定一样,艺术作品的意义和真理也不依赖于解释者和观赏者,而是在不断的再现过程中才来到它真正的存在。"不论是创造性的艺术家的个人存在——例如他的传记,还是表现一部作品的表演者的个人存在,以及观看游戏的观赏者的个人存在,相对于艺术作品的存在来说,都不具有一种自身的合法证明。"①艺术作品的每一次再现都是其本身的"自我表现",反过来,艺术作品的"自我表现"在实现艺术作品本身意义的同时,也扩充了艺术作品的意义,实现了艺术作品的"在的扩充"。每一个观赏者的创造性理解都进入了作为作品自我表现的"此"之中,让作品是其所是。"对艺术作品的经验从根本上说总是超越了任何主观的解释视域的,不管是艺术家的视域,还是接受者的视域。作者的思想(mensauctoris)绝不是衡量一部艺术作品的意义的可能尺度。甚至对一部作品,如果脱离它不断更新的被经验的实在性而光从它本身去谈论,也包含某种抽象性。"②这就是说,艺术真理并不是"纯粹艺术"的作者原意,而是作品本身在历史性、境遇性中所展现出来的意义内容和真理要求,它不是永恒的,而是在历史性的时间结构中展现出来的艺术作品的"事情本身"。虽然我们也承认,接受者或观赏者不是单一的、孤立的、抽象的,而是多元的、差异的、现实的,因而意义必然也是多元的、差异的。用后现代主义者德里达的话来说,在可能性的途中,任何一个

---

① [德]伽达默尔:《诠释学Ⅰ:真理与方法》,洪汉鼎译,商务印书馆2010年版,第188页。
② [德]伽达默尔:《诠释学Ⅱ:真理与方法》,洪汉鼎译,商务印书馆2010年版,第556页。

人都会"在场"参与理解，同时任何一位观赏者都会很快从"在场"中消失，在场与不在场之间永远处于途中。德里达把这种现象称为"沙滩足迹"，每个观赏者在沙滩上留下了脚印，但很快被浪花冲洗掉。但任何一件艺术作品都是有"先在"意义即作者赋予它的意义的，作者赋予其意义，是一个待理解的对象，艺术作品通过语言或文字载负意义，语言又随着观赏者语境的不同而呈现不同的含义。因此观赏者"读"出的意义和作者创造的意义不是完全等同的，总会出现间距，但在核心意义上是一致的。这种作者在作品中表达的意义和观赏者在作品中理解到的核心意义之间通过交往结构被呈现出来，这就是审美共识。因而我们认为，伽达默尔这种对艺术经验中真理问题的多种可能性的理解有走向相对主义的嫌疑，正如伯恩斯坦所说："伽达默尔对于客观主义所作出的始终如一和多个侧面的批评是很明显的，但他是否完全摆脱了相对主义或许更成问题"，因为"即使我们理解了哲学解释学如何为超越客观主义与相对主义的运动作出贡献并为这种运动意味着什么提供了具体的例证，也还没有彻底成功地描述出超越客观主义与相对主义的过程来。我已经试图表明，许多在伽达默尔那里悬而未决的问题都是与他所允许的真理的含义、尤其是传统加之于我们的关于真理主张的证实的含糊不清相关的。在这里必须得坦率地承认有滑入相对主义的危险"①。

20 世纪是一个相对主义泛滥的时代，正如慕尼黑大学哲学系教授施太格缪勒（Wolfgang Stegmüller）在《当代哲学主流》中所说的那样："人们现在比以往更加倾向于把那种寻找一个一切科学和哲学都以之为基础的牢不可破的磐石的努力看作是幻影。"②在历史观上，包括克罗齐、波普尔、柯林伍德等在内的一大批历史学家都是相对主义最典型的代表，他们或者认为一切历史都是当代史，必须根据现代的历史状态来理解；或者认为一切历史只不过是思想的

---

① Richard J.Bernstein, *Beyond Objectvism and Relativism*: *Science*, *Hermenetics and Praxis*, University of Pennsylvania Press, 1983, pp.166-168.

② [德]施太格缪勒:《当代哲学主流》上卷，王炳文、燕宏远等译，商务印书馆 1986 年版，第 128 页。

历史,都是人类心灵的重演,"除了思想之外,任何事物都不可能有历史。"①伽达默尔虽然批判了柯林伍德等人的唯心史观,但他并没有深入追踪之所以产生艺术作品以及如何理解艺术作品的深刻根源,而是仅仅将其看作思想史的效果,因而也就不可避免地陷入了相对主义的指责。② 正如我们上面已经指出的,美或艺术作品的产生并不是脱离于艺术家、表演者和观赏者个人的存在,而是与他们的客观的、物质的交往实践活动密不可分的,是在交往活动过程中所实现的对象化的情感或情感的对象化。为此,对艺术作品的欣赏就不能以其自身作为尺度,而是在以艺术作品这个现实的物质性象征为客观底板所进行的不同主体间情感的交流和传达。艺术作品只充当着一个客观中介的角色,更为重要的则是体现于其中的艺术家的情感,以及观赏者基于交往活动所实现的自身情感与艺术家之情感的交融。所以,对艺术作品之审美问题的研究只有追溯至人们实实在在的感性活动中才能找到它的根基,"不仅五官感觉,而且连所谓精神感觉、实践感觉(意志、爱等),一句话,人的感觉、感觉的人性,都是由于它的对象的存在,由于人化的自然界,才产生出来的"③。这里的精神感觉当然包括审美体验,它是感性人的本质力量的外化和展现。正如有学者指出的,"审美、艺术或传情活动(这都是一回事)是人的本质力量对象化(或对象的人化、自然的人化,这也都是一回事)的一个不可分割的方面,它内在于人的实践本质、自有本质和社会性本质之中"④,而并非一种独立的构成物的存在。只有在这个意义上,我们才能避免在艺术欣赏问题上的相对

---

① [英]柯林伍德:《历史的观念》(增补版),何兆武等译,北京大学出版社 2010 年版,第 300 页。

② 有学者认为对伽达默尔走向相对主义的指责实际上是误解了他,因为在伽达默尔看来,观赏者在对艺术作品的理解中并没有将个人观点带入;其次,对艺术作品的理解也受作品自身推出的正确标准的制约。(参见邓安庆:《评伽达默尔艺术真理中的相对性》,《湖北大学学报(哲学社会科学版)》1988 年第 6 期。亦可参见李永刚:《历史主义与解释学——以"历史性"概念为核心的考察》,人民出版社 2016 年版,第 297—302 页)

③ 马克思:《1844 年经济学哲学手稿》,《马克思恩格斯文集》第 1 卷,人民出版社 2009 年版,第 191 页。

④ 邓晓芒、易中天:《黄与蓝的交响——中西美学比较论》,武汉大学出版社 2007 年版,第 360 页。

主义倾向和坚持审美经验的唯物主义观点。康德虽然也将美归于一种情感的交流和传达,但他不是把它归于人的交往实践活动基础上的认知和体验,也不是把它仅仅定义为心理学意义上的,而是认为它有一种"先验的"普遍意义,并努力去寻找一种先验的"主观普遍性"根据,最终囿于传统自然主义思维的影响而落入心理主义的窠臼。①

第三,过分重视艺术内容的研究而忽略了艺术形式。在关于审美的问题上,康德摒弃了艺术内容而专注于形式的研究,他认为只要有丝毫的利害包含在美的判断之内,那么对美的鉴赏就会有偏心,就不是纯粹的审美判断了,"我们必须对事物的实存没有丝毫倾向性,而是在这方面完全抱有无所谓的态度,以便在鉴赏的事情中担任评判员"②。因而审美是无关乎艺术内容,进而也是无关乎对象,不涉及概念、范畴、认识和真理的主观合目的性的形式。伽达默尔反对康德对艺术作品的极端化理解而走向了另一个极端,他对艺术形式的贬低是与他对艺术家的看法相关联的。在他那里,艺术作品的创造者即艺术家是没有地位的,艺术家对他的作品没有绝对的解释权;相反,艺术家也是其创作作品的读者。因而对艺术作品意义的理解在于作品和读者,而不在于作者。这里的读者并不是指被动接受的读者,而是指拥有前见的读者,他作为解释者参与到作品的存在之中,达到与作品的视域相融合的理解。如果据此就认为伽达默尔的艺术理论是读者中心论,那就大错特错了。伽达默尔为了突出作品的意义内容,将其看作是构成物的存在,是脱离了作者和读者的存在,正如游戏是脱离了游戏者和观赏者的存在一样。一部戏剧的演出并不依赖于当时的表演者和观赏者,更不依赖于戏剧的创作者,而是作品本身意义的不断展示,成功的表演和忠实的观众也只是达到了作品的一个效果。因此,与20世纪30年代在美国形成的新批评的文艺美学思潮将作品的存在看作是独立的、具有自己的意义结构的整体不同,伽达默尔将其看作是作品的内容、

① 参见戴茂堂:《超越自然主义——康德美学的现象学诠释》,武汉大学出版社2005年版,"序"第3—4页。
② [德]康德:《判断力批判》,邓晓芒译,杨祖陶校,人民出版社2011年版,第39页。

意义、效果的存在。我们认为伽达默尔对形式主义美学多少有点矫枉过正,因为伟大的艺术作品离不开伟大的艺术家,同样题材的作品,有的能深深打动人心,有的则平庸乏味,有的能流传千古,有的早已销声匿迹;伟大的艺术作品也离不开典范的表演者,同样一件艺术作品的表演,有的能扣人心弦,有的则平淡无奇,有的生动形象地理解和传达了作品的意义,有的随着时代的变迁早已被人遗弃;伟大的艺术作品也离不开忠实的观赏者,对于同一件艺术作品的欣赏,有的觉得空洞无趣,因为对于没有音乐感的耳朵来说,即使最美的音乐也毫无意义(马克思语);有的则觉得韵味无穷,因为"当人们自觉地扮演旁观者的角色并且喜欢这一角色的时候,才能从审美的角度来欣赏并且怀着喜悦的心情来理解他所认识到的或与自身有关的真实生活情境。"①能将内容和形式完美结合在一起的便是"天才",虽然康德囿于自然美的立场把"天才"概念做了先验论的理解,但他将美看作是想象力和知性的自由协调活动的思想是有其道理的。伽达默尔过分地倚重艺术内容而忽视了艺术形式,对康德美学可谓攻其一点但不及其余,归根结底是其将美学完全归入解释学的原因所致。

第四,虽然对艺术作品的理解渗透着强烈的历史感,但最终是建立在唯心史观基础上的。伽达默尔强调人文主义传统在审美经验中的重要性,认为不同时代的人们在不同的时代背景和文化传统中对艺术作品作出不同的理解,艺术作品的真理就是在这些不同的理解中不断展现自身的。然而他的解释学美学理论的着眼点主要在于不同时代的文化传统,归根结底是以"精神"(文化传统)来解释"精神"(艺术作品),而没有看到人们对艺术作品之所以作出不同理解的深刻原因在于深深扎根于现实生活中的实践活动,"思想"(包括以艺术作品等形式存在的精神形态以及对其的理解)的出场永远都要依赖于"物质"(感性活动)的出场,总是受到"物质"的"纠缠",是出场"物质"在观念和精神上的某种表现形式和实现方式。正如马克思所说:"五官感觉的形成

---

① [德]罗伯特·耀斯:《审美经验与文学解释学》,顾建光、顾静宇等译,上海译文出版社 2006年版,第 3 页。

是迄今为止全部世界历史的产物","感觉在自己的实践中直接成为理论家"①,在实践活动基础上的历史构境才是理解艺术作品的真正出发点。伽达默尔在后期思想中也曾提出过"实践哲学"的构想,认为实践哲学是对人类生活方式的反思,"在同样的意义上可以说哲学解释学也并非理解的艺术,而是理解艺术的理论。但这种种唤起意识的形式都来自于实践,离开了实践就将是纯粹的虚无"②。在《科学时代的理性》一书中他指出:"我将解释学描绘为一种哲学学说,而没有把它当成一种新的解释或说明程序。从根本上讲,它只能作出这样的描绘,即在怎样的情况下,一种解释才会是成功的、令人信服的。它完全不是一种有关技术技能的学说,也不会告诉人们应该怎样进行理解。我们必须承认它的这种特点,由是,我们也无法改变这样一个事实,即在我们的理解中,那些未得到承认的预期始终在起着作用。其实,即使能力许可,我们也完全没有必要试图从事这样的工作。因为,上述事实总能为我们带来一种经过拓宽和深化的自我理解。但是,这同时意味着,解释学是哲学,而且是实践哲学"③。也就是说,通过解释学的一些概念和理论恢复人们的实践理性和实践智慧,为人类的实践行为和生活奠定理论基础和价值目标。伽达默尔从实践哲学的解释学出发,批判了近代科学技术在带来社会生活空前繁荣和巨大发展的同时所造成的人们的生活危机、价值危机和信仰危机,为此,他指出只有实践哲学的理想能够引导人类的社会生活朝着理性和完美的方向发展,只有实践哲学才能克服科学和技术统治人们思想的现状,理智地利用一切科学技术和人类自身的能力。不过伽达默尔的实践哲学在更多的意义上指的是亚里士多德的实践智慧,是一种回溯性的德性论概念,而不是马克思哲学意义上的注重社会生活的对象性概念,对此他也供认不讳,"Humanities 即'精神科学'在科学领域中究竟据有何种位置? 我将试图指明,正是亚里士多德的

---

① 马克思:《1844 年经济学哲学手稿》,《马克思恩格斯文集》第 1 卷,人民出版社 2009 年版,第 190、191 页。

② [德]伽达默尔:《诠释学 Ⅱ:真理与方法》,洪汉鼎译,商务印书馆 2010 年版,第 29—30 页。

③ [德]伽达默尔:《科学时代的理性》,薛华等译,国际文化出版公司 1988 年版,第 98 页。

实践哲学——而不是近代的方法概念和科学概念——才为精神科学合适的自我理解提供了唯一有承载力的模式。"①在我们看来,这种实践哲学很难真正深入到作为产生艺术作品根源的交往实践活动中来解释关于不同时代的人们对同一个艺术作品作出不同理解的解释学问题。

## 第二节  效果历史:单一文化交往场

所谓效果历史即是解释者对历史的理解不是把它当作一个客观对象,而是当年人的实践活动所建构的历史在当代人(解释者)那里产生的效果,不是认识论的问题,而是本体论的问题。当然,当代人的理解必须在由权威和传统构成的前见的基础上才能进行,因为人的历史性、有限性的存在决定了对历史的理解不可能像浪漫主义解释学所主张的那样达到客观认识,而是在自己的历史性存在中所实现的对自己进而对历史世界的历史性理解。所以伽达默尔说,理解其实就是那些被看作是独立存在的过去视域与现在视域不断融合的过程。与客观主义解释学(以施莱尔马赫为代表)和主观主义解释学(以海德格尔为代表)遗忘历史或否定历史不同,伽达默尔注重历史和人们存在的有限性,把一切对历史的理解都看作是在历史的基础上所达到的历史性的理解,在给贝蒂的一封信中,伽达默尔这样写道:"从根本说来我并未提出任何方法,相反,我只是描述了实际情形。我认为我所描述的情形是无人能够真正反驳……即使是历史方法的大师也不可能使自己完全摆脱他的时代、社会环境以及民族立场的前见。这是否该算一种缺陷呢? 如果说这是一种缺陷,那么我就认为,对这种缺陷为什么无处不在地发生于我们的理解之中进行反思,就是一种哲学任务。换言之,我认为唯一科学的做法就是承认实际情形,而不是从应该如何和可能如何出发进行思考。正是在这个意义上我才试图超越现代科学的方法概念(它自有其有限的权利)进行思考并在根本的一般性中考

---

① [德]伽达默尔:《诠释学Ⅱ:真理与方法》,洪汉鼎译,商务印书馆2010年版,第401页。

虑一直发生的事情。"①就这一点而言,他对解释学学科本身的发展所作出的重大贡献和对后来者在理解问题上的理论指导意义是值得肯定的。但我们也看到,效果历史原则其实是单一"主—客"模式的在场形而上学的跷跷板游戏,解释者被笼罩在由效果历史影响和制约的单一文化交往场中,历史是一种非批判的自发在场,缺少主体的构境。

### 一、视域与历史:现存在场的形而上学

狄尔泰的"历史理性批判"在面对个人存在的历史性与对历史世界客观认识之间的问题时陷入了内在矛盾之中。胡塞尔现象学的意向性理论克服了这种在自我意识与人对世界认识的超验性之间被独断地设定的裂隙,从而向超越狄尔泰复杂的认识论问题迈出了重要的一步,这就不得不涉及"视域"(Horizont,又译边缘域、地平线)的概念。所谓"视域"是指从某个立足点出发所能看到的范围,因而它是一种与主体有关的能力,通过视域的不断变动和转换,人们可以在交互主体性的基础上建构一种与主体相关的世界视域,这被胡塞尔称为"生活世界"。伽达默尔继续沿用胡塞尔的"视域"概念,指出历史是解释者视域生成的条件,理解就是由历史条件所决定的解释者的现在视域与过去视域的融合过程。很明显,伽达默尔这里对"视域"概念的理解已经与胡塞尔的运用有所不同,我们稍后将会对这一不同做进一步的展开。

(一)先验建构与意向体验:胡塞尔现象学中的"视域"概念

视域概念在胡塞尔哲学中作为一个哲学术语是在其后期才出现的。根据他本人的回忆②,在1898年写作《逻辑研究》时就曾意识到经验对象(意向相关项)与所与方式(意向活动)之间所具有的普遍联系,即视域问题,不过那时候还"未能顾及到'意向活动'〈Noetischen〉与'意向相关项'〈Noematischen〉之间的区别与相应","只是片面地强调了意向活动方面的含义概念,而在某

---

① 〔德〕伽达默尔:《诠释学Ⅱ:真理与方法》,洪汉鼎译,商务印书馆2010年版,第497页。
② 参见〔德〕胡塞尔:《欧洲科学的危机与超越论的现象学》,王炳文译,商务印书馆2010年版,第210页注①。

些重要的地方实际上应当优先考虑意向相关项方面的含义概念。"①在时隔15年之后发表的《纯粹现象学和现象学哲学的观念》第1卷中,胡塞尔已经明确指出,意向的体验就是对某物的意识,正像判断行为和喜爱行为都有其被判断事物和被喜爱者本身,并且它们应当被理解为"内在地"存在于判断、喜爱等的知觉体验中一样,每一种意向体验都有其意向对象,意向性总是和一定的意向对象不可分割地联系在一起的,这是一切意识活动的基本特性:"在体验中意向是与其意向客体一同被给与的,后者作为意向客体是不可分地属于意向的,因此它本身真实地存在于意向之内。"②所以,意向性体验不是一般的体验,而是有意义的体验,在一定的视域中意向体验可从意向客体或意向对象中引出"意义"来。如果说这里"视域"概念只是与特定的意向对象相关联的话,在《欧洲科学的危机与超越论的现象学》中"视域"概念则成了"永远而必然地作为一切实际的和可能的实践的普遍领域"即生活世界:"每一个世间的给予都是在视域的情况中的给予,在视域中包含着更广阔的视域,最后,作为世间给予的东西的每一个东西,本身都带有世界的视域,并且只是因此才被意识为世间的。"③这种视域介于可见与不可见之间的灰色地带,它可以随着主体观察视角的转换而从晦暗处走向明晰,因而人们就可以在这个不断变动和更新的视域基础上建构起一种视域世界,这个世界就是生活世界。

在胡塞尔的先验经验中,"视域"概念是与体验紧密联系在一起的。如果说体验是主体对被感知对象的经验的话,"视域"则是指主体在体验被感知对

---

① [德]胡塞尔:《逻辑研究》第1卷,倪梁康译,商务印书馆2015年版,第11页。
② [德]胡塞尔:《纯粹现象学通论》,李幼蒸译,商务印书馆2012年版,第263页。
③ [德]胡塞尔:《欧洲科学的危机与超越论的现象学》,王炳文译,商务印书馆2010年版,第327—328页。伽达默尔对胡塞尔"生活世界"概念的理解无疑是很精准的,他指出,胡塞尔的"生活世界"其实是这样一个世界,即"我们在其中无忧无虑地自然处世,它对我们不成为那种对象性的东西,而是呈现了一切经验的预先给定的基础。这个世界视域在一切科学里也是预先给定的,因而比一切科学更原始。"而作为"视域"现象的生活世界本质上是与主体性相关联的,因而它总是在流逝中存在着并永久地处于相对有效性的运动之中([德]伽达默尔:《诠释学Ⅰ:真理与方法》,洪汉鼎译,商务印书馆2010年版,第352页)。德文词Horizont在汉语学界有"视域"、"边缘域"和"地平线"等多种译法,笔者在这里为了行文的统一性和流畅性,统一将其译为"视域"。在此谨向本文所引文本的原译者致歉。

象时的背景，或者说是与感知对象一起在感知的过程中被给予的那个"晕"（Hof），这个"晕"既包括时间性的也包括空间性的。从时间上来说，"每一体验本身是一生成流，是在一种不可能变化的本质型（Wesentypus）的原初生成中所是的东西：它是一种以本身流动的原初体验位相（Phase der Originarität）为中介的持存和预存的连续流，在其中体验的实显的现在（Jetzt）是相对于其'在前'和'在后'被意识的。"①这里的"原初体验位相"是指对一个体验的直接的、当下的把握，它与"持存"和"预存"共同构造起一个连贯的"体验流"。例如当我观看一部电影时，对电影中的每一幅画面和每一个情节都是在"原印象"（Urim-pression）的意义上感知的，这种感知并不同于事后我对这部电影的回忆或想象即感知的再造；我对这部电影的感知并不是由对一个个间断的画面和情节的感知所组成，而是由一个以"原印象"为中心，在时间上分别向"在前"和"在后"伸展的"视域"一起构成的一个连续不断的"体验流"。胡塞尔将体验在时间上"在前"的伸展称为"预存"或"在前的视域"（Horizont der Vorhin），将在时间上"在后"的伸展称为"持存"或"在后的视域"（Horizont der Nachher）。每一个现在的体验都包含着时间上在前的预存和在后的持存。当一个现在的体验消失时，它并不是消失得无影无踪，而是作为时间上在后的持存出现在新体验的视域中；当每一个新的体验开始时，它并不是突然一下子出现在新体验中，而是必然地作为时间上在前的预存出现在新体验的视域中。对每一个感知事物的体验流都是在"在前"和"在后"视域的不断变动的过程中由"预存"到"现在"再到"持存"，直到最后脱离视域的范围。如果没有这个"视域"，任何体验都无法得以形成，就像观看一部电影，如果没有"预存"、"现在"和"持存"的话，一个完整的故事情节就无法得以展现，胡塞尔把它们称为构成体验流的"三重体验视域"②。

从空间上来说，每一个体验本身又具有内视域和外视域。所谓内视域是指我们对任何空间事物（如一栋建筑物）的感知都只是看到了该物的一面，其

①　［德］胡塞尔：《纯粹现象学通论》，李幼蒸译，商务印书馆2012年版，第220页。
②　［德］胡塞尔：《纯粹现象学通论》，李幼蒸译，商务印书馆2012年版，第238页。

他的"面"并没有同时出现在我所感知的范围内,但我的意识活动却把所有我所感知到的和未被感知到的材料一起统摄为一栋建筑物的整体。因为我的体验意向指向的是整个事物,所以,作为意向对象的客体本身所包含的东西要比在被统摄之前所感觉到的东西更多。在这里,意向对象中的被感知之物(建筑物被看到的部分)和未被感知之物(未被看到的建筑物的其他部分)共同构成了一个与建筑物相关的体验视域。被感知之物的部分是建筑物这个视域的中心,它对未被看到的建筑物的其他部分来说只是一个先示(Vorzeichnen)的范围。未被感知之物的部分如同时间意识中的"在前"和"在后"视域一样,与前者共同构造了一个连贯的体验流。当我把这些我所感知到的材料赋予以"建筑物"的意义,它就不仅仅包括我所看到的一面,而且也包括那些我未看到的"面"。外视域也具有一种先示的功能,但与内视域相比,它指示的是一种完全没有任何范围的东西,因为我们还没有一个确定的意向指向这个视域。例如在面对一栋建筑物时,我们身后有哪些未被感知之物这是完全不确定的,但当我们的体验视域不断地转换视角时,这些未被确定的外视域就相应地转换为内视域,进而内视域也会得到进一步的规定。① 通过对时间上和空间上视域的不断转换和不断扩展,一个在时间上和空间上连续伸展的世界视域显现出来,通过"这种变化的,但永远共同设定的(mitgesetzten)视域","世界设定具有了其本质意义"②。

胡塞尔的意向性理论对人类主体的先验反思和从时空角度对"视域"概念的研究,为精神科学的发展开拓了新的研究方向。③ 但历史维度在他那里是缺场的,尽管他也强调了"预存"和"持存"在形成关于某物"体验流"中的不可或缺的作用,但它们没有自身独立的地位。在胡塞尔看来,任何体验的"实显的现在"都是在前的视域和在后的视域,即过去视域和将来视域中对某

---

① 参见倪梁康:《现象学及其效应——胡塞尔与当代德国哲学》,三联书店 2005 年版,第 263—266 页。
② [德]胡塞尔:《纯粹现象学通论》,李幼蒸译,商务印书馆 2012 年版,第 152 页。
③ 参见[德]伽达默尔:《诠释学 I:真理与方法》,洪汉鼎译,商务印书馆 2010 年版,第 349 页。

感知物的当下的、直接的把握,过去和将来的时间维度中的体验只有显现于"现在"这一时间维度中才能有其自身的意义,用胡塞尔的话来说就是过去和将来的体验必须现在化或当下化(Vergegenwartigung)。这样的话,相比过去和将来而言,现在具有绝对的优先性和决定性,只有现在才能被看作是原本的、原现象的。胡塞尔也强调这个"现在"应该是实显的、流动的现在,因为包含着自身经验和世界经验在内的每个意向性体验不仅是现时的,而且也包含着所有的潜能性,但"现在"不同于过去和将来的是,"它无法通过回忆和期待,而只能通过感知才能把握到。"①感知是对某物现在的、直接的感知,它综合了过去的回忆和将来的期待。我们可以看出,在胡塞尔那里,过去和将来是完全被消融在"现在"这个时间域里的,虽然在时间意识分析中有过去和将来的维度,但它们与现在之间没有区分出各自独立的时间域,而是从属于现在,历史在他的视野之外。因为一旦涉及历史,就必定意味着过去与现在之间是有区分的,过去有其自身相对独立的地位,这样历史才能成其为历史。因而我们认为胡塞尔的"视域"概念是狭隘的、封闭的。他和狄尔泰一样,由于受到认识论模式的影响,只关注主体对世界的可理解性,却忽略了主体本身是内在于生活世界的,他的"生活世界"概念只考虑到了客观维度和主观维度,却遗忘了最重要的历史维度,他的"Horizon 的理论需要被扩展地运用到其他的行为中,而不只是用来静观个体。"②正像他在谈到休谟时所说的那样,那些完全

---

① 倪梁康:《胡塞尔现象学概念通释》,三联书店 2007 年版,第 183 页。黑格尔在发表于 1817 年的《自然哲学》中也把时间分为过去、现在和将来三个维度,认为"在自然界中,时间总是此刻(也译为'这时'——引者注),存在并没有达到这些维度的持续存在的区别;只有在主观的表象中,在记忆中,以及在恐惧或希望中,这些维度才是必不可少的。"黑格尔坚持认为,在自然界中,只有此刻或"这时"是实存的,过去和将来没有独立的实存。但同时他又指出,此刻也是普遍的"这时",在消逝着的诸时刻的接续之中,始终连续不间断。这个"这时"自身并不消逝,而是持存。对于黑格尔来说,永恒并不先于时间或在时间终结之后而来,它只是不可归约的、正在发生的当前本身:"永恒性不是将要存在,也不是曾经存在,而是永远现实存在着。"([德]黑格尔:《自然哲学》,梁志学等译,商务印书馆 2015 年版,第 52—53、51 页)

② D.W.Smith and R.McIntyre.*Husserl and Internationality:A Study of Mind,Meaning and Language.* Northwestern University Press,1982.p.262.

忽略经验的、认识的以及实际进行作为的主体性来谈论关于自然和一般世界的素朴性即客观性的科学家们会注意到,一旦生活世界成为研究的中心,这一切就不再可能存在了。[1] 我们也可以对胡塞尔说,那些完全忽略人们存在的历史性、生活世界的本体论存在来谈论关于历史和世界的普遍真理的哲学家们会发现,只要此在的存在本身成为研究对象,一切的认识都将是第二性的。

(二)历史实在与视域融合:伽达默尔对胡塞尔现象学中"视域"概念向历史的扩展

伽达默尔把权威和传统构成的前见看作是个人存在的历史实在,是"视域"概念形成的前提和基础,扩展了胡塞尔"视域"概念中缺失的历史因素。在他看来,一个不具有视域的人是不可能做到登高望远、准确认知事物的,但这并不意味着具有视域的人就一定能够正确"观看"事物,一个仅仅局限于当下或现在视域的人同样会过高估计近在咫尺的东西,因而,"'具有视域',就意味着,不局限于近在眼前的东西,而能够超出这种东西向外去观看"[2]。这个视域是怎么"具有"的呢?并不是如胡塞尔认为的是由主体的意向性体验和先验反思构建的,而是由人们带来的各种前见规定的,前见本身包含着权威和传统两部分,这就是历史或过去视域,它的形成和本身所固有的意义并不依赖于现在或现在视域,具有其自身相对的独立性。不是过去视域从属于现在视域,而是相反,现在视域要受到过去视域的影响和制约。"如果没有过去,现在视域就根本不能形成。正如没有一种我们误认为有的历史视域一样,也根本没有一种自为的(für sich)现在视域。"[3]对任何感知物的现在理解的积极性和可能性,从本质上来说都有一个以权威或传统形式存在的在先意指或在先判断,它引导解释者在一定的文本意义域中与之对话并最终达至历史的真理性;而过去的"现在理解"又是在过去的权威和传统的引导下对过去的

---

① 参见[德]胡塞尔:《欧洲科学的危机与超越论的现象学》,王炳文译,商务印书馆2010年版,第125页。
② [德]伽达默尔:《诠释学Ⅰ:真理与方法》,洪汉鼎译,商务印书馆2010年版,第428页。
③ [德]伽达默尔:《诠释学Ⅰ:真理与方法》,洪汉鼎译,商务印书馆2010年版,第433页。

"现在"历史世界的真理性理解，以此类推，一切理解行为都是可能的。因此伽达默尔说："我们首先是从远古的时代和它们对自身及其起源的素朴态度中认识到这种融合的力量的。在传统的支配下，这样一种融合过程是经常出现的，因为旧的东西和新的东西在这里总是不断地结合成某种更富有生气的有效的东西。"①或许有人会问，以此类推下去，会不会存在着一个最初的、无前见的和无过去视域的现在视域？伽达默尔似乎并不认为有这样的现在视域存在，或者说，设想存在着这样一个现在视域是没有任何意义的，因为"正是世界本身在相互交往中被经验并且作为一种无限开放的任务不断地交付给我们（traditur）。世界从来就不是某个混沌初开的世界，而是不断地遗留给我们的世界。"②

在意向性理论中，过去视域作为"在前"的视域没有任何独立的地位，是归属于现在视域的，对任何事物的感知和理解都是现时性、直接性的把握。那么，在解释学哲学中，具有相对独立性的过去视域与现在视域是一种什么样的关系呢？伽达默尔认为，人类此在的历史运动不具有任何绝对的立足点的限制，视域也就不会是封闭的和狭隘的，而是随着人类活动的变化而不断变化的。在这个过程中，过去视域和现在视域"共同地形成了一个自内而运动的大视域，这个大视域超出现在的界限而包容着我们自我意识的历史深度"，"理解其实总是这样一些被误认为是独自存在的视域的融合过程"③。过去与现在、主体与客体、自我与他者通过视域融合构成了一个无限的统一整体，历史在不断的视域融合中表现为效果历史。当然，既然是"效果历史"，就表明我们的理解并不是终点，而是在一定历史条件下的相对性理解，它只是我们理解的一个阶段，并很快将成为下一阶段更新的、更大一轮理解的前见或出发点。这样，理解的视域不断扩展，如滚雪球一般不仅包括了过去视域和现在视域，而且还超越了这两个视域，达到了一种更高的普遍性，这是一个无限延伸

---

① ［德］伽达默尔：《诠释学Ⅰ：真理与方法》，洪汉鼎译，商务印书馆 2010 年版，第 433 页。
② ［德］伽达默尔：《诠释学Ⅱ：真理与方法》，洪汉鼎译，商务印书馆 2010 年版，第 633 页。
③ ［德］伽达默尔：《诠释学Ⅰ：真理与方法》，洪汉鼎译，商务印书馆 2010 年版，第 431、433 页。

和不断发展的辩证过程。

通过以上的分析,我们能够很清楚地看到胡塞尔与伽达默尔在"视域"概念上的不同观点。在胡塞尔那里,现在视域是其根本出发点,它是由内而外进行扩展的,从时间维度来说是由现在性到非现在性、由个体性到普遍性的伸展;从空间维度来说是由部分到整体的伸展,过去视域和将来视域是以现在视域为中心的,它们自身并没有独立的地位。在伽达默尔那里则刚好相反,现在视域有着过去的、传统的渊源,它是在传统的基础上才得以形成的,因而要受到过去视域的影响和制约。一切理解行为都是以过去视域为前提,不是对某个传统持续叠加的理解过程,而是使其与现在视域相互融合产生出不同的理解。因而可以说,如果胡塞尔的"视域"概念是囿于认识论的框架来谈论的,伽达默尔则显然是在海德格尔的存在论解释学意义上运用的。

(三)客体在场与效果历史:伽达默尔"视域"概念中历史的现存在场

伽达默尔对胡塞尔"视域"概念所做的向历史维度的扩展肯定了过去的传统和文化渊源在感知和理解事物过程中的重要性,使其更具开放性、广阔性和强烈的历史意识,但这只是一种平面上的"向前"布展,没有看到过去的传统和文化即历史是当时主体的实践活动所构境的结果。

在胡塞尔现象学中,把握先验意识的本质结构是哲学的第一性任务,与经验现实性的多相比,观念的可能性是一,因而对可能性的一般的认识也就是对经验现实性的无限多样的规律的认识。在精神科学中也是一样,尽管精神生活的构成包括各种文化类型,其本身也有丰富多彩的内外形式,但只要理解了精神生活的本质构造,所有杂多的精神活动的事实也会迎刃而解,"如果我们通过内部直观而生活到一个精神生活的统一中去,那么我们就可以追复感受(nachfühlen)到那些制约着精神生活的动机,并且因此也可以'理解'各种精神构形的本质和发展,理解这些构形对精神的统一动机和发展动机的依赖关系。以此方式,所有历史的东西对我们来说都是在其'存在'特性中'可理解的'、'可解释的',这种存在就是'精神的存在',就是一个意义所具有的各个内部自身要求的因素的统一,并且在此同时也是那些根据内部动机而合乎意义的自身构形和自身发展的统一。"①这充分显示出胡塞尔"历史理解"观的先验唯心主义性质，所有历史的事物和现象都要受精神生活动机的支配，历史与其说是现实事物的历史，不如说是精神生活的历史。

海德格尔看到了胡塞尔的历史意识囿于认识论模式所导致的先验唯心主义倾向，他从存在论的角度指出人类此在的存在是比先验意识更为基础性的存在。这是对胡塞尔认识论意义上"视域"概念的本体论重构，这"对现象学的分析来说，就开启出一条通向前意向性的世界敞开状态的通道"②，因而在海德格尔这里就不是先验意识决定视域，而是视域（Horizont 在这里可以译为境遇）即人类此在的存在决定意识。此在从一开始就被抛向于整个历史世界的境遇中，在这种被抛的境遇中，"作为理解的此在向着可能性筹划它的存在"③，此在对历史的理解也就是对自身存在的解释，反之，此在对自身存在的理解也就是对历史的解释，任何历史事物和现象在此在的筹划与被筹划、形成与被形成的理解过程中都构成了此在本身。因此，海德格尔虽然摒弃了胡塞尔历史意识的纯粹主观性，但他对历史和精神世界的理解是主观主义的，时间和历史在他那里虽然有着积极的意义，但却否定了历史和传统在当年的存在价值。

伽达默尔在运用现象学方法和承继理解问题的本体论转向的同时，强调了个人存在的有限性和历史性，从而有效地克服了胡塞尔现象学和海德格尔存在论解释学的理论缺陷，开创了哲学解释学理论新的发展前景。但他的问题在于，历史作为客体和主体的中介，始终是以前见的形式存在的，是作为视域生成的条件而现存在场的。虽然文本理解对前见有深度依赖性，即效果历史原则，但历史在这里不是出场者的主动构境，而是仅仅被安排在场。现在视域中的理解只是由前见构成的过去视域在当代解释者的理解中所产生的效果。"真正的历史对象根本就不是对象，而是自己和他者的统一体，或一种关

---

① ［德］胡塞尔：《哲学作为严格的科学》，倪梁康译，商务印书馆2017年版，第46页。
② ［德］克劳斯·黑尔德：《世界现象学》，倪梁康等译，三联书店2003年版，第107页。
③ ［德］海德格尔：《存在与时间》，陈嘉映、王庆节译，商务印书馆2016年版，第212页。

系,在这种关系中同时存在着历史的实在以及历史理解的实在。一种名副其实的解释学必须在理解本身中显示历史的实在性"①,效果历史就是历史实在性的显现,理解从本质上来说就是历史实在性和对历史理解相统一的效果历史事件。在这里,解释者对效果历史的依赖就变成了对一种事先在场的必然大力的依赖。"历史不是人本身的构建,就意味着出场行动者并不是自己创造自己的历史,或者说他们出场的思想与出场的历史之间没有创造性、构建性的内在关联。"②因此,与其说伽达默尔是在用"历史"来解释"思想",倒不如说他是在以"思想"来解释"思想",历史在这里像狄尔泰的生命解释学中一样被当作是精神文本③,他没有看到真正形成历史的决定性因素是深深扎根于人类日常生活中的感性实践和认知交往活动。如果说海德格尔翻转了胡塞尔的视域和意识的关系,认为人类此在是根本性的存在,伽达默尔看似继承了海德格尔的这一传统,但实际上在他那里还是思想精神体系决定着人类此在,还是马克思在《德意志意识形态》中批判鲍威尔等人面临的"德国哲学"(理论)和"德国现实"(现实)的关系问题。如果说伽达默尔对历史的理解是对胡塞尔现象学中"视域"概念的批判和继承,那么在下面这一点上他们是相通的,即都在认识和理解问题上忽略了人类交往实践活动的基础性地位。伽达默尔虽然扩展了"视域"概念中的历史维度,避免了认识和理解问题上的先验唯心主义倾向,但他的"历史"不是主体基于感性活动的交往实践构境的结果,而是一种客体的自发在场,是事先被给予的。

(四)交往实践的构境:历史之本真意义

需要引起我们注意的是,伽达默尔晚年也提出了"实践哲学"的构想。他

---

① [德]伽达默尔:《诠释学Ⅰ:真理与方法》,洪汉鼎译,商务印书馆2010年版,第424页。

② 任平:《论马克思主义出场学的辩证视阈》,《马克思主义研究》2012年第5期。

③ 有学者指出,伽达默尔将海德格尔生存论意义上的理解和解释的循环与其历史性的精神科学的理解和解释相关联,实现了海德格尔生存论意义上的解释学循环的"语文学化"(philologizes)或"再语文学化"(re-philologizes),即将理解与解释的对象文本化了,因此,伽达默尔以"趋向文本的存在"代替了海德格尔的"趋向死亡的存在"。(*The Cambridge Companion to Gadamer*,edited by Robert J.Dostal,Cambridge University Press,2002,p.48)

在《科学时代的理性》中指出:"解释学不仅是一门有关一种技术的学问,它更是实践哲学的近邻。因此,它本身也分有着那种构成实践哲学的本质内容",这"意味着,解释学是哲学,而且是实践哲学"①。"当我们今天在哲学本身内开始把解释学独立出来,真正说来我们乃是重新接受了实践哲学的伟大传统",因而这种传统就"继续存活在一种对其哲学内涵有所了解的解释学当中。"②随着 19 世纪自然科学的强化和极度发展,精神科学越来越依赖于科学理性和它的方法论基础并最终丧失其科学性而沦为"非精确"科学。伽达默尔指出:"理性并不仅仅是人所具有的一种能力,而是使这种能力培养成为政治科学服务的知识,这种把科学实践结合到政治之中的政治科学一直延伸到几百年之后的近代科学之中,并以一种不断更新、随历史变化而发展的形式影响着实践理性的自我控制。作为一种实践理性的实用科学,它使我们认识理性成为实用的条件。它指出,从人类共同生活的组织中将产生怎样的力量,但它因而又并未限制理性所具有的批判能力,从而能对坏的、存在的和较好的一起进行比较。这种实践理性并非像亚里士多德有时讲的仅仅是导致预先设定的目标的手段。任何实用的思想都不见得总能够找到达到目标的正确手段和道路,毋宁是一种'理智性',是人的一种准则,人们采用这种准则以便把建立在共同标准中的道德和人类秩序不断地重新创造并保存下来。因此,仅仅在亚里士多德那儿它才被纯粹谈及为达到目标的手段,因为认识到共同性,并已预先思考定了共同的最佳者。正由于'实践理性'同时是使生活具体化并获得充实,所以'实践科学'的统一才能经过一切社会关系的变化而保存下来——从古代奴隶社会到中世纪的基督教封建主义、城邦市民的行业宪法、在封建政权内部形成的现代国家以及从动物状态中最终完全解放出来。直到科学的思想开始完全从属于近代自然科学的自我理解、方法思想和证明要求时,

① 〔德〕伽达默尔:《科学时代的理性》,薛华等译,国际文化出版公司 1988 年版,第 85、98 页。
② 〔德〕伽达默尔:《科学时代的理性》,薛华等译,国际文化出版公司 1988 年版,第 3、98 页。

这种'实践科学'的知识才渐渐地失去它的合法性。"①他的意图在于通过全力复活亚里士多德时代实践哲学的伟大传统②,使其成为"统括人的判断力的整个其他领域",如此,精神科学的科学性和合法性就取决于理解整个社会现实这类知识的科学性和合法性,这实际上涉及了一切科学,包括自然科学的前提和基础,使得科学的自我理解得以回到它最终的根据。与胡塞尔把自然作为精神的构成物而将其归属于绝对精神的普遍性一样,伽达默尔也论证了精神科学的基础性和源始性,不同的是,前者着力于认识论领域对自我意识的纯粹内在考察,后者则倾向于从哲学解释学角度对整个人类社会现实的实践反思。因此可以说,伽达默尔的实践哲学就是作为解释学的实践哲学,是与他的视域概念和效果历史意识一脉相承的,他的解释学就是作为实践哲学的解释学,是与人的、社会的存在紧密相关的。那么,什么是实践哲学? 它的内涵该怎样界定? 伽达默尔认为,"实践哲学并不像语法学或修辞学作为一种技艺学那样是对人类社会实践的规则知识,毋宁说它是对此类知识的反思","是对人类生活形式所必须是什么的反思",从而最终"促成关于人的行为及其'政治'此在形式的'一般'知识。"③就像哲学解释学不是理解精神科学的规则体系,而是人类本身的存在形式一样,实践哲学并非涉及特定对象的具体操作知识,而是在理性反思的基础上,通过不同视域人们之间的对话、交流和协商,使人与人之间达成相互理解、认同,最终建立起一种以善为目的的相互理解、拥有共识和团结一致的人类共同体。因而"只是对于实践哲学来说,才有

① [德]伽达默尔:《赞美理论——伽达默尔选集》,夏镇平译,上海三联书店 1988 年版,第 51—52 页,译文有改动。
② 需要说明的是,虽然伽达默尔的实践哲学来源于亚里士多德的 phronesis(实践智慧),但跟后者还是有所区别,伽达默尔指出:"我们必须把那些以实践的或创制的活动或生产过程(包括话语的创作和'生产'的过程在内)当作讨论对象的哲学科学作为对这些活动或生产过程的研究与这些活动或生产过程本身明确区分出来。"([德]伽达默尔:《诠释学Ⅱ:真理与方法》,洪汉鼎译,商务印书馆 2010 年版,第 381 页)因此,亚里士多德的实践智慧乃是研讨经常变化不定对象的具体操作知识,而实践哲学却是一般性的、理论性的反思知识。
③ [德]伽达默尔:《诠释学Ⅱ:真理与方法》,洪汉鼎译,商务印书馆 2010 年版,第 315、29、315 页。

可能再次在各种不同的见识——规范意识以及在每一种这样的意识中的具体化——之间由协调而产生普遍有效性。只有这样,实践哲学才可能恢复其往日的尊严:不只是去认识善,而且还要共同创造善。"①十分明显,这里的"实践哲学"是在哲学解释学的基础上,通过对近代以来科技理性压制和统治人类自身行为与思想的反思与批判,来建构关于人类理想存在与发展状态的未来构想,其核心仍然是关于生活事实的理解和解释。"同亚里士多德一样,伽达默尔所主张的实践也不是一种基于专门能力的生产行为,而是根据实践理性的反思在具体生活实践中自由选择生活可能性的伦理—政治行为或生存行为。"②这与交往实践观视域中强调实践是人与人之间为了改造相互联系的中介客体而结成社会关系的物质活动有着本质的区别(下文会涉及交往实践观视域中的实践活动)。因此,虽然伽达默尔晚年提出了"实践哲学"的构想,但实际上是运用其哲学解释学理论对社会现实的观照,对于历史本身的理解以及理解得以发生的前提来说并未发生根本性的改观。

我们认为,理解活动发生的历史地平线并不是伽达默尔所认为的以前见形式存在的客体在场的历史,更不是胡塞尔现象学所强调的意向体验,而是由人们世世代代的交往实践活动所构境的历史场域。马克思批判鲍威尔等人虽然以不同的方式在解释世界,使自己的思想出场,但他们对历史世界的解释"都是在纯粹的思想领域中发生的"③:他们以宗教和神学为出发点来解释德国的现实,在哲学的基地上来批判现实世界,因而他们的革命是精神领域中的革命,他们当中没有一个人"想到要提出关于德国哲学和德国现实之间"④的关系问题,即思想赖以出场的根本前提问题。因而,只有在思辨终止的地方,

① 严平编选:《伽达默尔集》,邓安庆等译,上海远东出版社 2003 年版,第 277 页。
② 张能为:《伽达默尔的解释学与实践哲学》,《安徽大学学报》(哲学社会科学版)2011 年第 5 期。
③ 马克思、恩格斯:《德意志意识形态》,《马克思恩格斯文集》第 1 卷,人民出版社 2009 年版,第 513 页。
④ 马克思、恩格斯:《德意志意识形态》,《马克思恩格斯文集》第 1 卷,人民出版社 2009 年版,第 516 页。

在现实的交往实践面前,我们才真正找到了思想出场的历史场域,"意识[das Bewußtsein]在任何时候都只能是被意识到了的存在[das bewußte Sein],而人们的存在就是他们的现实生活过程"①。"思想"的出场永远都要依赖于"物质"的出场,是出场"物质"在观念和精神上的某种表现形式和实现方式,因此,任何"理论"或"思想"都不是来源于另一种"思想",也不是永恒在场或天然在场的,而是深度依赖于"物质"即历史语境和出场路径。因而不能依据"思想"(如以某种思想形态保留的权威和传统)来解释"思想"(文本),更不能依据"思想"来解释"历史",而是要依据"历史"(思想赖以产生的历史语境)来解释"思想",真正的出场者是历史而不是思想。

而历史本身并不是由权威和传统所构成的现存在场,而是由人们的实践活动所不断构境的存在,"全部社会生活在本质上是实践的"。正如马克思所指出的,个人想要成为什么样的关系形态,这是由他们的物质生产条件所决定的,而生产本身则以个人之间的交往为前提。在这种情况下,人们的生命生产本身"就立即表现为双重关系:一方面是自然关系,另一方面是社会关系;社会关系的含义在这里是指许多个人的共同活动"②。许多个人的共同活动和事件构成场域,成为我们理解文本的出场语境。场域不仅是一种社会存在的结构,而且是我们在场的立场、位置和方式,表现为一种历史主体或思想出场的"场位"。"'场'指总体的历史语境,'位'指出场者在这一历史语境中的具体方位,也同时包括出场者选择的立场。场位指一种思想得以出场的客观空间和主体位置(立场)。每一个出场者都是在一定的历史条件构成的宏观语境中出场的;而每一个出场者都是在一定的历史空间中创造和选择一定微观位置(立场)。前者构成了出场者的历史制约性;后者表征了在历史制约条件下的可能的主体选择性。'场'与'位'是不可分离的两个方面。没有'场'就

---

① 马克思、恩格斯:《德意志意识形态》,《马克思恩格斯文集》第1卷,人民出版社2009年版,第525页。

② 马克思、恩格斯:《德意志意识形态》,《马克思恩格斯文集》第1卷,人民出版社2009年版,第532页。

没有'位',而没有'位'也不能显现'场'的存在。……而'置身',就是出场者的出场在变革历史、创造场位的过程中进场,创造并进入场位之中的行动。'场位'与'置身'的相互作用恰好就是构境历史的实践。"①因此,历史场位绝不是一种外在于人和人的活动的在场,而是由出场者的行动造就的历史语境或历史场域。② 理解活动的根本基础就是在人们的实践、生产和交往中被生成和构境的历史场域,这不但是一种由"改变世界"的实践所构成的历史结构,也是文本意义的结构。因而对文本的理解就不再是伽达默尔所指称的效果史,而是在交往实践活动中,由多极交往主体间的交往结构所共同决定的。"理解一种意义,就是探寻理解(交往)主体间的交往实践的历史关联和现实关联,考察多元主体间的精神交往结构。理解者的理解是在交往中并通过交往来理解的"③,这种交往包括纵向的历史交往和横向的交往实践,包括在场的交往和历史的、对另一极交往者无限期待的交往。因而"我们对任何传统文本的解释,虽然带有传统的历史制约,但本质上是现代交往活动。权威在现代交往活动中只是多极主体不断交往所凝聚的规范结构,它是后天交往的产物,也是流动的产物"④。对文本的理解,只有相对于一定的交往境遇来说,意义才存在,才现身,才成为"充分适应"某一特定时代的最新在场形态。

---

① 任平:《论马克思主义出场学研究的当代使命》,《江海学刊》2014 年第 2 期。
② 布尔迪厄从社会学的角度强调"场域"在造就人们的社会分层和社会关系时的重要决定性作用,在他那里,"场域"是一种在资本权力支配下制约着行动者的实践前结构或客观"惯习"网络。他指出,"从分析的角度来看,一个场域可以被定义为在各种位置之间存在的客观关系的一个网络(network),或一个构型(configuration)。正是在这些位置的存在和它们强加于占据特定位置的行动者或机构之上的决定性因素之中,这些位置得到了客观的界定,其根据是这些位置在不同类型的权力(或资本)——占有这些权力就意味着把持了在这一场域中利害攸关的专门利润(specific profit)的得益权——的分配结构中实际的和潜在的处境(situs),以及它们与其他位置之间的客观关系(支配关系、屈从关系、结构上的对应关系,等等)。"(皮埃尔·布尔迪厄、华康德:《反思社会学导引》,李猛、李康译,商务印书馆 2015 年版,第 122—123 页)资本支配下的知识场域可能构成思想文化的决定性社会结构,但场域绝不仅仅是一种外在于实践主体的客观场,也不等于一种出场者的"场景"(幻象或仿真),而是由社会存在的结构和出场者的行动共同造就的历史语境。
③ 任平:《交往实践与主体际》,苏州大学出版社 1999 年版,第 544 页。
④ 任平:《广义认识论原理》,江苏人民出版社 1992 年版,第 137 页。

### 二、反思与批判:哲学解释学缺失的向度

伽达默尔从海德格尔的时间距离与理解的关系原理出发,认为解释者只有在面向过去、面向传统的解释框架中才能解读、理解文本的意义,解释者产生于文本的效果历史,同时又受制于它。这为厘清哲学解释学与历史主义、实证主义之间对文本的不同理解方式铺平了道路。但不可否认的是,伽达默尔在肯定和维护传统在理解中所处的地位时,对文本理解以及构成文本的历史语境缺少批判的反思和反思的批判。而哈贝马斯则以意识形态批判和精神分析的方法建构了一种批判解释学,在这里我们将依据后者对伽达默尔的批判来详细说明哲学解释学中缺失的反思与批判的向度。哈贝马斯对伽达默尔的批判具体来说有以下几点:

第一,真理与方法的对立导致伽达默尔错误地和抽象地把解释学的经验和科学方法论对立起来。伽达默尔在批评历史客观主义和实证主义运用科学的方法论来对历史和传统文本进行客观的、科学的认识时,指出解释学的经验,包括哲学经验、艺术经验和历史经验是超出科学方法论控制范围的,因而要在科学意识之外来论证这种对真理要求的认识方式。[1] 哈贝马斯认为伽达默尔对历史客观主义和实证主义关于历史文本理解方式的批评是正确的,但这并不能得出真理与方法是对立的结论。在他看来,即使把精神科学从整个科学领域中排除出去,在经验—分析的科学中,关于事实和事实之间关系的处理方法也避免不了会涉及解释学的处理方法,而解释学反对经验—分析科学的普遍方法论的这一绝对主义要求,也脱离不开整个方法论。[2] 真理与方法的对立阻碍了伽达默尔的解释学经验对任何批判事例的承认。虽然伽达默尔的哲学解释学自认为是在海德格尔对人类此在的时间性分析的本体论基础上发展起来的,但在哈贝马斯看来,其实伽达默尔哲学解释学的意图与海德格尔的实际性解释学并不是一致的。因为伽达默尔虽然声称他的目的并不是为精

---

[1]　参见[德]伽达默尔:《诠释学Ⅰ:真理与方法》,洪汉鼎译,商务印书馆 2010 年版,第 4 页。

[2]　参见[德]哈贝马斯:《评伽达默尔的〈真理与方法〉一书》,郭官义译,《哲学译丛》1986 年第 3 期。

神科学的方法论程序炮制一整套的规则体系,而是在探讨理解怎样得以可能的本体论问题,但他同时又承认真理与方法并非是绝对对立的,例如他说:"理解甚至根本不能被认为是一种主体性的行为,而要被认为是一种置自身于传统过程中的行动(Einrücken),在这过程中过去和现在经常地得以中介。这就是必须在解释学理论里加以发挥的东西,因为解释学理论过多地被某个程序、某个方法的观念所支配。"①

第二,伽达默尔对权威、传统和前见的捍卫与坚持掩盖了反思和批判精神。伽达默尔以精神科学中的文化传统作为解释学之理解问题的起点,其关注的是历史在场中文化遗产的复兴,所以它的本质倾向于与美学的、历史的和语言的意识之时间间距做斗争,因而"它们禁止把批判的实例提升到权威的认知和真正的传统的重新解释之上。批判的实例只能作为从属于有限意识和对前理解形象——总是先于批判的实例并包含在它之内——的依赖意识的环节而发展"②。哈贝马斯也承认理解问题本质上是从属于传统的,解释者的理解总是以前见为媒介,"传统意义上的世界只有随着解释者自身的世界也同时是清晰可见时,才向解释者敞开"③,因而当解释者把传统运用于自身的状况并因此在两个世界之间建立起一种联系时,他就真正理解了传统文本所包含的意义内容。但这并不意味着传统这个媒介在理解的科学反思中就不会发生变化,伽达默尔低估了理解过程中的反思力量并对它做了错误的认识。④在哈贝马斯看来,反思的力量并不会被解释者在传统的限制下对精神文本作出的正确理解之假象所迷惑,也不会脱离其赖以存在的有限基础,一旦"当反

---

① [德]伽达默尔:《诠释学Ⅰ:真理与方法》,洪汉鼎译,商务印书馆2010年版,第411页。
② [法]保罗·利科:《诠释学与人文科学》,孔明安等译,中国人民大学出版社2012年版,第42页,译文有改动。
③ [德]哈贝马斯:《作为"意识形态"的技术与科学》,李黎、郭官义译,学林出版社1999年版,第128页。
④ 格朗丹认为伽达默尔的效果历史原则提出了这样一个任务:将一个人自己的处境上升到意识的高度,同时这项任务又是永远不会完成或实现的。这是对人意识到自己的限度的最明确的哲学表达,因此,它本质上是反思的。(Jean Grondin, *Introduction to Philosophical Hermeneutics*, translated by Joel C. Weinsheimer, Yale University Press, 1994, pp.113-115)

思的力量看透了反思赖以产生的传统的起源时,生活实践的教义就会发生动摇"①。与伽达默尔重视文化传统不同,批判的社会科学则是在经验—分析科学所遵循的规范之下,区分那些在意识形态上被冻结了的,只有通过批判才能改变的依赖关系,它把批判的实例置于解释学意识之上。因此,解释学与批判的社会科学之间存在着明显的界限:"前者把假定的传统置于判断之上,而后者把反思置于体制的局限之上。"②反思的经验是德国唯心主义留给后人的永恒遗产,它不但能证实也能批判一切传统,在解释学的理解经验中,只有批判性的反思才能清除传统的愚昧和禁锢,并以合理的判断和认识取而代之。其实早在哈贝马斯之前,胡塞尔就曾指出,一切前见都是不言而喻的、来自传统的沉积物中的暧昧不明的东西,如果一个人想要成为独立的思想家或哲学家,就必须对这些真值还未被决定的判断进行最深刻的反思和批判。但由于他把人类看作是完全的并且仅仅是历史精神的产物,因而这里的反思和批判仅限于对以意志形式存在于人类中间的东西的反思和批判。③ 当伽达默尔指出权威的概念是在启蒙运动中被诋毁进而被曲解了,事实上,"权威最终不是基于某种服从或抛弃理性的行动,而是基于某种承认和认可的行动"④,即有充分的理由认为他人在判断和见解方面有优先性时,哈贝马斯指出其实权威和认识根本就不是一致的,因为权威是人们在强大的势力下对内心规范的盲目服从,而认识则是通过反思和批判排除掉权威中纯统治性的东西而形成的合理

① [德]哈贝马斯:《评伽达默尔的〈真理与方法〉一书》,郭官义译,《哲学译丛》1986 年第 3 期。哈贝马斯在批判伽达默尔时,也不忘捎带批评客观主义解释学:解释学的科学的客观主义的自我理解曾经也取得了巨大的成就,但"这种自我理解使人们在反思地占有起作用的传统时,抛弃不能开花结果的知识,它不是把这种知识,而是把历史封存在博物馆里。"([德]哈贝马斯:《作为"意识形态"的技术与科学》,李黎、郭官义译,学林出版社 1999 年版,第 135 页)

② [法]保罗·利科:《诠释学与人文科学》,孔明安等译,中国人民大学出版社 2012 年版,第 43 页。亦可参见[德]哈贝马斯:《作为"意识形态"的技术与科学》,李黎、郭官义译,学林出版社 1999 年版,第 128—129 页。

③ 参见[德]胡塞尔:《欧洲科学的危机与超越论的现象学》,王炳文译,商务印书馆 2010 年版,第 94—95 页。

④ [德]伽达默尔:《诠释学Ⅰ:真理与方法》,洪汉鼎译,商务印书馆 2010 年版,第 396 页。

性的决断。虽然认识根植于权威和传统,与有限的条件联系在一起,但回溯性的反思力量有其自身的反作用力,它能清除盲目服从权威的势力。所以,反思和批判具有一种解放的力量,它能够抵御和反抗以权威和传统的形式加诸我们意识的种种桎梏。①

第三,被伽达默尔视为理解的中心、所有传统的元制度的语言媒介其实是一种意识形态。哈贝马斯肯定了伽达默尔把传统理解为语言,传统就是我们生活于其中的口头流传下来的语言的看法,认为他克服了维特根斯坦由于语言游戏的语法多样性而坚持的先验观点。但伽达默尔的解释学缺少反思和批判的精神,他没有看到由语言符号构成的传统和历史的客观性其实并不具有客观性,他也没有意识到在劳动中产生并被作为社会统治势力媒介的语言其实是一种意识形态。如果伽达默尔认识到了前者的局限性,解释学就不会长时间地以文化传统作为其理解的起点;如果伽达默尔体会到后者的深刻性,他就会发现解释学经验不仅仅是对传统的占有和理解,更是意识形态批判。关于后者,哈贝马斯做了详细的论证。首先,语言产生于劳动。恩格斯早就指出,语言是从劳动中并和劳动一起产生的,劳动提出了产生语言的社会需要。② 劳动中生产方式的变革必然导致语言结构的变化,虽然说前者的变革要借助语言媒介,但它的完成并不是通过一种新的解释模式就能够实现,而是要在新的实践活动中冲击旧的解释模式进而变革旧的解释模式。如果像伽达默尔那样把语言具体化为理解经验和传统的"主体",就意味着"语言所表达的意识决定着实际生活的物质存在"③,这会不可避免地陷入"语言上的唯心主

---

① 伽达默尔在此后的回应性文章里指出,哲学解释学也试图成为哈贝马斯所称的一种"批判的反思意识":"哲学解释学从事的反思似乎在以下意义上是批判性的,即它揭露天真的客观主义,而以自然科学为榜样的历史科学的自我理解就受到这种客观主义的束缚。意识形态批判在这一点上可以利用解释学反思,因为它从社会批判角度解释了所有理解都具有的成见性",此外,哲学解释学的反思是能够"成为'实践的':它使人们意识到前见,从而使任何意识形态都变得可疑。"([德]伽达默尔:《诠释学Ⅱ:真理与方法》,洪汉鼎译,商务印书馆2010年版,第316、325页)

② 参见恩格斯:《自然辩证法》,《马克思恩格斯文集》第9卷,人民出版社2009年版,第553页。

③ [德]哈贝马斯:《评伽达默尔的〈真理与方法〉一书》,郭官义译,《哲学译丛》1986年第3期。

义"。其次,语言是统治和社会势力的媒介。虽然语言可以被看作是形成一切社会制度和社会行为的"元制度",是统治阶级规范社会秩序和权力合法性的表达,但它本身又依赖于社会过程,是通过现实的强制才建立起来的:通过外部自然的强制成为技术利用的方式,通过内在自然的强制映射了社会的暴力镇压关系,它们在语言的背后影响着语法规则的形成,而我们就是依据这些规则来解释历史和传统的。所以,语言是统治和社会势力的媒介,它不仅作为交往的手段调节着人们关于世界的经验,而且还是社会权利和从属支配制度的中介,它本身变成了意识形态的东西,问题不是在语言中包含着欺骗,而是成为意识形态的语言系统本身就意味着欺骗。解释学的经验不是在语言中对艺术、历史的理解,而是本身就应该是意识形态批判,"意识形态批判是正确地进入解释学循环的道路"①。

　　总之,哈贝马斯站在意识形态批判的立场上,批评伽达默尔的解释学缺少反思和批判的向度,在他看来,唯有建立在普遍语用学前提下的交往行为才能确保人们达到"真正的意见一致"。为此,他提出了言语的有效性基础的四点要求:一是解释者的表达必须是有效的或可领会的;二是解释者的陈述必须具有真实性的内容;三是解释者必须真诚地表达自己的观点;四是解释者必须选择一种本身是正确的话语。② 在这个理想的话语环境中建立起来的交往行为是理解历史和传统文本的前提和基础,交往行为的"现实前提尽管理想化,但也在所难免,其规范内涵就在于要在有关现象界的知性理解和经验理解之间建立起张力关系。反事实的前提成为社会事实——这种批判的锋芒深深地扎根于必须通过以交往为趋向的行为进行再生产的社会现实内部。"③这是任何

<hr />

① 俞吾金:《实践诠释学》,云南人民出版社 2001 年版,第 88 页。利科似有不同看法,他通过对科学与意识形态关系的考察得出:"意识形态批判是一项必须不断开始但在原则上又无法完成的任务。知识总是正在挣脱意识形态,而意识形态总是理解的框架和编码,由此我们并非毫无牵连的知识分子,而是一直由黑格尔所谓的'伦理实体'即客观伦理支撑着。……今天对于我们来说最为必要的事情就是,放弃批判的傲慢自大,耐心地去进行那项无尽的工作:拉开与历史实体的距离并重述它。"（Paul Ricoeur, *From Text to Action*:*Essays in Hermeneutics*, II, translated from the French by Kathleen Blamey and John B.Thompson, Northwestern University Press, 2007, p.269）

② 参见[德]哈贝马斯:《交往与社会进化》,张博树译,重庆出版社 1989 年版,第 3 页。

③ [德]哈贝马斯:《后形而上学思想》,曹卫东、付德根译,译林出版社 2012 年版,第 46 页。

一个解释者在理解问题之前就存在的一种前理解结构,而理解则是两个或多个主体在相互认可的有效性要求的前设基础上导致认同的过程。不过在我们看来,哈贝马斯的这一策略有点过于理想化了,几乎没有实现的可能。撇开全世界存在着不同的种族、民族、阶级、国家不谈,即便是在历史语境和文化传统等基本相同的一个种族、民族、阶级、国家范围内,要达成普遍的"意见一致"也是很难企及的。当然,从反思和批判的向度来看,如果说伽达默尔的历史是一种非批判的自发在场,哈贝马斯则明显对历史和意识形态的在场性有了一种自觉的反思和批判的意识,但他的交往行为也有直接给予的在场性,他将批判的矛头对准了意识形态和历史的在场结果,却并没有找到形成这一在场结果的前提和基础。如果说伽达默尔的解释学强调了历史和主体在理解过程中的地位,但仅仅是着眼于单一的主体与客体之间的相互作用,即当时的历史对当代解释者的影响或效果,而忽略了社会生活的主体际关系,不了解社会关系、交往关系对于历史构境的关键性。从这一点上来说,哈贝马斯显然比伽达默尔更深刻一些,然而只是片面的深刻,因为他虽然强调理解是多极主体在普遍语用学规则下的交往行为,但他的历史理解观脱离了主体之间交往和对话的底板——实践这个客体中介,这就必然陷入虚无主义的泥沼,难以摆脱结构主义的纠缠。交往实践观认为,任何历史的在场都是交往主体在感性的实践活动基础上构境的结果,这个结果既不是对单一主体来说的生成以及单方"主体—客体"关系的建构,也不是多极主体间交往关系、交往行为的先验化以及单面的"主—主"关系的构境,而是诸多主体物质交往活动的中介。①

## 第三节　对话语言:理想的乌托邦

解释学的问题总是涉及人与人之间的理解和沟通,包括作者和读者、读者和读者之间,而理解和沟通离不开语言,因而对于语言的重视是解释学一贯的

---

① 参见任平:《论马克思主义出场学视域中的历史构境》,《南京大学学报》(哲学·人文科学·社会科学)2010 年第 2 期。

传统。施莱尔马赫就曾提出"解释学的一切前提只不过是语言"的著名论断,揭示出理解和语言密不可分的关系。狄尔泰强调,只有通过语言,人的生命经验和心理世界才能被充分、客观地表达。但立足于方法论解释学的他们,只把语言当作达到对作者本意之客观把握的一种工具。到了海德格尔和伽达默尔这里,情形就发生了根本性的变化,前者将语言论和存在论完全融为一体,语言从本质上来说是"一种特殊的世界式的存在方式"[1];后者则把语言作为整个理解经验的中心,任何事物只有在语言的视域中才能被理解,在语言中,整个世界被经验。正是在这个意义上,利科认为语言哲学的研究是伽达默尔学术思想的最高成就,也有学者直接将伽达默尔的哲学解释学称为语言解释学。[2]

### 一、对话辩证法:理解经验的普遍性

伽达默尔认为,人类在语言中并通过语言才真正理解了自身、拥有了世界,但这并不意味着世界成了语言的对象,而是说世界本身存在于语言之中,无论是"文本理解还是对话中的相互理解,其共同点首先在于,它们都涉及置于其面前的事情。正如一个对话者试图与他的对话伙伴就某事情取得一致一样,解释者也试图去理解文本对他所说的东西。这种对事情的理解必然采取语言的形式。这并不是说,理解是事后被嵌入言语中的,而是说理解的发生方式——这里不管是涉及文本还是涉及那些与把事情呈现给我们的对话者之间的对话——就是事情本身得以语言表达。"[3]这样,伽达默尔就转向了理解得以可能的存在论基础,即语言。任何世界的经验,不管是科学实验还是日常生活中观察到的现象,都能在语言中得到解释,因为"语言并不是反思思想的创造物,而是与我们生活于其中的世界举止一起参与活动的",它包括了所有那

---

① [德]海德格尔:《存在与时间》,陈嘉映、王庆节译,商务印书馆2016年版,第229页。
② 参见[法]保罗·利科:《诠释学与人文科学》,孔明安等译,中国人民大学出版社2012年版,第22页;潘德荣:《西方诠释学史》,北京大学出版社2013年版,第324页。
③ [德]伽达默尔:《诠释学Ⅰ:真理与方法》,洪汉鼎译,商务印书馆2010年版,第534页,译文有改动。

些不管在何种关系中出现的自在存在，"我们世界经验的语言性相对于被作为存在物所认识和看待的一切都是先行的。因此，语言和世界的基本关系并不意味着世界变成了语言的对象。一切认识和陈述的对象都总是已被语言的世界视域所包围。这样一种人类世界经验的语言性并不意指世界的对象化。"①易言之，对任何事物的解释就如同游戏一样，既不是解释主体对客体的控制活动，也不是解释主体为了控制客体而控制自己的活动，而是事物自身在语言中得到解释，"不管是谈话的语言或是诗歌的语言或者解释的语言，语言的思辨结构都并不表现为对一种固定既存物的摹仿，而是一种使意义整体得以说明的语言表达"②，解释学现象把被理解的固定既存物规定为一种语言意义上的存在物，在语言中对它的言说就是解释。由此，在伽达默尔看来，语言形式和被理解对象的内容在理解的过程中是紧密相连的，掌握一门语言就意味着拥有一种世界经验，多样性语言的存在表明我们理解世界的多种可能性，语言的融合也就是世界的融合。因此，"语言并非只是一种生活在世界上的人类所适于使用的装备，相反，以语言作为基础，并在语言中得以表现的是，人拥有世界。"③世界是存在于语言中的世界，不存在脱离开语言的世界，反之，语言之所以存在是因为世界在其中得以表现，离开了世界，语言也就不成为其存在了。

语言中的理解是在解释者与包括艺术作品、历史、文化传统乃至整个世界在内的被解释对象之间通过对话来实现的，"文本解读理所当然地要求着的'客观意义'，根本不可能被幽闭在孤立的文本内部，而是在对话的解释学循环中被历史地构成的。"④因而这种对话就根本不可能仅仅发生在理论旨趣相同或相近的双方中，"对话中的对立面并不只是次要的，他们的个性和境况对于任何一个肯定的结论来说都是不可少的"，因为如果意见相左的对话者双

---

① ［德］伽达默尔：《诠释学Ⅰ：真理与方法》，洪汉鼎译，商务印书馆 2010 年版，第 633 页。
② ［德］伽达默尔：《诠释学Ⅰ：真理与方法》，洪汉鼎译，商务印书馆 2010 年版，第 666 页。
③ ［德］伽达默尔：《诠释学Ⅰ：真理与方法》，洪汉鼎译，商务印书馆 2010 年版，第 623 页。
④ 吴晓明：《哲学之思与社会现实——马克思主义哲学的当代意义》，武汉大学出版社 2010 年版，第 238 页。

方能在对话的主题上达成真正的一致,那么"真理便更加可能得以确立。其结论本身将不致会被隐藏的、共有的偏见所侵害,不被为最终的理性而达成一致的参与者的主观倾向所侵害。"①因而在对话中,对话双方都要向着对方敞开自身,他人对某物的判断是关乎他自己在历史语境等条件下作出的理解,表明了他人的意见是一个无可否认的合法性存在;我从中理解了它,说明我们在对话的主题上已经取得了一致,但我要根据自己的历史语境和文化传统作出自己的判断,这个或赞同或反对的判断是我对所言及之物的理解;这种理解虽然是我自主作出的认定,但却是通过他人的意见才清楚明白的,这就是说,我是通过与他人的对话才理解了文本,理解了自己,进而理解了世界,每一个解释者"正是通过理解他者来追求扩大对自身的本人的理解。于是,任何解释学,无论是明显地还是含蓄地,都是经由理解他者来理解自身。"②伽达默尔的这种问答逻辑来自柏拉图对话辩证法的启示,他说:"柏拉图关于苏格拉底的描述提供给我们的最大启发之一就是,提出问题比答复问题还要困难",因而应当承认,"问题对于一切有揭示事情意义的认识和谈话的优先性。应当揭示某种事情的谈话需要通过问题来开启该事情。"③在这里我们发现,虽然伽达默尔声称自己终生都是柏拉图的学生,但他对后者对话辩证法的继承明显淡化了其方法论意义,而突出的是其本体论意义,"并强调这种辩证法不只是否定性的,它同时包含有积极肯定的结果,而且在动态的对话结构中不断地表现出的是一种完全与黑格尔不同的非教条式的辩证法。"④这种对话辩证法是在"言说"与"倾听"(Hören)之间相互转化的言语活动过程。对于伽达默尔来说,虽然以文字形式固定下来的书写文本是更为重要的解释学对象,但文字是说话的异化,书写根源于言说,因而解释学的任务是必须将文字还原于说话,

---

① [美]D.C.霍埃:《批评的循环——文史哲解释学》,兰金仁译,辽宁人民出版社 1987 年版,第82 页。

② Paul Ricoeur, *The Conflict of Interpretations : Essays in Hermeneutics*, edited by Don Ihde, Northwestern University Press, 2007, p.17.

③ [德]伽达默尔:《诠释学Ⅰ:真理与方法》,洪汉鼎译,商务印书馆 2010 年版,第 512、513 页。

④ 何卫平:《通向解释学辩证法之途》,上海三联书店 2001 年版,第 334 页。

只有在言说中,意义才能不断呈现出来。倾听就是对已经还原成说话的文化传统之真理的倾听,任何事物的存在都是语言性的,脱离语言的事物是根本不存在的,对任何事物的理解必须通过语言表达来实现,而只有倾听才与语言相联系,是一条通向整体的道路,其他的一切感觉比如视觉、触觉、嗅觉等都会因为顾此失彼而无法直接参与语言世界经验的普遍性。

对话在本质上是开放的,"提问就是进行开放(ins Offene stellen)。被提问东西的开放性在于回答的不固定性(Nichtfestgelegtsein)。被提问东西必须是悬而未决的,才能有一种确定的和决定性的答复。以这种方式显露被提问东西的有问题性,构成了提问的意义。"①以语言方式存在的事物只有通过一个开放的提问被带到开放,在不断的提问和对话中,它才来到其真实的存在,即是具有这样或那样意义的事实存在。解释学的对话辩证法表明经验总是有限的,因而要保持经验的开放和对话,事物的真理才能在不断的提问和回答的过程中显现出来。在这个过程中,文本的言说通过解释者引发出来,而解释者又通过对文本的"倾听"把文本的真理内容纳入其自身的语言关系之中。在这里,对话双方都是被对方所引导的,任何一方都不可能真正主导对话,与其说我们"进行"了一场谈话,不如说我们"陷入"甚或"卷入"了一场谈话,因为谈话会发生怎样的转变,之后又如何继续,以及怎样得出结论等都不是对话双方事先能够决定的。"这一切都证明,谈话具有其自己的精神,并且在谈话中所运用的语言也在自身中具有其自己的真理,这就是说,语言能让某种东西'显露出来'(entbirgen)和涌现出来,而这种东西自此才有存在。"②我们事先无法预见的结论或真理性的东西在不断进行着的对话中,不断地展现出来,表现为一个由遮蔽到去蔽的过程,"语言总是把敞开出来的在者保持为说出来者和所说者与还可再说者。所说者可以被重复说以及继续说下去。"③

伽达默尔的对话辩证法彰显了解释学之理解经验的真正精神。首先,理

① [德]伽达默尔:《诠释学Ⅰ:真理与方法》,洪汉鼎译,商务印书馆2010年版,第513页。
② [德]伽达默尔:《诠释学Ⅰ:真理与方法》,洪汉鼎译,商务印书馆2010年版,第539页。
③ [德]海德格尔:《形而上学导论》,熊伟、王庆节译,商务印书馆1996年版,第185页。

解只有在对话双方共同讨论同一事物时才是可能的,它避免了由于任何一方主观任意性的影响而对文本客观意义的把握。其次,对话本质上是平等的、开放的。之所以是平等的,是指它要求倾听他人的理解,承认他人意见的合法性;之所以开放是指对他者的开放,包括对另外的解释者的开放,也包括对文化传统、历史、社会的开放。① 在平等和开放的问答逻辑中,对话双方的视域得到了调整和修正,并最终与现代解释者的视域融合在一起,这时的"我"不再是原来的我,而是超出自身原先的视域,拥有一个更大、更高的普遍性视域的"我"。但这并不意味着对话的终结,它是一个从对话到融合到再对话、再融合的无限循环往复的过程,"我"永远走在对话语言的途中,在这一途中,真理的意义不断显现、深化、扩展,解释者的视域也不断地转换、更新和提升。

### 二、理想乌托邦:语言中心的抽象性

伽达默尔的解释学语言观重视语言和人与世界之间关系的探讨,将语言提升为人类一切理解活动的中心,为艺术经验、文化传统和历史的理解注入了新鲜的血液,但不可否认的是,他的语言观也存在诸多难以克服的困境和缺陷。

首先,伽达默尔的语言观有理想化倾向。伽达默尔认为理解既不是像客观主义认为的那样是主体符合客体的活动,也不是像主观主义所主张的将客体视为是某一个主体的存在,而是过去与现在、传统与现实、自我与他者在问答逻辑中的效果历史活动。他的解释学的目标就是通过对话来思考语言,进而超越每一种语言的固定用法。② 在对话中,对话双方自由、平等地领悟对方的理解经验,任何一方都不能把自己的判断强加于对方,在保持不断开放性的结构中,对话双方来到了更高的普遍性,达到了对真理意义的理解。这种对对话的描述具有浓厚的理想化色彩,哈贝马斯一针见血地指出:"解释学主张在

---

① 参见潘德荣:《西方诠释学史》,北京大学出版社 2013 年版,第 331 页。

② 参见[德]伽达默尔:《诠释学Ⅱ:真理与方法》,洪汉鼎译,商务印书馆 2010 年版,第 645 页。

一个共同的生活世界中实现普遍对话,这是一种乌托邦。"①在他看来,在当今技术理性主宰一切的时代,日常生活世界里的对话语言已经被货币和权力所扭曲而成为了一种意识形态,"问题不是语言中包含着欺骗,而是用语言本身来进行欺骗"。此外,明显的病态言语的缺陷导致解释对象的根本不可理解性,而哲学解释学是把这种情形置之度外的。我们认为,哈贝马斯的批评是有一定道理的,日常生活中的对话往往会受到对话双方的家庭背景、社会地位尤其是权力关系的影响,"语言关系总是符号权力的关系,通过这种关系,言说者和他们分别所属的各种群体之间的力量关系转而以一种变相的形式(transfigured form)表现出来",在对话中明显占优势的另一方就经常地成为整个对话过程乃至对话结果的主导者。所以,在言语沟通的过程中,"如果不考虑在交流中发挥了作用、但不被肉眼察觉的权力关系结构的总体,那么交流中一个非常重要的部分,甚至包括言谈的信息内容本身,就始终是不可理解的。"②在这种"伪交往"中或者权力关系在言语交流中起决定性作用的对话,根本谈不上对话双方语言交往的平等、自由和包容。

其次,伽达默尔的语言观有抽象化倾向。伽达默尔把人与艺术经验、文化传统、历史乃至整个世界的关系归结为语言关系,把人的理解经验和存在归结为语言性,把语言视为一切事物存在和理解得以发生的根基,这是"语言中心主义",是"在场的形而上学"。正如尼采在否定的意义上指出的,事物是什么比起它怎样称呼要重要得多,语言"像一件衣服盖在事物上面,与其实质乃至表皮完全是两回事——由于对它们的相信,由于一代代的生长,它们就仿佛逐渐生长到了事物上面和生长进了事物里面,化作了事物的躯体:开始时的现象最后几乎总是变成了本质并且作为本质起作用"③,这就完全遮蔽了对事物本

---

① [德]哈贝马斯:《交往行为理论·第一卷 行为合理性与社会合理性》,曹卫东译,上海人民出版社 2004 年版,第 133 页。

② [法]皮埃尔·布尔迪厄、[美]华康德:《反思社会学导引》,李猛、李康译,商务印书馆 2015 年版,第 175 页。

③ 转引自周国平:《尼采:在世纪的转折点上》,译林出版社 2012 年版,第 185 页。

身的认识。伽达默尔没有看到语言是人类交往实践活动不断扩展的产物,只有从交往实践的认知活动中,语言不断凝聚其意义并最终获得相对独立的存在特性。马克思恩格斯指出,"语言是一种实践的、既为别人存在因而也为我自身而存在的、现实的意识",它和意识一样,"只是由于需要,由于和他人交往的迫切需要才产生的。"①从本体论角度来看,语言最初是人类交往实践的一部分,这在原始社会中表现的尤为明显,后来随着交往实践活动的不断发展和人的需要范围的不断扩大,语言的意义便获得愈来愈多的复杂性,最终"脱离"人类的实践活动而具有相对独立的特性。但语言结构始终要受到交往实践结构的"纠缠",后者是前者的基础,前者不过是后者历史地复制转录的结果。从文化—意义的角度而言,语言系统其实是人类交往实践活动所产生的文化创造和传承历史的"储存库",在这一活动中,每一主体并不是如伽达默尔所言的那样处于单一的"主—客"模式的效果历史影响之下,而是在对话结构中成为交往文化场的参与者和创造者。② 所以,对过去文化和传统的理解虽然要通过对话语言来实现,但只有把它们重新纳入当代解释者的交往实践活动中才能保持其真正的开放性,实现真正的对话问答;过去的文化传统和历史文本虽然都是以文字(可以还原于语言)形态存在的,但它们真正的意义源并不在语言中,而在创造和使用语言的世世代代人们的交往实践活动及其产物中。如果忽视了人类的交往实践这个深层根基,空谈历史文本在语言中的意义,无论怎样打破主客体模式,无论怎样反对主体的主观意识,最终都将陷入"语言上的唯心主义"。因为其一,虽然伽达默尔强调语言在世界经验中的绝对优先的地位,但作为人在世界存在的种种方式,这种经验最终必然指向人在世界存在的实践性,因而"解释学的语言哲学若不同时指向实践哲学,就无法完成它在解释学理论体系中的任务。"其二,要解决语言和理性关系的难题,最终也要回到它们的相遇处——人的实践活动上去。一方面,语言确实渗

---

① 马克思、恩格斯:《德意志意识形态》,《马克思恩格斯文集》第 1 卷,人民出版社 2009 年版,第 533 页。

② 参见任平:《广义认识论原理》,江苏人民出版社 1992 年版,第 118—123 页。

透在一切世界经验中,但世界是先理性而存在的,世界充满了脱序、神秘甚至荒诞,历史也常常由偶然、机缘和条件所决定,语言内在的逻辑结构虽然能表达非理性的东西,但并不意味着可以将这一切还原为理性。但另一方面,理性又的确是语言不可或缺的因素,否则语言无法成其为语言。这两方面决定着解释学的语言哲学必须通向实践哲学。① 在应对哈贝马斯等人的批评声中,伽达默尔后期也关注到了人类的现实生活以及科学技术等,提出了解释学就是实践哲学的构想,不过他的实践哲学在更多的意义上是一种亚里士多德的伦理学,注重的是人与人之间的伦理交往、道德关系等,而不是现实的物质生产意义上的实践哲学。

最后,伽达默尔的语言观过于贬低近代以来对语言形式之研究所取得的成就。对语言的形式研究主要表现在工具主义语言观和结构主义语言哲学中,他们把语言或当作客体的研究对象,或当作符号系统来研究。如洪堡认为人类语言结构有多样性和差异性,但语言的本性中存在着一种朝向结构完善性和追求完整、统一的倾向,通过对不同民族、不同地区和不同国家的语言形式的分析研究就能够把握人类语言的共同本质,进而达到对人类整个知识的普遍性基础的认识。这不仅超越也批判了自亚里士多德以来将语言仅仅限制在形式逻辑层面来研究的传统语言观。索绪尔将语言看作是一种音义结合而又分层组装的表达思想观念的符号系统,是一个无"词项"、无"主体"和无"事物"的系统②,注重对这个系统内部符号与符号之间关系的研究,克服了工具主义语言观通过主体来判定语言有效性的根本缺陷,以达到就语言和为语言而研究语言的科学目的。对语言承载的意义内容的研究并不能代替对语言形式的研究,因为后者可以深入对语言本性的研究,达到对语言意义交往职能的更充分的把握。伽达默尔为了反对工具主义语言观,运用现象学的方法指出语言既不是客体的研究对象,也不是主体,而是两者统一的整体,否定了对语

---

① 参见张汝伦:《历史与实践》,上海人民出版社 1995 年版,第 445—446 页。
② 参见[法]保罗·利科:《哲学主要趋向》,李幼蒸、徐奕春译,商务印书馆 2004 年版,第411 页。

言可以加以经验地研究并被人掌握的事实。同时他也认为语言并不是纯粹的符号关系系统,而是文化传统、历史、人类此在乃至整个世界都内在于语言中,不是语言从属于我们,而是我们从属于语言,从而过分拔高了语言的文化地位,错误地得出语言能够超越对话双方的主观任意性从而达到对历史文本意义的把握;在语言中的对话双方的地位是平等的,表达是自由的、开放的等结论,陷入了德里达所批判的对善良的强力意志的追求。

总而言之,在艺术领域中,伽达默尔批判了立足在自然美之上的康德美学之主观化倾向,认为只有立足艺术美,世界观的历史即真理的历史才能在美学之镜中反映出来,从而重新捍卫了被康德美学所中断的美与真的统一,"再次确证了美的认知意义以及艺术的认知意味,恢复了感性形式在提供审美愉悦的同时所具有的为人生提供自我关照的功能"①。对艺术审美中观赏者地位的肯定打破了以往艺术研究中所持的观赏者的被动接受地位,引导了以观赏者(读者)为文学活动的能动主体的康斯坦茨接受美学学派的产生。尽管伽达默尔本人对以罗伯特·耀斯为代表的接受美学理论是持批评和反对态度的,认为它们已经陷入了德里达解构理论的边缘,但这并不妨碍后者从前者那里汲取营养。伽达默尔在为艺术理论作出独创性贡献的同时,囿于柏拉图的理念论而始终未找到产生美和美感的现实根源。他虽然对柏拉图的理念论进行了经验论的改造,认为不存在美的理念,美只能体现于具体的美的事物当中,通过对美的事物的经验和理解,人们就能够感受到美,但美本身是什么,他是语焉不详的:美具有光的存在方式,它能突然地出现,也能同样突然地消失,并最终将美归结为光的形而上学,即美像光一样只有使他物成为可见时自己才能成为可见的。② 伽达默尔从不同时代的文化传统出发,而不是从观赏者的感性实践和交往认知活动出发来理解美、认识美,对美的理解缺乏坚实可靠

---

① 李鲁宁:《伽达默尔美学思想研究》,山东大学出版社 2004 年版,第 301 页。
② 参见[德]伽达默尔:《诠释学Ⅰ:真理与方法》,洪汉鼎译,商务印书馆 2010 年版,第 676—677 页。

的现实根基,最终未能超出唯心史观的美学视野。

在历史领域中,伽达默尔克服了狄尔泰在追求精神科学之确定性时陷入的个人存在的有限性与历史理解的普遍性之间的矛盾,采用胡塞尔现象学方法将理解看作是人本身的存在方式而不是主体的某一种行为方式。这样一来,对历史文本的理解就不是客观化、对象化的行为,而是不同时代的文化传统和权威在解释者那里产生的效果,文本意义既不单纯地在于作者,也不单纯地在于解释者,而是在历史性存在的解释者对文本的有限性理解活动中不断显露出来的,是两者的融合,由此便有效地遏制了浪漫主义解释学的客观化企图。伽达默尔认为前见并不是如启蒙运动认为的那样是理解活动的障碍,而是个人本身的历史实在,一切理解活动都是在前见基础上的筹划,因而与海德格尔认为的此在对自身存在的理解就是对历史之解释的主观主义立场划清了界限。不过在我们看来,伽达默尔在历史领域并不是一个唯物主义者。虽然我们对任何文本的解释离不开传统的规范和制约,但传统并不是个人存在的决定力量,恰恰相反,个人生存于其中的历史造就文化传统,时间上在先并不意味着逻辑上在先;前见作为理解发生的前提和基础不是来源于传统,而是来源于现实的交往实践活动或社会存在。伽达默尔虽然在精神科学中的理解问题上渗透着强烈的历史感,但他最终不是用"存在"来解释"思维",而是用"思维"来解释"存在",陷入了唯心史观。

在语言领域中,伽达默尔通过对语词概念史的追溯指出,语言和事物之间的内在统一性是不言自明的,它有揭示整个世界经验的功能,不管是文化传统还是文本、历史等都是以语言的形式存在的,解释学的理解就是"我"与"你"之间的对话。通过过去与现在、解释者与文本、解释者与解释者之间的开放、平等的对话,所有事物在理解中来到它真实的存在,"理解总是一种对话"。语言成了伽达默尔哲学解释学普遍性的基础和条件,强调对话旨在破除那些在对话中的形形色色的禁忌和独断,但最终却因为缺乏对话的底板——历史及其实践而使其陷入了"恶的无限"。人类历史表明,语言并不是此在存在和理解的普遍性媒介,而是随着劳动并和劳动一起产生的。其次,人类历史并不是通过对话发展而来的语言融合的历史,而是统治阶级与被统治阶级、生产力与生产关系、经济基础与上层建筑之间激烈对抗和革命斗争的矛盾史,语言和意识一样,最终决定于整个社会的现实生活过程。对一切传统和文本的解释只有纳入人们的交往实践活动中才能获得其最真实的意义。因此,语言并不是社会生活的决定力量,问答逻辑也不是社会生活的决定逻辑,况且通过对话辩证法和问答逻辑达到的对事物的理解并不是确凿无疑的,因为意识形态的统治和压制已不仅仅使语言中包含着欺骗,而是语言本身具有欺骗性。哈贝马斯批判伽达默尔没有看到理解背后真正起作用的并不是语言,而是社会交往过程的观点可谓一针见血。伽达默尔看到了工具主义和结构主义语言观的缺陷,并试图从本体论的角度来证明解释学语言观的结论及它的世界普遍性,但他对语言媒介之理想化和抽象化的理解最终未能超出唯心主义的视域。虽然他的理论布展和逻辑证明相当诱人,但一旦涉及现实有效性却是大打折扣。

# 第三章　历史:作为构境之存在

　　不管是在艺术领域还是在精神科学领域,伽达默尔对文本的理解都渗透着强烈的历史感,美学中真理要求的重新展示、文本理解中对文化传统的肯定与坚持、效果历史中对胡塞尔视域概念的批判与扩展,以及最终彻底地将理解的对象归结为语言的存在并使解释学经验具有世界普遍性等思想,批判性地综合了客观主义解释学中对作品的重视和主观主义解释学中对解释者地位的肯定,是对解释学思想实质性的创新与推进。但问题是,在他那里,历史始终是以文本的形式直接现存在场的,文化传统这个理解活动发生的前提也是以"思想"的形式存在的,所以,伽达默尔是以"思想"(文化传统)来解释"思想"(历史)进而解释历史的本真状态的,他把传统和文化成果看作是历史最重要的因素,却没有找到真正形成这一历史最重要因素的根本前提和基础。我们认为,历史不是由文本等精神形态所建构的一部思想史,而是生产力与生产关系、经济基础与上层建筑之间不断斗争和变革的矛盾史,或者更进步一来说,是在人们的劳动、生产和交往实践中不断构境的周围感性世界。历史场域并不是现成的客体在场,而是由交往实践不断构境的结果。

## 第一节　历史场域:理解发生的历史地平线

　　任何文本都是一定的历史时代的产物,是一定的时代精神的精华或表征。同一文本的意义,在不同的时代由于历史语境的不同导致不同的理解,因而对一切文本的理解都要回归于生活世界的历史场域,这是理解活动得以发生的历史地平线。以施莱尔马赫为代表的浪漫主义解释学以及古典解释学把思想宣布为唯一在场者,理解是绝对的、永恒的思想的再现。19世纪德国历史学派尤其是德罗伊森和狄尔泰强调历史场域对于理解活动的基础性和制约性,认为理解活动不同于自然科学中的实验活动那样具有单义的明确性,它是有限的和片面的,需要不断地探索和研究,但他们最终都囿于传统解释学的方法论原则而导致在历史理解问题上的思辨形而上学在场观。解释学的现象学转向使理解问题有了一种全新的立场,胡塞尔的生活世界概念和海德格尔的实际性解释学使历史场域成为理解活动的前提和基础,而伽达默尔对以权威和传统为主要内容的前见的肯定和效果历史原则的提出,更是前所未有地高扬了理解的历史基础和理解的历史性。

### 一、思辨形而上学的在场观(一):以施莱尔马赫为代表

在启蒙理性时代,文本意义的理解是自行发生的,解释只是在理解进行不下去或某个实质性的理解本身需要被证明时才出现,因而文本的意义是永恒在场的,理解和解释只是把那普遍在场的意义呈现出来而已,文本意义所依赖的历史语境被遗忘或忽略了。无论是斯宾诺莎还是克拉登尼乌斯都认为理解在大多数情况下是不成问题的,对文本的理解如同对欧几里得几何学的理解一样,不需要任何解释学方法就能够直接把握。但当探讨某些特殊段落比如摩西说"上帝是火"又说"上帝嫉妒"以及圣经中经常描写到的"奇迹"时①,它们的真理内容并不是清晰可见的,所以需要一种明确的解释方法或技巧。在斯宾诺莎看来,这个时候就需要了解语言文字本身的含义和作者的生平、他的语言习惯以及成书的原因等,然后再解释之;有些描写"奇迹"的段落实际上并不是指文字含义所表达的真实事件,而只是一种想象、象征或比喻。这样的

---

① 据斯宾诺莎考证,"火"在希伯来文里有"愤怒"和"嫉妒"的含义,因而"上帝是火"与"上帝嫉妒"的意思就大致相同了。这里的"嫉妒"并非其普通含义,而是有上帝要求绝对忠实和崇敬之义。又如以利亚坐着一辆用火做的马车等的"奇迹"则只是一种象征或比喻的说法。([荷兰]斯宾诺莎:《神学政治论》,温锡增译,商务印书馆2016年版,第105—106、97页)

有效解释并不是出自对历史场域的考察，而是"有赖于理智的天然的能力。这种能力是人所共有的。不是什么神奇的能力，也不是什么外来的权能"①。克拉登尼乌斯认为，解释只有在阻碍到学生的"完美理解"时才是必要的。在启蒙运动的影响下，学生已经不再信任老师而想"以他们自己的眼光来看"②事物，这就需要一种解释的方法比如通过增加一些有助于原文理解的概念等来帮助学生对晦涩疑点的理解。相比于斯宾诺莎，克拉登尼乌斯强调解释主体的地位，认为解释者受制于一定的历史境况而只能从特定的视角（Sehepunkt）出发如此这般地解释某一事物，但在他那里，唯一真正支配解释活动的仍然是思想和精神。因而，不管是直接的理解，还是偶尔需要解释方法的例外情况，对于斯宾诺莎和克拉登尼乌斯来说，历史语境这个理解得以发生的基点并没有被引入理解活动中，解释学的基本要求是以永恒在场的思想为理解活动的出发点，解释者的主要任务则是或直接或间接地通过一定的方法和技巧来理解文本。

如果说在斯宾诺莎和克拉登尼乌斯那里，理解是对真理内容的把握，解释是在真理内容不显明的时候才需要的，那么在施莱尔马赫看来，理解根本不针对文本的有效性，而只关注文本里作者如何从一个思想转到另一个思想，或文本表达背后作者的意见、判断和渴望。正如美国学者乔治娅·沃恩克所认为的，在施莱尔马赫那里，"理解的关键不是所说东西的有效性，而是它的作为个别人的思想的个别性，在特殊时间以特殊方式表现的个别性"③。对个别性思想的理解往往由于作者和解释者之间在历史背景、时空语境、文化传统等条件上的差别而不是可以直接进行的，但这种差别并不是不可消除的，因而理解也就是必要的和可能的。在这种情况下，解释并不是如斯宾诺莎和克拉登尼乌斯认为的是偶尔的和特殊情况下的运用，而是普遍性地存在着需要解释的情形。于是，施莱尔马赫指出，解释学的出发点是误解，解释不再是偶尔的工

① ［荷兰］斯宾诺莎：《神学政治论》，温锡增译，商务印书馆2016年版，第124页。
② 转引自［德］伽达默尔：《诠释学Ⅰ：真理与方法》，洪汉鼎译，商务印书馆2010年版，第264页。
③ ［美］乔治娅·沃恩克：《伽达默尔——诠释学、传统和理性》，洪汉鼎译，商务印书馆2009年版，第16页。

具和手段,而是理解的必要条件。理解和解释的关系在他这里是同一的,这也意味着解释学的重心从对一般真理内容的关注转移到对某个别作者的独特性和创造性思想的认识,而这种转变的结果就是对解释学方法论的重视。

为此,施莱尔马赫提出了语法的解释和心理学的或技术的解释这两种不同的理解艺术。前者通过语法、句子结构和文字形式之间的比较分析来揭示文本的意义,后者是对作者当时的内心状态、时代语境和生活脉络的研究,这两种方法并不是截然对立的,而是相互补充和彼此制约的。前者可以通过对作者所使用的语言和词汇意义的精准理解来补充后者,而后者则可以通过对作者当时的时代背景和生命体验的重建来完善前者。在这两种解释学方法的内部存在着整体与部分的解释学循环,在语法解释里,存在着语句—文本—文学之间的循环;在心理学的或技术的解释里,存在着文本所表达的作者的心理状态、作者的整个内心世界和当时的时代语境之间的循环。撇开语法的解释不谈,施莱尔马赫的心理学解释方法,尤其是他认为对作者意图的理解必须要深入考虑作者所处的整个历史场域的思想,似乎已经闪烁着某种历史唯物主义的火花。然而通过深入细致地考察之后我们发现,其实这与历史唯物主义观点还有着很大的差距。他虽然重建了作者的历史场域和心理状态,却忽视了解释者的时代背景和理性诉求,他虽然也意识到"解释学的主要任务是,人们必须从他自己的观点出发而进入被理解的他者"①,但支撑"他自己的观

---

① Schleirmacher, *Hermeneutik*, hrsg. H. Kimmerle. Heidelberg 1974, S. 32. 转引自潘德荣:《西方诠释学史》,北京大学出版社 2013 年版,第 264 页。有学者据此认为施莱尔马赫对解释者的理解之主观性的肯定使理解的多元化成为可能,从而其解释学思想有走向相对主义的危险。(潘德荣:《西方诠释学史》,北京大学出版社 2013 年版,第 269 页)笔者并不认同这一点。首先,对作者心理状态的重建并不意味着解释者之理解的主观性,这要取决于对心理状态重建的方法是客观的还是主观的,施莱尔马赫的目的在于否定解释者个人的独特性而以一种站在历史世界之外的姿态来对任何一部作品作出客观的理解,因而他对作者心理状态的重建是客观的而非主观的。其次,他对理解内容之有效性的忽视也佐证了解释者对文本内容的理解并不是想把它应用于自己目前的实际境况,而仅仅是以正确的方法达到对作者个别性思想的把握。因为强调理解的主观性就意味着必然肯定理解的应用性,而强调理解的应用性就有可能陷入相对主义。综上所述,我们认为,施莱尔马赫的解释学是对文本所传达的作者之意图的重建,并没有滑入相对主义的问题。

点"的根基是什么? 他并没有深入去探究,而是又重新回到了对作者心理状态的重建,以便更完整更客观地把握文本意义。这样,解释学的应用因素在施莱尔马赫那里是缺失的,因为理解和解释所关切的是某个文本背后所隐藏的作者意图,而无关乎文本意义的有效性。在这里,我们暂且不讨论对作者所处的历史场域和心理状态的重建是否可能,对文本意义的真正理解必须要纳入当代人们(解释者)的交往实践活动中才能实现。因为解释者的理解总是从自己目前的感性世界出发并把他对文本的理解应用于这一感性世界,正如赫尔墨斯翻译上帝的奇迹语言的目的不只是理解其真正所说的东西,更为重要的是以一种在他看来必要的、适合于目前实际情况的方式把它言说给普通大众一样。因此,我们赞同伽达默尔关于理解与应用之间关系的判断:"应用不是理解现象的一个随后的和偶然的成分,而是从一开始就整个地规定了理解活动","理解在这里总已经是一种应用"①。

通过以上的论述我们看到,施莱尔马赫虽然注意到了文本与历史场域的关系问题,但解释者的个体性以及理解赖以发生的历史地平线在他那里是被否定的,在这一点上,他与斯宾诺莎和克拉登尼乌斯是一致的。他们都把文本的意义或作者的思想当作是绝对的、永恒的在场,感性解释者的任务就在于通过一定的方法来展现意义或思想,无论是斯宾诺莎对圣经特殊段落的解释,克拉登尼乌斯对学生"完善理解"的要求,还是施莱尔马赫对作者心理状态的重建,无一例外都是那永恒在场的思想的呈现,都在企图追寻一种可以普遍的、永恒的在场。他们对文本的理解和解释"都是在纯粹的思想领域中发生的"②,虽然施莱尔马赫想通过严格地理解艺术来重新恢复作者的思想,但他们当中没有一个想到要提出关于文本理解与现实的历史场域之间的关系问题。正是在这个意义上,伽达默尔批评道:"施莱尔马赫的解释学理论同那种可以作为精神科学方法论工具的历史学的距离还很远。这种解释学理论的目

---

① [德]伽达默尔:《诠释学 I:真理与方法》,洪汉鼎译,商务印书馆 2010 年版,第 459、437 页。
② 马克思、恩格斯:《德意志意识形态》,《马克思恩格斯文集》第 1 卷,人民出版社 2009 年版,第 513 页。

的是精确地理解特定的文本,而历史脉络的普遍性应当服务于这种理解。这就是施莱尔马赫的局限性,而历史世界观决不能停留在这种局限性上。"①而要超越这种思辨的形而上学在场观,就"必须穿越出场的思想层面而深入到历史语境之中,超越抽象的理性而考察感性的现实场域即'周围感性世界',真切地研究思想出场与历史语境的关系问题"②。

### 二、思辨形而上学的在场观(二):以狄尔泰为代表

正如施莱尔马赫使解释学从独断论中脱离出来而成为一种普遍的理解方法一样,以兰克(Leopold von Ranke,1795—1886)和德罗伊森为代表的19世纪德国历史学派解释学的主要任务是使历史研究脱离黑格尔的历史哲学而使其成为一门经验科学。在他们看来,历史并不是黑格尔认为的绝对理念之目的的实现过程,而是一门开始于事实,只能根据历史传承物自身来理解自身的经验科学。这一点也正好符合传统解释学的要求,即文本意义必须由文本本身才能被理解,所以,"历史学的基础就是解释学"③。

兰克在反对黑格尔对历史作出理性目的论理解的同时,在处理历史理解的个别性与历史事实的统一性之关系问题上陷入一种矛盾的立场。一方面他否认历史不可能像黑格尔主张的具有一种哲学系统的统一性,"没有任何事物完全是为某种其他事物的缘故而存在;也没有任何事物完全是由某种其他事物的实在所产生"④,历史遵循的是一种"自由的场景"(Szenen der freiheit)。每一个历史事件和行为都有自身独立于整个历史过程的意义,就像圣经文本具有独立于独断论解释的意义一样,历史解释学的目的就在于理解具有独立性和个别性的事件和行为的意义:"我们的任务是深入它们存

---

①　[德]伽达默尔:《诠释学Ⅰ:真理与方法》,洪汉鼎译,商务印书馆2010年版,第283页。

②　任平:《论马克思主义出场学视域中的历史构境》,《南京大学学报》(哲学·人文科学·社会科学)2010年第2期。

③　[德]伽达默尔:《诠释学Ⅰ:真理与方法》,洪汉鼎译,商务印书馆2010年版,第286页。

④　[德]兰克:《世界史》第9卷,第Ⅷ页。转引自[德]伽达默尔:《诠释学Ⅰ:真理与方法》,洪汉鼎译,商务印书馆2010年版,第293页。

在的根基,并完全客观地描述它们。"①对此,柯林伍德指出,这些只关注客观事实即直接被给予的历史"真相"或本来面目的历史学家们从来不向自己提出这样的难题:"历史知识是怎样成为可能的? 历史学家怎样而且在什么条件之下才能够知道,现在已超出回忆或复述之外,所以对他就不能成其为知觉对象的那些事实呢?"②他们满足于对科学事实和历史事实之间的错误类比,所以就排除了提出并回答这一问题,这也导致了他们总是在误解历史事实的性质,进而歪曲历史研究的实际工作。柯林伍德举例说,像从公元 2 世纪开始罗马军团完全是从意大利以外征集的这一事实,并不是直接给定的,而是后来的历史学家根据"一种复杂的准则和假设的体系来解释资料的过程而推论出来的。历史知识的理论就会发现这些准则和假设都是什么,并且会问它们之成为必要的和合法的都到什么程度"③。所有这一切都被诸如兰克这样的实证主义历史学家们全然忽略了。

另一方面兰克又承认历史事件或行为并不是没有一种内在的联系,"每一种真正世界史的行为,从来就不只是单纯的消失(Vernichtung),而是能够在当代匆匆易逝的瞬间去发展某种未来的东西","它们(文明的进步,真正精神的、创造性的力量,生命本身,道德精神等)展现、获得这个世界,以多种多样

---

① Leopold von Ranke, *The Theory and Practice of History*, edited by Georg G.Iggers, Routledge, 2011, p.14.

② [德]柯林伍德:《历史的观念》(增补版),何兆武等译,北京大学出版社 2010 年版,第 132 页。有学者曾指出,海德格尔在存在论的基础上也讨论过这一问题:"实际性不是一个现成东西的 factum brutum〔僵硬的事实〕那样的事实性……实际的'它存在着'从不摆在那里,由静观来发现。"(吴晓明:《哲学之思与社会现实——马克思主义哲学的当代意义》,武汉大学出版社 2010 年版,第 173 页注①)这里就涉及本书第一章中提到的关于"Faktiztät"与"Tatsächtigkeit"的翻译问题。海德格尔将两者做了区分,前者指此在生存的实际性,译为"实际性",后者指的是现成事物的实际性,译为"事实性",尽管不见得他每一次使用其中一个词的时候都强调这种区别,但在这里所引的这句表达很明显指的是此在生存的实际性(引文中被省略掉的那句话是:"而是此在的一种被接纳到生存之中的、尽管首先是遭受排挤的存在性质"),而非现成事物或历史事实的实际性。([德]海德格尔:《存在与时间》,陈嘉映、王庆节译,商务印书馆 2016 年版,第 195 页)

③ [德]柯林伍德:《历史的观念》(增补版),何兆武等译,北京大学出版社 2010 年版,第 132 页。

的形式表现自身,并且相互之间进行斗争、妨碍和压制。在它们的相互作用和演替中、在它们的生命中、在它们的衰败与复兴中包含着不断增强的充实性、不断提高的重要性和不断拓展的范围,隐藏着世界历史的秘密"①。因此每一种历史事件或行为之间"同时也存在着一种深层的内在联系,这种联系渗透于任何地方,并且没有任何人能完全独立于这种联系。自由之旁存在着必然性"②。"匆匆易逝"的东西决定着"将要生成的东西",后者虽然是自由的,但总要受到其活动的环境即前者的必然性的制约,正如文本一样,历史中的一切事件和行为在自由与必然的关系中形成一个整体的可理解的意义。自由要受到必然性的约束和限制,这并不与自由相矛盾,因为自由本身来源于必然性,是对必然性的认识和把握,并且本身要受到必然性的制约,自由与必然总是联系在一起,这是经典的辩证法思想的体现。但兰克的矛盾在于,既然历史是一个由易逝的东西和将要生成的东西组成的"正在生成的总和",那么,建立在个体经验基础之上的历史学是何以可能的? 兰克受施莱尔马赫解释学的影响,将后者的解释学原则应用于历史本身,就像文本有一个能够更好地理解作者意图的解释者一样,历史本身也有一个其自身完美的解释者,这就是上帝。他是这样解释的:"当我们揭示真相,剥去它的外壳,展示它的本质之时,这一过程恰巧也展示了那蕴藏在我们自身的存在、内在生活、来源、呼吸之中的上帝,至少是证明了上帝他的存在"③,"万物的造主俯瞰着整个人类的全部历史并赋予各个历史时代同等的价值"④,上帝的存在克服了人类自身有限性的存在,对历史事物的个别性以及其在整体意义中所起的作用达到了完美性的认识。对于兰克来说,理想的历史学家即是脱离自己具体的历史场域,以上帝全知的观点来通观整个人类历史。兰克反对黑格尔历史哲学的思辨性,以解释

---

① Leopold von Ranke, *The Theory and Practice of History*, edited by Georg G.Iggers, Routledge, 2011, p.52.

② [德]兰克:《世界史》第9卷,第270、Ⅷ页。

③ [德]兰克:《世界历史的秘密:关于历史艺术与历史科学的著作选》,易兰译,复旦大学出版社2012年版,第8—9页。

④ [德]兰克:《历史上的各个时代》,杨培英译,北京大学出版社2010年版,第8页。

者的个体经验和有限性存在来理解历史,但在理解的个性与意义的共性之辩证关系中重又将历史理解的可能性条件置入一个同样绝对的观点;他以事实和经验的方式反对德国唯心主义的历史在场观,却苦于未能寻得一个理解发生的坚实立足点。他与施莱尔马赫一样,最终仍然是立足于非历史的假定之上,即"站在他的历史存在(他的精神世界)之外,去自由地进入任何他想进入的其他历史存在之中"①,历史在他那里成了一种精神性的文本存在,历史的本体论结构本身虽然没有目的,但历史意义的结构仍然是目的论的。

德罗伊森重视解释者的历史场域对历史理解的限制,使理解概念从兰克那里的泛神论的含糊性中解脱出来,但他最终仍然继续着施莱尔马赫所开创的思辨形而上学的在场观。英国历史学家柯林伍德(Robin George Collingwood,1889—1943)认为,行为者的动机或意图与行为或事件的历史意义是一致的,历史的发展是在行为者意图指导下的有目地、有计划地布展,历史理解就是解释者对理解对象,更进一步来说,是对行为者意图的"心灵复活",使其在自己身上得到重演,并且"为了使它得以出现在他自己思想的直接性之中,他的思想就必须仿佛是预先就已经适合于成为它的主人",因而"一切历史都是思想史"②,解释者需要理解的是构成历史过程之内在方面的思想过程。德罗伊森批判道,这种对历史事实的心理学解释虽然能够追寻到推动此历史事实的意志力,但历史永远都不可能完全反映行为者的意图,而是往往超出其意图和计划,"一方面某人的意志力不会完全贯注在一件事情中,另方面某事情的发展也决不只受人们意愿的影响。事件既非纯为意志力的表现,亦非某人意志力完整的表现","事情的发展常超乎推动这些事情的人的意欲之外"③,因而对行为者意图的心理学解释根本不足以呈现历史事件本身的意义。否定了对历史的心理学解释之后,德罗伊森强调解释者的历史场域对于理解事件或行为

---

① 殷鼎:《理解的命运——解释学初论》,三联书店 1988 年版,第 232 页。
② [英]柯林伍德:《历史的观念》(增补版),何兆武等译,北京大学出版社 2010 年版,第 300—301、212 页。
③ [德]德罗伊森:《历史知识理论》,胡昌智译,北京大学出版社 2006 年版,第 37 页。

意义的重要性,解释者必须认识到自我本身就是历史的产物,"从出生的那一刻起,他的观念,甚至不可胜数的历史因素就开始影响他。在无意识状态中,他接受了来自父母的身体的和精神的性情的大量影响……他出生于他的民族、语言、宗教、国家等的整体历史环境之中。他只有通过接受这些他所出生于其中的因素,学习无限的、未知的东西,他才能过多于动物的人的生活"①。他把这称为"道德力"(die sittlichen Mächte)的统治,解释者完全由某个特定的道德领域、他的国家、他的政治主张、他的语言和他的宗教信仰所规定和限制,"道德力"是解释者真正的历史实在。据此,对历史的理解就不是兰克所主张的上帝式的全知的认识,而是在不同的语境和视域中对历史事件的"无休止"的探索,这种探索必定是有局限的和片面的。因此,对历史的理解就不像自然科学使用实验手段那样来进行认识,而只能是探索,除了探索之外什么也不能做。不过德罗伊森与兰克一样,他对历史理解的观点也无不体现着施莱尔马赫解释学原则对他的影响,最终把理解的可能性归于人类内心状态的同质性,以便克服解释者与理解对象之间的时间距离。"理解之所以可能,因为历史材料里面所表现出的前人言行,与我们今日的言行性质上是根本类似的","他人的言行,其创作,对我们而言,则是与我们自己的言行性质相同"②,理解的本质在于深入表现的背后重新体验或再创造那种产生其形态的内在动机和心理意图。这是一个心理学解释的解释学循环过程,解释者"一方面能借客体所形之于外的言行,充实自己的整体性;另一方面,又能借自己既有的整体性,理解客体的言行"③。

德罗伊森虽然克服了兰克在历史理解问题上浓厚的泛神论色彩,将解释者的历史场域置于理解活动的基础性地位,但在下面这一点上他与兰克是一致的,即他们在把解释学原则引入对历史的研究时,都把思想和精神甚至是历

---

① 转引自 *The Discovery of Historicity in German Idealism and Historism*, edited by Peter Koslowski, Springer, 2005, p.63.

② [德]德罗伊森:《历史知识理论》,胡昌智译,北京大学出版社 2006 年版,第 10、11 页。

③ [德]德罗伊森:《历史知识理论》,胡昌智译,北京大学出版社 2006 年版,第 11 页。

史当作现存在场的东西,解释者或历史学家的任务不过是把已经在场的意义展现出来而已。德罗伊森虽然意识到了历史场域对解释者的制约性,但他对历史理解之心理学方法的重视又使他的贡献大打折扣,而最深刻的根源在于他们都没有看到历史和历史文本是在行为者和作者一定的历史场域或当时的交往实践活动中产生的。理解之所以是可能的,是因为不管历史、文本还是解释者,都建立在人类共同的交往实践活动之上,因而对它们的理解并不需要诉诸心理学的解释或人类心理状态的同质性;理解之所以是有限的和不完全的,是因为不同的解释者受制于不同的历史场域,每一个解释者只能在自己的境遇中对同一段历史或同一个文本作出自己的判断,他不可能超历史地对历史或文本作出全知的认识。

通过以上的分析我们看到,虽然兰克和德罗伊森从一开始就坚决否定黑格尔以绝对理念自身的运动来研究历史的方法,但他们对这种非历史性标准的否认并不意味着他们摆脱了黑格尔式的形而上学假定,他们对历史的理解也并没有脱离施莱尔马赫式的形而上学在场观。而真正的历史的观点与对历史理解的解释学观点之间的紧张关系在狄尔泰的历史理性批判中达到了最高点。

狄尔泰在兰克和德罗伊森所取得的对历史研究的最新成果之基础上,进一步区分了自然科学和精神科学,以体验的概念肯定了历史场域对于理解活动的重要性,正确地达到了对历史的深刻理解。不过由于传统"主—客"思维模式的限制,他的生命解释学陷入了与笛卡尔客观主义的矛盾之中,最终导致他用理解的客观性来反对生命或体验。在狄尔泰看来,自然科学与精神科学的区别主要在于经验方式的不同。前者在于对持续不断的流变中浮现的各种客观图像的经验,这种经验有赖于观察的角度、距离和光源等,人们能够以一种科学实验的方式认识这些图像的变化,并意识到关于这些图像之间的规律和法则,因而自然科学的经验着重程序和结果的可重复性、可验证性[1];后者

---

[1] Cf.Wilhelm Dilthey,*The Formation of the Historical World in the Human Sciences*,edited,with an introduction,by Rudolf A.Makkreel and Frithjof Rodi,Princeton University Press,2002,p.111.

则是"从生命和理解出发,从内在于生命之中的实在、价值和目的的关系出发"①,对这种复杂的精神现象很难通过确定的感性测定和各种可能的因素来达到量上的准确分析,因而精神科学中的经验与其说是肯定与确证,不如说是对我们以前观点的否定与教训。因为在这里我们不是通过重复以前的经验来认识现在,而是我们已经经验了以前观点的错误或片面性,以至于我们现在太有经验而根本不相信以前的经验。自然科学需要说明,即能够通过观察和实验的方法把个别事例纳入一般规律之下,精神科学则需要理解,即以历史性的经验存在进入他人的生命乃至整个人类精神世界。

兰克和德罗伊森虽然也意识到了个体经验与历史理解之间的客观联系,因此他们批判黑格尔思辨形而上学的历史哲学,努力建构一门开始于事实、重视经验的历史学。但如何从强调个体经验到对整个历史世界的经验以至于确保历史学的客观性? 在这个问题上,无论是兰克求助于上帝的全知认识,还是德罗伊森强调人类内心的同质性,他们最终都是以自然科学的模式来证实历史学的客观性。历史理解就是对以前经验的重新肯定和理解,以前经验中正确的研究结果也是其他任何时代的研究者能够重复和肯定的结果,历史理解的客观性和合法性正在于此。这是传统解释学的方法论原则在历史学领域中的重现。这里的问题在于,兰克和德罗伊森忽视了经验本身的历史性这个根本环节,或者说他们当中也有人意识到了经验的历史性,但为了历史学的客观性和科学性而否定了自己深刻的洞见,因此从根本上来说他们的问题是没有认识到历史理解本身的历史性。在意识到前辈们的严重缺陷的前提下,狄尔泰釜底抽薪般地指出:"我们面对的问题是:我体验我自己的状态,我作为不同社会系统的汇聚点存在于社会互动之中。这些系统来自同样的人类本性;我可以从自身体验到这种本性,也可以从他人那里理解到这种本性。我的思维所使用的语言产生于时间之中,我的概念也是在时间中发展起来的。因此,

---

① Wilhelm Dilthey,*The Formation of the Historical World in the Human Sciences*,edited,with an introduction,by Rudolf A.Makkreel and Frithjof Rodi,Princeton University Press,2002,pp.139-140.

就我能深入自己的内心而言,我是一个历史的存在物。与解决历史的知性认知问题相关的第一个重要结论是:历史科学的可能性的基本条件在于,我本身是一个既是历史的研究者同时也是历史的创造者的历史存在物。"①自然科学的实验强调程序和结果的可重复性、可验证性,而精神科学的经验并不依赖于可重复性,而是依赖于产生经验的具体历史场域以及经验本身的内在历史性,这是一种生命的历史过程,精神科学的本质在于"继续思考那种生活经验里已经被思考的东西"②。这是狄尔泰把精神科学建基于体验概念之上的根本原因。因此,对历史世界的理解并不包括自然科学中的实验和测定的数据,而是被直接给予的意义统一体,这种看似陌生又不可理解的意义构成物其实不再包含任何陌生性的、对象性的和需要解释的东西,是一种体验统一体。③ 在这种体验统一体中,对未来预期的方式依赖于对过去经验的回忆和理解,正如现在的经验又重新规范了对过去经验的理解一样,从根本上来说,对现在生命经验的理解存在于对生命本身得以进展的过去经验和未来预期的修改、解释和展望的时间结构之中,"曾经存在的东西持续不断地变成过去,而未来则持续不断地变成现在。现在是不断以实在充满某个时刻的过程"④。按照这种分析,历史理解的个体就不是历史学派所主张的一种普遍的主体,而只能是历史性的个人,相应地,从生命的历史实在中产生的主体决定了对体验的认识是永远不可能完成的任务,也不可能存在一种脱离体验的具体境遇而客观公正地对待过去经验的自我理解。对历史的理解深刻地根源于个体生命本身的体验,两者彼此制约,相互决定,"理解自我,就是进行最大的迂回,即通过保留对所有人来说有意义的东西的记忆的迂回。解释学就是个人与普遍历史的知

---

① Wilhelm Dilthey, *The Formation of the Historical World in the Human Sciences*, edited, with an introduction, by Rudolf A.Makkreel and Frithjof Rodi, Princeton University Press, 2002, p.298.

② [德]伽达默尔:《诠释学 I :真理与方法》,洪汉鼎译,商务印书馆 2010 年版,第 317 页。

③ 参见[德]伽达默尔:《诠释学 I :真理与方法》,洪汉鼎译,商务印书馆 2010 年版,第 99 页。

④ [德]狄尔泰:《历史中的意义》,艾彦译,译林出版社 2011 年版,第 40 页。

识的融合,也就是个人的普遍化"①。

但是,历史理解的客观性问题,即如何从对个人生命经验的理解转变到根本不为任何人所体验和经验的整个历史世界的理解问题,对于狄尔泰来说,依然是既不可避免又难以解决的问题。之所以不可避免,是因为他毕生的努力就是打算通过对真正科学之理解概念的界定,使其符合客观化要求,以期达到精神科学与自然科学之相同程度的科学性和精确性;之所以难以解决,是因为如果对历史的理解和他的前辈们一样仍然诉诸对个人以及他人生命体验的心理学解释,那么一切客观化根源的追求和证明已不再可能。狄尔泰对这个问题的解决使他越来越接近于他曾经反对和批判的黑格尔的思辨哲学,因为他是用黑格尔的"客观精神"概念来解决个人体验与整个社会历史体验的距离问题的。虽然他一再声明"我必须将我所赋予它(指"客观精神"概念——引者注)的含义与黑格尔的意思准确、明白地区分开来"②,他也曾告诫后人,"在把握历史关联时,决定性的事情是,我们既不能从流传下来的历史事件的残迹中读出历史关联总体,也不能为了构造传统而将所谓历史哲学观念投射到传统的流传物中。"③但不容争辩的是,狄尔泰一步步地走向了黑格尔的先验唯心主义。他用黑格尔的"客观精神"概念来指称个体间把握和理解历史世界的共同性,由于诸个体被包含在共同的实践和文化模式内,个体的生命史不仅是个别主体生命在时间向度里的展现,也是在诸个体组成的共同的社会和文化氛围即空间向度里的展现,因而个人体验也是社会文化领域里的解释,进而是对整个人类历史的理解。"个人总是在共同性的范围内从事体验、行动和思考,同样地,他也只是在这一范围内从事理解。一切被理解物似乎都带着由这种共同性而来的熟悉的印记。我们生活在这个氛围中,它始终包围着

---

① ［法］保罗·利科:《诠释学与人文科学》,孔明安等译,中国人民大学出版社2012年版,第12页。

② Wilhelm Dilthey, *The Formation of the Historical World in the Human Sciences*, edited, with an introduction, by Rudolf A.Makkreel and Frithjof Rodi, Princeton University Press, 2002, p.170.

③ Wilhelm Dilthey, *The Formation of the Historical World in the Human Sciences*, edited, with an introduction, by Rudolf A.Makkreel and Frithjof Rodi, Princeton University Press, 2002, p.327.

我们,我们沉浸在它的中间。我们熟悉这个历史的、业经理解的世界,我们理解这中间的含义和意义,我们本身就置身于这个共同性的领域之中。"①狄尔泰以一种超历史的共同性给予精神科学以客观性,他与兰克和德罗伊森一样,在面对经验主义和唯心主义的抉择时,选择了前者而抛弃了后者,最终在传统思维模式的藩篱中把历史理解的有效性又建立在笛卡尔思辨唯心主义基础之上。他一方面肯定精神科学必须建基于体验和生活经验,另一方面又以历史知识的有效性来反对个体体验,认为有超越具体历史场域来达到对个体生命、他人经验乃至整个历史世界的纯粹客观的、无条件的知识的可能性。

总之,不管是兰克、德罗伊森,还是狄尔泰,他们都批判了黑格尔对历史的纯粹先验唯心论的解释,强调了历史场域对于理解历史的基础性作用,每一个解释者的理解都是有限的和片面的。与以施莱尔马赫为代表的传统解释学直接摒弃解释者的历史性存在而言,他们对历史的理解具有独创性的贡献。但为了理解的客观性,他们要么求助于上帝,要么诉诸人类的同质性,要么回归于黑格尔的客观精神,总而言之,都放弃了对解释者之历史境遇、有限性存在的坚守而走向了超历史的思辨唯心主义。他们依然延续思辨形而上学的在场观,将思想的在场看作是解释学的唯一任务,虽然德罗伊森和狄尔泰意识到了解释者的历史场域,但在传统解释学方法论原则的影响下,先后以人类的同质性和黑格尔的客观精神为思想在场的绝对性、永恒性和先天性提供了直接论

---

① Wilhelm Dilthey, *The Formation of the Historical World in the Human Sciences*, edited, with an introduction, by Rudolf A. Makkreel and Frithjof Rodi, Princeton University Press, 2002, pp.168-169. 有学者指出,"从'生命'到'存在'仅有一步之遥,但要迈出这一步却是异常艰难的,因为这需要从认识论—方法论范式转变为存在论范式,狄尔泰处在存在论的门槛上,却没有推开存在论这扇门。决定性地迈出这一步的是海德格尔"(李永刚:《历史主义与解释学——以"历史性"概念为核心的考察》,人民出版社 2016 年版,第 102 页)。海德格尔后来在评价狄尔泰时,中肯地说:"狄尔泰关注的真正问题是历史的意义问题,它同从生命本身理解生命,而非从外在的实在来理解生命的倾向相关联。这就包含了生命使自身显现出自身样态的方式。狄尔泰强调了生命作为历史性—存在(Geschichtlich-Sein)的基本特征。但他仅只是做到了这一点,而忽略了去问:这一历史性—存在真正是什么,也没有表明生命本身如何是历史性的。"(*Becoming Heidegger:On the Trail of His Early Occasional Writings*, 1910-1927, edited by Theodore Kisiel and Thomas Sheehan, Northwestern University Press, 2007, p.270)

据,以对历史理解的有效性否定了解释者个人的历史性存在。"现实"场域在他们的视域中仍然是缺位的,因而也就不可能真正理解历史和文本意义。

### 三、现象学转向

浪漫主义解释学和德国历史学派的共同缺陷在于,他们都企图以一种非历史的传统解释学原则来解释精神科学中历史性的理解,最终要么直接否定人的历史性存在,要么由于历史知识有效性要求的诱惑使他们损害了自己在历史理解领域中的深刻洞见,走向了笛卡尔式的思辨唯心主义。精神科学的理解关乎解释者的个人经验和感性生活,因而它不可避免地与历史场域、有限性等相关联,不可能达到终极性认识。胡塞尔的生活世界概念克服了狄尔泰等人纠结于经验主义与唯心主义之间的困境,开启了历史理解研究的现象学转向。

体验(Erlebnis)概念是连接狄尔泰和胡塞尔思想的一个支点。他们认为,体验是一种意义统一体,但它不应当被理解为某个自我意识生命之流中短暂的一部分或者转瞬即逝的东西,而应被理解为存在于整个生命整体中的一种意向关系。不同的是,在狄尔泰那里,体验概念作为精神科学的经验方式是与自然科学的实验方式相区别的,后者是通过外部感官来感觉进而说明外部世界,而前者则是通过体验来领悟包括人们的各种心理事件和心理活动在内的内在世界。[①] 虽然两者的经验方式不同,但就作为各自研究对象的科学形式而言,它们具有同样的有效性。在胡塞尔这里,体验概念则包括对整个人类生活世界的意向性体验,每一种意向体验都有其意向对象,意向性总是和一定的意向对象不可分割地联系在一起。自然科学在这里已经不再是与精神科学相区别的以外在世界为研究对象的科学,而是本身也依赖于人类的意向性体验,自然科学的客观世界建立在主观被给予的生活世界这个视域之上。"意向性的现象学第一次将精神作为精神变成了系统的经验与科学的领域,并由此而

---

[①] 参见[德]狄尔泰:《精神科学引论》第 1 卷,艾彦译,译林出版社 2012 年版,第 18 页。

引起了认识任务的彻底改变。绝对精神的普遍性包括了所有的以绝对的历史性存在着的东西,自然作为精神的构成物而被归属于这种绝对的历史性。"①在这里,精神并不是与自然相对立或者在自然之外的精神,而是包括自然本身在内的精神,自然科学以精神科学为前提。所以,如果狄尔泰提出体验概念的目的是建立一门能与自然科学同等有效的精神科学,胡塞尔则用体验概念在论证客观科学本身的可能性条件。在后者看来,生活世界是预先为我们存在的,我们只是这个世界中诸多对象中的一种,并且在被科学确认之前,我们是直接的经验上的确实性;另一方面,我们又是有目的地经验、思考和评价生活世界,并只有在我们的经验、思考和评价中才能赋予它存在的意义。"或者更确切地说,是以作为习惯的获得物从很早以来我们就具有的,并且作为我们可以随意再次实现的如此这般内容的有效性,在我们内心中所包含的那种有效性的形式而具有存在意义的。当然,所有这些都经历了多种多样的变化,而'这个'世界作为统一地存在着的、只不过在内容方面进行了修改的世界,仍保持着自身。"②科学的客观性依赖于生活世界这个历史场域并受它的制约,这种经验的历史性决定了对一个无限世界的真实观念是不可能实现的。正如伽达默尔所说:"今天,当胡塞尔现象学的各个发展阶段已经一目了然之后,我认为这是清楚的,即由于胡塞尔证明了主观性的存在方式就是绝对的历史性,亦即时间性,因此他是在这个方向上迈出决定性步伐的第一人。"③

但胡塞尔对历史客观主义的批判并不彻底,因为他为了达到严格科学的要求而把生活世界看成是一个纯粹的现象学还原的问题。生活世界并不是一个大而全的同一世界,而是包括每一个个人世界在内的共在世界,那么,如何解释从作为个人视域的世界之确实性到作为众多个人共同具有的主体间性世界的确实性?与狄尔泰甚至兰克、德罗伊森一样,胡塞尔面对的问题依然是客

① [德]胡塞尔:《欧洲科学的危机与超越论的现象学》,王炳文译,商务印书馆 2010 年版,第420 页。
② [德]胡塞尔:《欧洲科学的危机与超越论的现象学》,王炳文译,商务印书馆 2010 年版,第133—134 页。
③ [德]伽达默尔:《诠释学 II:真理与方法》,洪汉鼎译,商务印书馆 2010 年版,第 518 页。

观主义与经验主义的两难抉择,即是现象学作为严格科学的要求与承认受历史场域制约的知识之间的矛盾。胡塞尔解决问题的方法也与前三位相似,他并没有彻底坚持历史场域对于历史知识的制约性和重要性,更没有从人们的客观活动中来理解生活世界,而是将众多个人的生活世界现象学地还原为"原始"的观念生活世界——一个非历史性的、先验主体性的产物,"对于世界的彻底的考察,是对于自己本身在外部'表现出来的'主观性的系统的纯粹内在的考察"①。胡塞尔运用现象学的方法将自然科学的基础建立于生活世界之上,克服了狄尔泰把自然科学与精神科学相对立而陷入的困境,但在对生活世界的理解上他过多地受到了认识论模式的影响,在这一点上他与狄尔泰并无二致。然而,要想真正彻底地消除思辨唯心主义的这种迷惑力,就根本不能从自我意识出发去思考生活世界的存在方式,而要从此在的生存论结构中找到它的表现:"我们必须果断地走出主客问题之使人着魔的循环,而对存在进行询问。但是,为了要询问一般的存在,首先我们需要询问所有存在者都在'此处'的存在,询问此在,即询问这个以理解存在为模式而生存的存在者。因此,理解并不是一个认识的模式,而是一个存在的模式,一个通过理解而生存的存在者的模式。"②只有海德格尔走出了"使人着魔的循环",并对此在进行询问。

海德格尔批判了胡塞尔将生活世界还原为纯粹我思的做法,发展了狄尔泰思想中的本体论倾向,使生命的探究真正奠基于本体论基础之上。在此基础上,不仅仅是历史对象,而是所有时间性的存在特别是此在的存在方式,都是历史性的,"历史性概念并不表述某种关于事件过程联系,说它是真实的,而是表述处于历史中的人的存在方式,人的自身存在基本上只能通过历史性概念方可理解"③。现象学探究的本体论基础不是先验主体性,而是那种不能证明和不可推导的此在的实际性,这不能通过先验还原的方法论原则来认识

---

① ［德］胡塞尔:《欧洲科学的危机与超越论的现象学》,王炳文译,商务印书馆2010年版,第144页。

② Paul Ricoeur, *The Conflict of Interpretations*: *Essays in Hermeneutics*, edited by Don Ihde, Northwestern University Press, 2007, p.7.

③ ［德］伽达默尔:《诠释学Ⅱ:真理与方法》,洪汉鼎译,商务印书馆2010年版,第168页。

和理解，它本身是时间性的存在，受历史场域的制约和规定。如果说胡塞尔对历史客观主义的批判是现代倾向在方法论上的一种继续，海德格尔则通过重新考察已经被人遗忘了的古希腊哲学关于"存在"的问题来看待对历史意义和此在自身的理解问题。在他看来，此在是在时间中持续地存在着的，这是历史的、有限的自我而不是先验的自我，现象学应该是对这种现实生命的此在的解释，对历史的理解必须从此在的实际状态出发。过去是在对现在的经验和预期中获得其意义的，而现在的意义和未来的预期又依赖于对过去的经验和理解，海德格尔把它称为"被抛的筹划"。一方面，此在作为能在，总是对世界中的存在的筹划，理解在揭示了此在可能性的同时，也揭示了与之打交道的周围世界的存在者，"此在不是一种附加有能够做这事那事的能力的现成事物。此在原是可能之在。此在一向是它所能是者；此在如何是其可能性，它就如何存在"①。只要此在存在，它总是已经理解了自己，并总是根据可能性来筹划和理解自己，通过理解，此在获得了自身的规定性，成为是其所是。此外，世界也只有在此在的理解、筹划和可能性中显示自身时才获得其存在的意义。比如说门把手作为一个开门活动的因素为我存在在那里，但只有当我筹划开门这个活动时门把手才能表现出它自身的意义。从这个意义上来说，世界并不是作为现存在场的东西而事先向我们展现出来的，而是作为一种可能性呈现出来的，是一个有待变成现实的未来世界。虽然人们难以想象未来的世界是一个什么样的状态，但这种无限可能性归根结底其实就是此在存在的可能性，理解的过程就是此在将自己的可能性投向世界的过程。另一方面，此在作为一种可能性的存在，从一开始就不可避免地被抛向整个历史世界的场域中，"此在被抛向、被指派向随着它的存在总已展开了的世界"，以境缘性即受历史场域制约的方式存在着，"此在以这种方式不断把自己交付给'世界'，让自己同'世界'有所牵涉；其方式是此在以某种方式逃避它自己"②，任何促使和限制此在筹划的东西都绝对地先于此在而存在，但此在又不得不去选择一种

---

① ［德］海德格尔：《存在与时间》，陈嘉映、王庆节译，商务印书馆 2016 年版，第 205 页。
② ［德］海德格尔：《存在与时间》，陈嘉映、王庆节译，商务印书馆 2016 年版，第 200 页。

可能性,不得不去决定自己的存在方式。所以,此在的可能性并不意味着我们完全有做任何事的可能性,而是在一定前提下的能在,此在本身存在于特定的历史境况之中,其向着未来筹划自身的可能性在某种程度上已被过去筹划的未来所限制。关于这一点,其实早在狄尔泰那里就被意识到了:"历史科学的可能性的基本条件在于,我本身是一个既是历史的研究者同时也是历史的创造者的历史存在物"①,但他关于经验共同性的说明却否定了他对历史经验结构的正确理解。可以看出,此在可能性的筹划并不是随心所欲的,而是要受到一种先行存在结构的引导,海德格尔把它称为理解的前结构。它不仅是此在本身的存在方式,也是对此在之未来可能性进行筹划的前提和基础,任何可能的理解活动都不是一种无前提的把握,更不是把单独的含义嫁接到赤裸裸的现成事物之上,而是要受到"先入之见"的制约和规定,它是在理解活动发生之前就已经给定了的。"上手事物一向已从因缘整体性方面得到理解","因缘整体性乃是日常的、寻视的解释的本质基础"②,不是对现成事物的抽象的、客观的理解,而是从理解的历史场域中,从此在自身的存在中对上手事物的理解。帕尔默这样评价海德格尔对解释学理论的贡献:他将理解问题置于一个全新的语境之中,"作为存在的基本模式,理解已超越了狄尔泰的定义限制(此定义将理解设想为与科学理解形式相对立的历史理解形式)。海德格尔进而断定:一切理解都具有时间性、意向性与历史性。他对理解的考察超越了以往的概念:不是将理解视为一种心灵的而是本体论的过程,不是将其视为对意识和无意识过程的研究,而是揭示那种对人来说真实的东西"③。

　　海德格尔在这里对理解问题的解释学说明不再像狄尔泰那样是如何理解人类内心世界和生命体验的问题,也不同于胡塞尔所做的那样是整个生活世界如何在先验意识里被建构的问题,而是此在本身如何是解释的过程和产物,

① Wilhelm Dilthey, *The Formation of the Historical World in the Human Sciences*, edited, with an introduction, by Rudolf A.Makkreel and Frithjof Rodi, Princeton University Press, 2002, p.298.

② [德]海德格尔:《存在与时间》,陈嘉映、王庆节译,商务印书馆2016年版,第214页。

③ Richard E. Palmer, *Hermeneutics: Interpretation Theory in Schleiermacher, Dilthey, Heidegger, and Gadamer*, Northwestern University Press, 1988, p.140.

因而《存在与时间》中的根本问题"不是以何种方式才能理解'存在',而是以何种方式理解就是'存在'"①。历史理解的合法性不是基于理解对象的客观有效性,而是只有承认此在的历史性,才能理解历史,历史场域在这里获得了其积极的意义。海德格尔对理解问题的生存论分析不仅避免了历史客观主义的困境,而且还开启了一种全然不同的新立场,从而在根本上超越并摧毁了近代哲学的全部主观主义。但正如任何事物都有其两面性一样,海德格尔虽然在《存在与时间》中对解释学理论作出了具有决定性意义的贡献,但他强调对任何历史事物和现象的理解其实是在此在的筹划与被筹划、形成与被形成的过程中对其自身的理解,这种观点在摧毁近代哲学之主观主义倾向的同时自己也陷入了理解问题上的主观主义,时间和历史在他那里虽然有着积极的意义和被肯定的价值,但却是以否定传统和历史在当年的存在价值为代价的。在晚期海德格尔思想中,解释的对象已经从一般化地描述此在日常接触的存在转移到了形而上学和诗歌,对历史的真理性理解在日常的工具性语言里已经被丧失了,只有在诗性语言中,历史的存在才得到澄明,真理才会展现。

伽达默尔在继承海德格尔本体论解释学的基础上,强调了历史和传统在理解中的重要作用,权威和传统不仅是理解的前提和基础,更是解释者存在的历史实在,没有它们,理解的现在视域就无法形成,现在视域要受到过去视域的影响和制约。这意味着理解不能超出自身的历史场域,它所获得的知识是有限的和部分的,"意义总是同时由解释者的历史处境所规定的,因而也是由整个客观的历史进程所规定的"②。在对历史的不断的视域融合的理解中,逐渐来到了一种更高的普遍性,但永远也达不到终极性的知识,这是一个无限延伸和不断发展的辩证过程。我们发现,只有在伽达默尔这里,通过对前见的肯定和理解之历史性的弘扬,不仅避免了海德格尔在理解问题上的主观主义倾向,而且在根本的意义上使历史场域作为理解发生的历史地平线获得了其应有之义。因此,如果对于海德格尔来说,解释学是一种方法,是使存在如其自

---

① [德]伽达默尔:《诠释学Ⅱ:真理与方法》,洪汉鼎译,商务印书馆2010年版,第155页。
② [德]伽达默尔:《诠释学Ⅰ:真理与方法》,洪汉鼎译,商务印书馆2010年版,第419页。

身所是的那样展现出来,也就是追问存在与存在意义的方法的话,那么对于伽达默尔来说,精神科学的解释学本身就是目的,而这对于海德格尔来说只是次要的问题,"海德格尔探究历史解释学问题并对之进行批判,只是为了从这里按本体论的目的发展理解的前结构(Vorstruktur)。反之,我们探究的问题乃是,解释学一旦从科学的客观性概念的本体论障碍中解脱出来,它怎样能正确地对待理解的历史性"①。

但是,想要深度考察文本理解对于历史场域的根本依赖性,仅仅通过现象学转向来打破和超越那种把思想看作是永恒在场、普遍在场的思辨形而上学在场观,承认历史场域是理解活动之原点还是远远不够的。更为重要的是,我们要穿越表象地展现历史场域之图景,通过不断地反思和批判认识到,作为解释者和理解对象之发生学根源的历史语境并不是现存在场的,而是由人们世世代代的交往实践活动所构境的因而是不断出场的过程,历史之"物"不是既成固化的在场,而是不断地被实践构境的结构体。因而,交往实践活动是历史场域生成的实践论基础。

## 第二节　交往实践:历史场域的实践论基础

理解文本、重建文本背后之历史图景的"叙事方式"大概说来有三种方法:其一,施莱尔马赫和狄尔泰等人用心理移情或重新体验的方法达到对理解主体之前见的祛除和对文本思想的重构。其二,以海德格尔和伽达默尔为代表的本体论解释学肯定前见对于理解活动的基础性地位,并以承认时间间距和效果历史的方法来重述历史场域的哲学图景。其三,哈贝马斯从解释学应为社会批判科学的维度出发,强调建立在普遍语用学基础上的交往行为是理解文本,阐发历史图景的根本基础。但是,不管是对文本思想的重构还是对理解历史性的肯定,他们都囿于"主体—客体"模式的影响而使解释者笼罩在单

---

① [德]伽达默尔:《诠释学Ⅰ:真理与方法》,洪汉鼎译,商务印书馆2010年版,第377页。

一文化交往场之中,否定或忽视了历史是由两极或多极主体不断构境的结果。哈贝马斯虽然批判了"主体—客体"模式下历史的自发在场性,主张从普遍语用学所规范的多极解释者之间的合理性交往行为来理解历史图景之意义,但他没有看到语言并不是历史场域本身,从根本上来说它是由人类的交往实践活动所派生的。不理解历史场域的意义,就无法理解语言的意义。所谓历史场域,就是由人们世世代代的交往实践活动所构境的动态结构体。而交往实践,是指"诸主体间通过改造相互联系的中介客体而结成社会关系的物质活动"①,是历史场域这一动态结构体的内在基础,它派生并制约着人们的认知、语言、价值以及对文本的理解等一系列精神交往活动。因此,交往实践作为历史场域的实践论基础,就应该成为重述历史图景的开端。

## 一、交往实践:三重结构

以"主体—客体—主体"模式为框架的交往实践观既克服了传统"主体—客体"思维模式对多极解释者之间基于实践关系所凝聚的意义结构的忽略,也否弃了后现代解释学摒弃客体底板,只注重"主体—主体"关系而对文本意义所做的差异化、多元化理解,并批判性地取其精华、去其糟粕,以交往实践的客观意义结构为中介而联结诸主体间的社会交往关系来达到对文本意义进而对历史图景的真理性理解。为此,我们首先需要从三个方面来揭示交往实践的结构,即实体结构、意义结构和辩证结构,以把握其本真意义。

### (一)交往实践的实体结构

实体结构是其他两种结构的基础和本体,即交往实践的现实存在性结构。这一结构有微观和宏观两个方面。从微观结构来看,交往实践观摒弃了哲学解释学只重视解释者相对于文本的主体地位,却忽略社会关系、交往关系对于历史构境之关键性的重大理论缺陷;同时,交往实践观也批判了后现代解释学只注重解释者之间的主体际关系而否定实践活动这个理解根基的观点。它扬

① 任平:《交往实践与主体际》,苏州大学出版社 1999 年版,第 153 页。

弃了前两者的理论缺陷,并将其合理性吸收容纳于自身,是对前两者观点的批判性继承和发展。因而,交往实践观并不是对哲学解释学的多个"主体—客体"关系的相互衔接和重复叠加,因为在后者的视域中,诸解释者之间的社会交往关系是被否定的,或者至少是与"主体—客体"框架相分离的,而在"主体—客体—主体"的相关性框架中是以两者的统一为标志的。伽达默尔后期在与哈贝马斯的争论中也意识到对话和交往关系对于理解活动的重要性,认为"文本的理解无论如何总有赖于交往的条件,这种条件超出仅仅固定在所说话中的意义内容"①,但他对交往和对话的理解仅仅停留在抽象的语言学层面,没有看到在理解背后真正存在的是解释者与文本(作者)之历史的和空间的交往实践关系,他不了解历史场域对于解释者的生成性和构境性。在交往实践中,任何单一解释者对文本的理解,即"主体—客体"关系,都是"主体—客体—主体"结构中的一环;解释者在理解文本的同时指向包括在场的或历史的另一极解释者之间的"主体—主体"交往关系,并受其影响和制约。显然,在交往实践观中,解释者对任何文本的理解和解释都早已处于另一极主体(作者、读者)实践作用的关系中。对文本意义的追溯和理解既不完全在于作者,也不完全在于读者或解释者;既不像传统解释学认为的那样是由作者或作品意图所决定,也不是后现代解释学所说的由"作者带去语词,而由读者带去意义"②,而是对解释者与作者之间或各极解释者之间在场的、历史的交往实践关系的探寻和考察,是由"多元主体间的交往结构共同决定"③的。罗兰·巴特说:"文的舞台上,没有脚灯:文之后,无主动者(作者),文之前,无被动者(读者);无主体和客体。"④并不存在独立的作者和文本,也不存在独立的读者和解释者,只有当文本通过交往实践活动进入解释者的视域以后,解释者和文本之间的关系才具有现实性。换句话说,只有以客观意义结构为中介的交

---

① ［德］伽达默尔:《诠释学Ⅱ:真理与方法》,洪汉鼎译,商务印书馆2010年版,第430页。
② ［意］安贝托·艾柯:《诠释与过度诠释》,王宇根译,三联书店2005年版,第25页。
③ 任平:《交往实践与主体际》,苏州大学出版社1999年版,第543页。
④ ［法］罗兰·巴特:《文之悦》,屠友祥译,上海人民出版社2009年版,第21页。

往活动才使解释者是其所是,使文本成为解释者的理解对象;离开交往结构,只能抽象化、概念化地谈论解释者和文本之间的关系。同时,在多元主体的交往结构中,作者的主体地位或读者的主体地位并不是僵死的、固定的,而是每一个主体同时都是作者和读者,即意义的创造者和理解者,所谓"吾眼观上帝,彼眼观吾,眼,一也"①。同样,交往实践观也不是对后现代解释学"主体—主体"框架的简单"照搬"和再现,两者有着原则性的差别。前者从全新的意义上肯定了理解活动中的"主体—客体"关系,后者则完全消解了理解对象之客观性;前者通过文本对于交往关系的中介作用而建立起了新视域,后者则因为消解客体底板而走向相对主义甚至虚无主义。以"主体—客体—主体"为框架的交往实践观在理解过程中体现着双向建构、双重整合的功能。所谓双向建构既包括对进入交往关系的解释者的建构,也包括对解释者、作者的交往关系的建构。前者决定了解释者总是一定的交往结构的产物,后者则形成了一定的历史规范结构,同时又不断地否定这一结构,造成社会历史的发展和进步以及对文本的与时俱进的理解。没有交往,就没有主体,也就没有历史场域,更谈不上对文本的理解。所谓双重整合,一方面是指对参与交往的解释者自身之理解的整合,每一个解释者为了避免误解的产生和为真理性理解提供可能性,需要对自己前见的有效性和正当性进行批判性的考察和认定,"解释者无须丢弃他内心已有的前见解而直接地接触文本,而是只要明确地考察他内心所有的前见解的正当性,也就是说,考察其根源和有效性"②;另一方面是指通过交往对多极解释者之间多元化、差异化理解的整合,以形成对某一文本或历史事件的共识。正如伽达默尔所说的:"我们必须重视与他者的相遇,因为总是有这样的情况存在,即我们说错话以及后来证明我们说了错话。通过与他者的相遇我们便超越了我们自己知识的狭隘。"③

---

① [法]罗兰·巴特:《文之悦》,屠友祥译,上海人民出版社 2009 年版,第 21 页。
② [德]伽达默尔:《诠释学Ⅰ:真理与方法》,洪汉鼎译,商务印书馆 2010 年版,第 380 页。
③ [德]伽达默尔、杜特:《解释学 美学 实践哲学:伽达默尔与杜特对谈录》,金惠敏译,商务印书馆 2005 年版,第 21 页。

从宏观结构来看,交往实践拓展着解释者的主体结构和历史结构,成为与时俱进地理解文本进而产生人类思想精神体系的总体性框架。交往实践几乎涉及人类社会的全部活动,包括生存性的交往活动、经济、政治和科技等交往活动以及教育和艺术等交往活动。以生命生产为主的生存性交往活动是一切历史的第一个前提,也是交往实践的人类学起点;以生产物质生活本身为第一个历史活动的经济、政治和科技等交往活动是交往实践的主体部分,也是生成历史场域的前提和基础;教育和艺术等交往活动也是广义上的交往实践的一部分,但它的目的"已不再是直接改造'物',而是改造'人',是重塑主体的实践"①,是通向包括文本理解在内的精神交往的中介。每一层次的交往实践活动生成着和构境着理解得以发生的历史场域。从根本上来说,文本理解问题就是交往实践与精神交往的关系问题,每一个文本理解的背后都是解释者与作者之间或另一极解释者之间的纵向的历史交往和横向的交往实践关系。从横向来看,交往实践一方面建构各极解释者,使每一个解释者在已经取得的历史文化水平的基础上建立起来,成为"潜在"的解释者;另一方面又建构那些影响文本理解之真理性的各极解释者之间的交往关系,使文本成为"可能"的理解对象。一旦进入现实的交往实践关系,理解什么和谁在理解,就是现实的和确定的。在这个基础上,交往实践一方面整合解释者个人的理解,因为任何对文本的理解首先是个人的理解,是对其交往实践活动的再现;另一方面也整合多极解释者对文本意义的多元化、差异化理解,使一种意义理解或思想精神体系成为占统治地位的理解或思想。从纵向来看,对文本意义的理解并不是像施莱尔马赫那样使文本的固有意义呈现或使作者在场,也不是海德格尔和伽达默尔认为的此在自身存在的展开,而是各个主体之间(解释者与作者、前解释者与后解释者)的历史交往所形成的"合晶"。马克思认为,人类历史的发展是在既定前提下的创造,"人们自己创造自己的历史,但是他们并不是随心所欲地创造,并不是在他们自己选定的条件下创造,而是在直接碰到的、既

---

① 任平:《当代视野中的马克思》,江苏人民出版社 2003 年版,第 104 页。

定的、从过去承继下来的条件下创造"①。理解活动也是如此。每一个解释者都是处在一定的历史文化传统中,运用一定的思想观念和认识图式对一定的文本对象作出新的理解和创造。任何当代人的理解视域都是在横向的交往实践关系和纵向的历史交往关系格局中被造就的,因此,任何当代人的理解都是交往整合的产物。

(二)交往实践的意义结构

如果说实体结构主要是指对解释者本身和交往关系的建构和整合的话,意义结构则主要是指在前者基础上对多极解释者产生的关联性关系。自解释学产生以来,意义问题就成为其研究的主要问题。施莱尔马赫以语法解释和心理学解释来重构作者的思想,以确保文本意义的客观性。伽达默尔在肯定海德格尔实际性解释学的主体性原则的基础上,以解释者的历史性存在和理解的效果历史原则来展现主客体的统一。哈贝马斯意识到每一个解释者对文本的理解都关乎另一极解释者的理解,提出为了达到真理性理解,必须首先建立解释者之间合理性的交往行为的先验规则。但是,他们都没有考察意义的客观基础,没有将意义的理解与人们的交往实践联系起来,他们要么否定"主体—主体"的意义域,要么忽略"主体—客体"的意义域,而没有一个人想到要提出关于交往实践与意义理解的关系问题。交往实践观对意义结构的重建主要包括两方面的内容:对意义客观性的重建和对意义的"主体—客体"与"主体—主体"关系的探讨。

意义的客观性。不论是伽达默尔还是哈贝马斯都将语言视为意义理解的中心,不同的是,前者将一切事物和文本以及人类自身的存在方式都看作是语言的存在,对意义的理解离不开语言;后者认为建立在普遍语用学基础上的交往行为才是意义理解的基础。对语言的兴趣,是当代哲学的最主要特征之一,甚至有人断言,"语言在哲学中始终占据着荣耀的地位,因为人对自己及其世

---

① 马克思:《路易·波拿巴的雾月十八日》,《马克思恩格斯文集》第2卷,人民出版社2009年版,第470—471页。

界的理解是在语言中形成和表达的。这一点甚至从柏拉图的《克拉底鲁篇》和亚里士多德的《解释篇》的时代以来就为人们所承认了"①。但是,从根源上来说,语言并不是理解的发生学起点,而是由人类的交往实践活动所派生的,交往实践才是文本意义的主体性根源和客观基础。而意义,则是各极解释者在交往实践活动中并通过交往实践活动而实现的对其自身的客观指向,"它发生于交往实践过程中,又相对于各极主体的需要、利益和存在的状况,是交往实践过程的一部分,因而是、或说首先是客观的"②。但需要注意的是,意义的客观性特征并不意味着在多极解释者那里的理解就是相同的。在交往实践中,意义的作用是双向的,一方面,是展现作者之交往实践关系的文本本身对于各极解释者的实际意义;另一方面,是各极解释者在既定的历史交往条件下对文本意义的主观的、能动的设定。对文本意义的任何假定的推断"都与这种变化的,但永远共同设定的(mitgesetzten)视域有关,通过此视域,世界设定具有了其本质意义"③。但正因为一切理解都要受到特定的历史背景和认识水平的限定,不同的解释者对同一文本的理解会有不同,因而在交往实践之意义域缺失的情况下,一个解释者的理解投向他者的意义会由于特定条件的限制而在他者那里产生与其先前的设定有一定偏差的意义,造成对文本意义的误解甚至是曲解。不管是"主体—客体"模式下的理解还是"主体—主体"模式下的理解,其结果都不能令人满意,它们最终都指向以"主体—客体"与"主体—主体"的相互联系和统一为框架的交往实践观。

意义的交往性。文本意义是双向的,它对每一个解释者都产生意义,且各种意义之间是相互关联的。一方面,一极解释者在交往实践的基础上就设定的文本意义投向交往场中,"它带着全部活动的符号系统,作为脱离主体的独立环节,游离于主体间的场,成为意义的载体"④。另一方面,另一极解释者也

---

① ［法］保罗·利科:《哲学主要趋向》,李幼蒸、徐奕春译,商务印书馆2004年版,第371页。
② 任平:《交往实践与主体际》,苏州大学出版社1999年版,第165—166页。
③ ［德］胡塞尔:《纯粹现象学通论》,李幼蒸译,商务印书馆2012年版,第152页。
④ 任平:《交往实践的哲学——全球化语境中的哲学视域》,云南人民出版社2003年版,第49页。

会在自身交往实践关系的前提下就文本的理解赋予契合于自身境遇的意义。两种或多种意义在历史的交往实践活动中发生着交往视域的融合，构成一个完整的意义域或意义场。任何解释者所理解的文本意义都与这一意义域相关联，即与其一定的交往实践活动相联系，是对其交往实践和精神交往关系的再现。由于意义域的存在，每一个解释者在一定的交往关系中对同一文本的意义理解是确定的，但随着交往关系的改变，意义也会相应发生变化；不同解释者之间的理解差异因为交往实践关系的不同而具有其合理性，但他们之间又由于受制于同样的意义域因而对文本意义的理解有产生共识的合法性基础。由于意义域的存在，既规范了解释者对于文本意义的把握；也规约了不同解释者之间的意义差异与对立，使多极解释者通过交往实践场达到对文本意义理解的共识。

意义结构也有双向建构、双重整合的功能。所谓双向建构是指一方面对基于交往实践活动基础上的文本理解之意义主体的建构，另一方面是对多极解释者之间差异性理解之意义域的建构。所谓双重整合是指一方面整合个体的意义主体，对每一个解释者提供基于自身历史境遇的个性化意义；另一方面整合共识性意义，使同一文本在特定的交往实践场中对不同的解释者产生共同的意义。在以改革创新为时代精神的当下社会，不管是追寻个性化意义还是共识性意义都显得同等重要。

（三）交往实践的辩证结构

辩证结构是实体结构和意义结构的统一，前者呈现的是辩证结构中的肯定—规范向度，后者展现的是其否定—批判向度。其主要原因在于，前者作为对解释者和交往关系的双向建构、双重整合的既成形态，是构境历史场域的前提，因而总是作为肯定的一方而存在的；后者作为对意义的解读，虽然是交往实践的一部分，但而后会与其逐渐分离并反过来形成对既成形态的反思和批判，构成发展的动力。这两者共同构成交往实践的辩证结构。

在交往实践的辩证结构中，肯定—规范向度是不可缺少的。第一，它是建构历史场域的基础。前已述及，一切理解行为都要回溯于解释者的现实处境，历史场域是理解活动得以发生的历史地平线,而肯定—规范向度正是对这一历史地平线的建构和维护,是基础中的基础。它不但指向解释者的前见和传统,而且追溯其更为深刻的根源——交往实践及其精神交往关系。第二,它是使解释者是其所是的可能性条件。每一个解释者都具有现实性和确定性,而不是抽象化、概念化的存在,所谓现实性是指在吸收和继承历史的和当代的物质成果的基础上形塑起具有时代特征的解释者,而不是凌驾于一切社会形态之上的抽象的解释者;所谓确定性是指只有在进入现实的交往实践关系时才能成为"这一个"解释者。这一切只有在规范化的交往实践和精神交往关系中才是可能的。第三,它是交往关系场不断发展的前提。无论是对作者思想的重建还是强调过去视域与现在视域的融合,甚至是多极主体的多元化理解,首先是在肯定—规范向度前提下的向前推进,没有肯定,就没有场域的连续性和历史的关联性,在文本理解问题上就会滑向相对主义。伽达默尔虽然肯定"由习俗和传统的连续性所填满"的时间距离,但他没有看到历史是由解释者背后的交往实践活动所不断构境的存在,穿透的现实不等于现存,当他以现存来看待现实并主张理解"始终是一种创造性的行为"①时,他已经不自觉地否定了人类实践活动的肯定的一面,因而有人指责他有走向相对主义的嫌疑也就不足为奇了。第四,它也是达到理解共识的合理性尺度。所有的作者和解释者都处在一定的交往关系场中,特定的文本理解活动成为他们共同的底板,这就有可能建立起一种适合于不同主体的合理性理解,成为交往实践意义结构的通用规范。

辩证结构中的否定—批判向度的本性是反思、批判和重构。它可以分为对结果的批判和对前提的批判。对结果的批判并不涉及对解释者和作者的交往实践关系以及各极解释者所处的意义域的批判,而仅仅是文本理解之意义结果的批判,例如古典解释学时期对文本意义的来源是上帝、教会还是文本自身的争论就属于此类批判。对前提的批判是颠覆性的否定,因为它不针对结

---

① [德]伽达默尔:《诠释学Ⅰ:真理与方法》,洪汉鼎译,商务印书馆2010年版,第420、421页。

果，而是针对解释者交往实践关系的变革和批判，具有范式转换和推动交往实践场变革的性质。从摒弃解释者的前见到理解是主体本身之存在方式的变革就证明了这一点。这种性质决定了它的变革不可能是旧规范与新规范之间的瞬息之事，而是首先由解释者个人基于改变了的交往关系而率先提出对历史和文本理解的变革性观点，当这种观点被多数人肯定和认可并逐渐占主导地位时，辩证结构的否定—批判向度就转换成对历史场域的建构、整合与维护的肯定—规范向度。因此，交往实践之辩证结构的两种向度并不是独立的、单方面的存在，而是同一过程的两个方面，彼此既相互制约、相互依存又相互转化。这种制约和转化，既是理解活动得以发生的现实条件，同时又推动着人类社会的历史发展和对人类思想精神体系的创新理解。所以，以"主体—客体—主体"模式为总体性框架的交往实践观与现代解释学的差别不仅仅表现在强调多极解释者之间的交往活动，也体现在对联结和制约各极解释者的中介客体—意义结构的重视。

### 二、中介客体：意义结构

在交往实践观的视域中，客体既不是传统解释学所认为的独立于解释者的孤立之物，也不是海德格尔和伽达默尔意义上的仅仅对单一解释者来说的生成以及单方面"主体—客体"关系的建构，更不是像后现代解释学所主张的那样直接消解客体底板，排除理解的客观性，走向理解的相对主义，而是交往实践的客观意义结构，它是联结和制约多极主体理解的对象化中介或中介化对象。

在现代解释学那里，文本的意义来源于主体（作者或解释者）的设定、给予和筹划，是解释者投射于理解活动进而对象化于文本这个客体之上的。施莱尔马赫通过"心理移情"的方法来重建作者的历史语境，将"作者"视为文本意义的内在根据，将"主观地重建客观过程"作为解释学的理解任务，这构成了文本意义理解的客观化体系。海德格尔通过对此在的生存论分析证明了理解不是对文本意义的重建或复原，而是此在对自身的筹划，是此在本身的存在方式，由此建立起了文本意义理解的主观化体系。伽达默尔为了克服海德格尔的主观化倾向,强调理解是解释者在前见基础上的文本视域与解释者视域融合的过程,是主客体相统一的过程,并主张解释者与作者或另一极解释者之间通过对话来达到对文本和自身乃至世界的真理性理解。如果遵循这一思路并将之贯彻到底,伽达默尔将成为在解释学中建立起"主体—客体—主体"框架的第一位学者,但遗憾的是,由于传统"主体—客体"框架的影响和诱惑,他仍将重心放在以权威和传统形式存在的前见在解释者那里产生的效果历史上,即单一的"主体—客体"文化关系场中。综上,现代解释学的缺陷是很明显的:单一主体(作者或解释者)是文本意义的源泉和主宰;作为理解对象之客体的文本要么是孤立的自在之物,要么仅仅是"主体—客体"意义上的文本,是僵化的、绝对化的底板,"主体—主体"的社会交往关系是被排除在外的。后现代解释学在批判现代解释学缺陷的同时走向了另一个极端。他们反对主体(作者或解释者)成为文本意义的主宰,主张其自由性和开放性;反对对文本意义的主观设定,强调能指的零碎和破缺;反对客体存在的意义底板,强调多极主体间的平等对话。在强调"主体—主体"的社会交往关系对于意义理解之重要性的同时,后现代解释学不可避免地忽视了"主体—客体"相关性对于意义理解的基础性地位。

交往实践观认为,文本的意义既不是来自于主体(作者或解释者)的主观设定,也非来自无底板的多极对话,而是来自交往实践本身,即交往实践的客观意义结构(以下简称意义结构)。作为交往实践之中介客体的意义结构具有以下特征:第一,逻辑在先性。文本理解的中介客体并不是如海德格尔的"周围世界"一样是直接给予的,也不是如伽达默尔的"效果历史"一样是现存在场的,而是只有经过多极解释者的交往实践活动的建构、发展和维护,才能使之存在,成为中介客体。因而意义结构内含着文本(作者)和解释者,它是逻辑在先的,"任何准确的理解和解释活动都不能封闭在观念和文本自身中,而总是要先行地澄明它们和它们由之而来的实践活动之间的内在联系"①。

---

① 俞吾金:《实践诠释学》,云南人民出版社 2001 年版,第 84 页。

第二，社会性。意义结构是建立在"主体—客体—主体"框架基础上的一个完整的意义域，它不仅包括"主体—客体"的意义域，也包括"主体—主体"的意义域，因而是建立在交往实践活动基础上的社会客体，并且其本身也是社会存在的实体，是理解文本意义即精神交往活动的中介环节。第三，中介性。前面已有所论及，意义结构的作用是双向的，它既对每一个解释者产生意义，且各种不同的意义之间又是相互关联的。因此，作为中介客体的意义结构既不是单一的解释者对特定对象的单方面理解，因为此对象总是还关乎着另一极解释者；也不是各极解释者之间无客体底板的多元化理解，因为各极解释者总是被一定的意义域所牵制。中介客体与各极解释者相对应，"成为贯通、联结和整合多极主体的交往枢纽"①。第四，合晶。意义结构是多极解释者在历史的和现实的交往实践活动基础上的交往视域融合的产物，因而是交往活动的"合晶"。正如马克思指出的，任何对象和周围感性世界"决不是某种开天辟地以来就直接存在的、始终如一的东西，而是工业和社会状况的产物，是历史的产物，是世世代代活动的结果，其中每一代都立足于前一代所奠定的基础上，继续发展前一代的工业和交往"②，从而是交往实践活动的合晶。理解活动也是如此。每一代解释者的理解不是从零开始的，而是在前代已经产生和形成的背景知识、思想观念和历史结论即合晶前提下的理解，同时又建构和维护着新的合晶。第五，多极解释者的指向性、开放性。意义结构作为联结和制约多极解释者的意义场，它本身就决定了其意义的投射是开放性和指向多极解释者的。由于作为中介客体的意义结构在不断地进行反思和重构，使文本意义指向多极解释者，因而它突破了现代解释学只指向作者或解释者的单一化、极端化的理解；由于作为中介客体的意义结构构成多极解释者之间理解的历史境遇，具有限定性和整合性，因而它克服了后现代解释学否定客体底板所导致的意义理解的无限膨胀和延异。

---

① 任平：《走向交往实践的唯物主义》，人民出版社 2003 年版，第 152 页。
② 马克思、恩格斯：《德意志意识形态》，《马克思恩格斯文集》第 1 卷，人民出版社 2009 年版，第 528 页。

作为中介客体的意义结构，一方面，它为文本意义的理解提供客体底板——一个理解的视域或地平线（horizon），并以此限制着、整合着各极解释者的理解从而使其理解的内容具有绝对性。另一方面，意义结构是文本理解的源泉，而其自身在交往实践活动中又不断地被解构和重构，形成具有历史发展性质的合晶链，这就决定了意义理解也会随着交往实践结构的变化而呈现多元化差异，表现为相对性。此外，解释者对中介客体之意义的不完全占有也表现为意义理解的相对性，因为任何解释者都是处于一定的历史场域、拥有一定的认知水平，从而是对中介客体在有限的深度和广度上的占有。文本意义的理解是在中介客体底板上的绝对性与相对性的统一。交往实践活动的变化，会引起客体底板的变化，进而导致对意义理解的改变。对文本意义的理解是建立在以肯定—规范向度和否定—批判向度为基本结构的交往实践辩证法基础之上的。

### 三、交往实践辩证法：历史与未来

肯定—规范向度和否定—批判向度是交往实践之辩证结构的两种向度，是对实体结构和意义结构的整合，它构成交往实践的辩证法。交往实践辩证法既不同于传统解释学以整体与部分之间的循环为主题的解释学循环的辩证法，也不同于近现代在"主体—客体"框架中以解释者的经验或文本—解释者之间的对话为轴心的解释学经验/对话的辩证法，更不同于后现代解释学之无客体底板的主体际辩证法，而是在解释者交往实践活动基础上形成的以意义结构为中介客体的交往实践辩证法。囿于论题的限制，笔者在这里只以伽达默尔的解释学辩证法作为论述交往实践辩证法的楔子。

伽达默尔出于本体论的要求，将解释学和辩证法联结到一起，建立起了一种"解释学辩证法"（the hermeneutical dialectic）。① 解释学辩证法是对柏拉图

---

① 帕尔默则称伽达默尔的解释学为"辩证法的解释学"（dialectical hermeneutics）。（Richard E. Palmer, *Hermeneutics: Interpretation Theory in Schleiermacher, Dilthey, Heidegger, and Gadamer*, Northwestern University Press, 1988, p.165）

对话辩证法和黑格尔思辨辩证法的结合。伽达默尔的一生都与柏拉图的思想有着很密切的关联，从他 1922 年提交的博士论文《柏拉图对话中欲望的本质》到 1960 年出版的巨著《真理与方法》都在研究柏拉图的对话辩证法并从其出发来思考语言，实现解释学的语言本体论转向，"对于一个终生都是柏拉图的学生的人来说这乃是不可避免的尝试"①。但如何能避免柏拉图的无限对话不至于陷入诡辩呢？伽达默尔受柯林伍德的启发提出了问答逻辑的设想，即一种关于问题和回答的辩证法，在文本与解释者的对话中相互提问和回答，并消融在理解的运动之中。这种原则的确立使对话和辩证法的统一"从所有精神科学方法论和认识论背后赫然呈现出来，这种统一以令人惊讶的方式把黑格尔和柏拉图相互联系起来，并使解释学经验获得了自由"②。因为如果没有黑格尔思辨辩证法从概念、意识层面上的充分发展，柏拉图的对话辩证法的意义就不可能完全显现出来，正是在这个意义上，伽达默尔承认虽然柏拉图的对话辩证法比德国唯心主义对他的影响更深，但"谁想要研究希腊思想，谁就必须首先从黑格尔学习"③，因为黑格尔关于思想规定的辩证法和知识形态的辩证法以一种引人入胜的方式重新研究了思维和存在的关系问题这个古希腊思想的自然因素。所以，以理解与此在存在的关系问题为主要研究对象的解释学辩证法就必须回溯到柏拉图、黑格尔甚至巴门尼德。

但黑格尔的辩证法并不彻底，它在关于历史的开放性进步与对历史意义的终结性理解之间存在着不可调和的矛盾。"黑格尔的思辨观念论所要求完成的那种无所不包的综合包含着一种不可解决的矛盾，它以黑格尔'辩证法'一词在词义上的摇摆不定的方式表现出来。具体来说，一方面，'辩证法'可以视为能在一切对立和矛盾中看出整体的统一性和统一的整体性的理性观点；但另一方面，辩证法又与其古代含义相适应，即被认为能使一切矛盾尖锐化而陷入不可解决的'绝境'，或换言之，被认为能够制造出矛盾以使思想跌

---

① ［德］伽达默尔：《诠释学Ⅱ：真理与方法》，洪汉鼎译，商务印书馆 2010 年版，第 645 页。
② ［德］伽达默尔：《科学时代的理性》，薛华等译，国际文化出版公司 1988 年版，第 41 页。
③ ［德］伽达默尔：《诠释学Ⅰ：真理与方法》，洪汉鼎译，商务印书馆 2010 年版，第 648 页。

入无意义谈话的深渊,尽管从理性的角度来看,这些矛盾共存于矛盾统一体中。"①伽达默尔认为,如果想要认真对待历史的发展以及理解的历史性这个问题,就必须反对黑格尔辩证法的绝对体系而拥护"恶无限",即否定他对历史的封闭性理解而主张终点不断地推迟到来。在这方面,海德格尔实际性解释学中对此在存在的境缘性和被抛的筹划的论述给伽达默尔以重要启示,事实上,理解作为此在的存在方式就是一个无尽的不断筹划的过程,体现的就是一种"恶无限"。伽达默尔力图用柏拉图对话辩证法的开放性来改造黑格尔思辨辩证法的封闭性,并逐步确立起以对话为核心来建构他的解释学辩证法,"促使我思想形成的是一个个性化的、对话的黑格尔,而在他背后总保持着与柏拉图对话进行每日的、富有思想的交流"②。在综合柏拉图对话辩证法和黑格尔思辨辩证法的过程中,伽达默尔最终形成了以问答逻辑和语言为主线的解释学本体论转向,使对话和辩证法成了他的解释学主题,并融入整个现代西方哲学语言转向的潮流之中。

伽达默尔在解释学领域中全面恢复了近些年来面临走向黄昏厄运的辩证法的地位,使传统和现代在解释学中"合流"了,客观上为辩证法在当代西方哲学中重新受到重视起到了巨大的推动作用。但不可否认的是,囿于传统思维模式的限制,伽达默尔将他思考的重点依然放在以前见形式存在的过去视域在解释者那里产生的效果历史之上,即单一的"主体—客体"文化交往关系场中。伽达默尔虽然重视历史场域在理解活动中的基础作用和前提条件,认为真正的解释学必须考虑历史实在以及理解的历史性,"一种真正的历史思维必须同时想到它自己的历史性"③,但他所谓的历史实在归根结底还是以文本形式存在的思想史,历史在他那里是现存在场的。总括起来看,伽达默尔的缺陷在于以下两方面:一是没有看到对文本意义的理解并不是针对单一解释

<hr>

① Hans-Georg Gadamer, *Hegel's Dialectic : Five Hermeneutical Studies*, translated and with an introduction by P.Christopher Smith, Yale University Press, 1976, p.110.

② [德]伽达默尔:《科学时代的理性》,薛华等译,国际文化出版公司1988年版,第39页。

③ [德]伽达默尔:《诠释学Ⅰ:真理与方法》,洪汉鼎译,商务印书馆2010年版,第424页。

者的生成,从本质上来说是交往实践活动中多极解释者不断交往凝聚的产物;
与此相应,二是没有看到理解之前提的历史场域并不是自发的在场,而是多极
解释者的交往实践不断构境的产物。以"主体—客体—主体"为框架的交往
实践辩证法以客观的意义结构为中介客体,并同时指向受意义结构牵制的多
极解释者,形成既具个性又有共性的意义理解,这是对解释学辩证法之缺陷的
第一方面的破解,前面已有所论及,不再赘述。这里主要通过研究交往实践辩
证法的特征来考察交往实践观视域中的历史场域的生成和发展。前者的特征
主要有以下几点:

第一,以客观性为基础的系统。交往实践是指多极主体间为了改造共同
的中介客体而结成社会关系的物质活动,因此,客观的物质活动才是交往实践
辩证法的基础和本质,它产生和制约着以解释者之间的相互理解为主题的话
语行为。但这并不意味着后者是主观的和被动的,而是物质交往活动的"上
升"行为,交往实践活动在建构生产者和生产关系的同时,也建构解释者和理
解的共识,它是一个纵向的不断上升的交往活动序列。因此,与客观的交往辩
证法一样,精神交往辩证法也是在既定的交往意义域中进行的,这是由多极解
释者在交往实践中并通过交往实践而指向自身或他者的意义融合而成,是交
往实践活动的一部分,因而是客观的。意义域作为精神交往辩证法的基础和
中介,制约着解释者在这一时期内理解活动的性质、水平和范围,不管是个性
的理解还是共性的理解,都是在客观的意义域层面上展开的。

第二,多极主体间的交往性。交往实践辩证法的基本向度是一个"主
体—客体"与"主体—主体"关系的完型,它既不单独指向理解的对象——文
本,也不指向单一的解释者,更不指向没有客体底板的主体际。在它那里,文
本本身只有进入解释者的交往实践活动中才能成为其对象,只有在"主体—
客体"与"主体—主体"的关联中其意义才能呈现出来。"主体—客体"辩证关
系也是如此,只有在交往实践中,文本和解释者才是现实的和确定的,对文本
意义的个性理解是远远不够的,任何个性的理解最终都要指向另一极解释者
并达成共识,"'主体—客体'只是'主体—客体—主体'关系的一环,它自身就

体现着和实现着主体际关系"①。"主体—主体"辩证关系更是如此,理解总是社会化的理解,总是多极解释者的多元化理解,但最终都要通过整合形成意义的规范结构,即共识。因而就需要中介客体这个底板来制约和规范多元化、差异化的理解。

第三,两重向度。交往实践辩证法的基本构成是肯定—规范向度和否定—批判向度。前者即是把多极解释者的多元化、差异化的理解通过整合机制形成共识意义。哈贝马斯从先验的交往原则出发,认为共识就是"两个交往过程的参与者能对世界上的某种东西达成理解,并且彼此能使自己的意向为对方所理解"②,其实现实的理解活动远比这个美好的愿望要复杂。我们认为,理解是单个解释者对文本意义的领会,共识则是在具体的交往情境中对文本意义理解的交往整合而成的群体化形态,它反过来成为解释者进行理解活动的历史前提,是一种规范和秩序。否定—批判向度则是指在共识的前提下产生的与共识规范不相容的个性化理解,是个体解释者在肯定—规范向度所给予的一定的社会历史条件下向共识发出的挑战。当这种对立和矛盾随着交往实践结构的变化而加剧时,否定—批判的力量就会打破原来占主导地位的规范形态而使其自己成为新的规范。至此,否定—批判向度就转化为肯定—规范向度,而新的否定性又不断从中生发出来,促成共识结构或规范结构的新旧交替。

第四,双向建构,双重整合。这是交往实践辩证法的基本机制。它一方面建构理解主体和由多极解释者交往视域融合所产生的意义域,另一方面不断整合个体解释者的理解和多极解释者的共识。在一定的交往实践和精神交往关系中,交往活动一方面整合各极解释者之间的不同理解,使其超越个体的理解而产生规范结构,它们具有相对的稳定性,制约着理解活动;另一方面多极解释者总是基于自身的交往活动而与一定意义域产生关联,形成差异化和个性化的理解,是对规范结构的反思和批判。前者是后者的基础和前提,后者是

① 任平:《交往实践与主体际》,苏州大学出版社1999年版,第639页。
② [德]哈贝马斯:《交往与社会进化》,张博树译,重庆出版社1989年版,第3页。

对前者的批判和超越，直到取代它。

交往实践辩证法不仅是一种肯定性的分析范式，也是一种否定性的研究框架。它表明，任何想要整合成共识的理解活动同时就包含着否定—批判的向度，在理解→共识→新理解→新共识的对立和矛盾中指向无限开放的可能性。伽达默尔的解释学辩证法缺少"主体—主体"关系这一环，因而只有肯定向度，缺少最重要的否定向度，这也是哈贝马斯之所以批判他的原因。交往实践辩证法将文本理解的横向交往活动分析和纵向的历史转换考察结合起来，它不仅要说明支撑解释者理解活动的交往结构的形成和机理，更要分析它的解构和更替。正是在这种结构转换中，它完成了合法性与批判性的统一，超越了伽达默尔的解释学辩证法。交往实践辩证法对历史的理解并不是如伽达默尔所认为的那样是一种直接给予的现存在场，更不像后现代解释学那样直接消解或否定历史，而是在解释者交往实践活动中肯定向度和否定向度不断构境因而是不断出场的存在，是交往实践结构不断建立与转换的过程。只有交往实践观才第一次真正地触及了历史场域的本真状态。

交往实践辩证法中的历史并不是受过去的、传统的视域即间接视域影响和制约的效果史，不是单一主体与客体之间形成的单一文化交往场，而是包含"主体—客体"与"主体—主体"双重关系在内的交往结构。它既注重在一定的历史条件和一定的交往实践活动中建构起来的解释者，也强调多极解释者在一定的交往实践和精神交往关系中形成的彼此协调一致的关系。这是历史的规范结构，是继承以往交往活动的成果和优秀的文化传统，使历史在规范的结构中得以肯定和延续，同时也为解释者新的交往活动和理解活动的发展提供应有的历史前提。交往实践辩证法的否定向度则是导致多极解释者理解差异的根源和推动历史发展的动力。每一次对历史交往结构的否定和对形成的共识的挑战，都是一次深刻的革命变革和范式转换，是新的交往结构和意义结构形成的起点。否定—批判向度对已经形成的历史规范结构的批判和超越会转化成新的肯定—规范向度，在这个整合和解构的双重化过程中，解释者已经全面建构了新的交往活动、交往关系以及历史场域，历史的构境和发展始终是在交往实践辩证法的结构中展开的。任何当代解释者的理解视域不仅仅受过去视域的影响,而且要受到现实的交往活动的制约,是在历史的和现实的交往活动中所造就的。因此,对任何文本的理解要回归于产生它的时代,看到它是特定的时代精神的表征或精华。时代是一个综合的概念,它是指"由多层面的交往活动整合成为一个由同一规范贯穿的历史总体结构"①,对这同一规范的内涵和交往结构的理解就形成了包括文本在内的精神交往体系。当决定理解文本的历史场域即特定的规范内涵和交往结构发生变化时,文本意义也会随之发生改变,"发展着自己的物质生产和物质交往的人们,在改变自己的这个现实的同时也改变着自己的思维和思维的产物"②。当然,这种历史场域的变迁和转换是以现在的交往结构为起点的,只有把握现在,才能面向未来;同时,这种变迁和转换也是对现在交往结构的否定和解构,只有通过否定和解构才能开创新时代。以上就是从交往实践这个基础出发对历史场域之本真意义的解释,那么,在这个基础上何以可能产生一个思想精神体系即对历史的解释? 这是我们关注的历史观问题的另一重要方面。

## 第三节 思想出场:历史语境的意识形态化

思想是对一定的交往实践活动和在此基础上构境的历史语境在精神形态上的反映。思想的出场不仅使一个特定的历史语境最终得以完成,而且在一定程度上还维护和放大了历史特定结构的功能。因而不管作为对思想出场的表征之一的艺术作品的审美还是对思想出场方式的语言符号系统的理解,都应该追溯至人类的交往实践活动中去寻找它们之所以产生和发展的前提与基础。如果把它们视为脱离人类的交往活动和具体历史语境的独立存在,那么对它们的理解和解释就必然走向误区。

---

① 任平:《交往实践与主体际》,苏州大学出版社 1999 年版,第 660 页。
② 马克思、恩格斯:《德意志意识形态》,《马克思恩格斯文集》第 1 卷,人民出版社 2009 年版,第 525 页。

### 一、思想出场的逻辑

以"主体—客体—主体"模式为总体性框架的交往实践观"不仅要深刻阐释历史语境的本真意义,而且更要阐明思想出场的必然逻辑"①。交往实践的三重结构揭示了以生产"构境"历史的重要环节,实体结构是对解释主体和交往关系双向建构、双重整合的既成形态,是历史的规范结构;意义结构作为对实体结构的反思和批判,构成历史发展的动力和源泉;辩证结构则使前两者既对立又统一,从而推动人类社会的发展。但是,仅仅从解释者的历史的、现实的交往实践活动本身出发去解释历史场域的构境只是问题的一方面,问题的另一方面在于在已经构境的历史语境中如何解释以历史"构境"思想的对应环节,即如何解释"历史的差异的主体结构(阶级结构)何以需要思想出场并变成意识形态,去为自己的利益做合法性辩护"②。

如前所述,交往实践的肯定—规范向度和否定—批判向度以及交往实践辩证法建构了理解发生的历史场域。交往实践的肯定—规范向度虽然造就了历史的事实规范结构,但由于不同主体之间的交往活动的差异,或者是同一交往活动中交往关系的差异,作为反思和批判历史的否定向度会产生多元的、差异的甚至是对立的意义结构。马克思在《资本论》中分析工业资本生产的现象时指出,同一生产过程对于相关的多极主体来说具有对立的意义:"在一极是财富的积累,同时在另一极,即在把自己的产品作为资本来生产的阶级方面,是贫困、劳动折磨、受奴役、无知、粗野和道德堕落的积累。"③易言之,对资本家来说是财富积累的过程,对雇佣劳动者来说却是积累贫困的过程。对立的意义构成了社会的对立价值,一方面,在物质上占统治地位的阶级为了维护自己的价值而总是将自己的利益说成是公共的和普遍的利益,将自己的思想说成是超历史的和永恒在场的思想,使其成为具有辩护性和规范性的意识形

---

① 任平:《论马克思主义出场学视域中的历史构境》,《南京大学学报》(哲学·人文科学·社会科学)2010 年第 2 期。

② 任平:《论马克思主义出场学视域中的历史构境》,《南京大学学报》(哲学·人文科学·社会科学)2010 年第 2 期。

③ 马克思:《资本论》,《马克思恩格斯文集》第 5 卷,人民出版社 2009 年版,第 743—744 页。

态。"统治阶级的思想在每一时代都是占统治地位的思想。这就是说,一个阶级是社会上占统治地位的物质力量,同时也是社会上占统治地位的精神力量。支配着物质生产资料的阶级,同时也支配着精神生产资料,因此,那些没有精神生产资料的人的思想,一般地是隶属于这个阶级的。……此外,构成统治阶级的各个个人也都具有意识,因而他们也会思维;既然他们作为一个阶级进行统治,并且决定着某一历史时代的整个面貌,那么,不言而喻,他们在这个历史时代的一切领域中也会这样做,就是说,他们还作为思维着的人,作为思想的生产者进行统治,他们调节着自己时代的思想的生产和分配。"①人们的理解和解释活动并不是随心所欲的,而是在既定的意义结构中进行的。如果他们不具有占有物质生产资料和精神生产资料的权力或不认同这种权力,那么他们的理解和解释活动就不可能成为那个历史时期的主导性活动,至多只具有依附性和边缘性的特征。②"意识形态是人类精神现象的主体间性,它同时又内化于处在社会性关联里并由之塑造着的各个主体心理之中"③,是从经济体制、政治统治和社会心理等全方面构成的历史规范结构。只有依赖思想的意识形态化,统治阶级才能不仅在物质生产领域,而且在精神交往领域建立自己的经济统治、政治统治和文化统治,才能完成历史规范的构境。另一方面,否定向度则立足于与之相对立阶级的利益和价值,建构与其相对应的革命思想和意识,以思想形态和思想体系的方式来反抗统治阶级的政治统治和文化统治。当这种仅仅对个体来说的价值通过交往活动而转化为交往共同体的价值,仅仅对个体来说的思想观念通过交往活动转化为大多数社会成员共同接受和认可的思想体系时,现实社会就被解构了,新的意义规范结构就产生

---

① 马克思、恩格斯:《德意志意识形态》,《马克思恩格斯文集》第 1 卷,人民出版社 2009 年版,第 550—551 页。

② 正如詹姆逊在谈到对文学文本进行政治解释的优越性时说的:"它不把政治视角当作某种补充方法,不将其作为当下流行的其他解释方法——精神分析或神话批评的、文体的、伦理的、结构的方法——的选择性辅助,而是作为一切阅读和一切解释的绝对视域。"(〔美〕弗雷德里克·詹姆逊:《政治无意识》,王逢振、陈永国译,中国社会科学出版社 2011 年版,第 7 页)

③ 邓晓芒:《实践唯物论新解:开出现象学之维》,武汉大学出版社 2007 年版,第 160 页。

了，历史就发展了。需要注意的是，最初以个体的价值和观念发展起来的否定—批判向度并不能完全脱离现实的交往活动，否则就会变成弥赛亚和乌托邦，"各代所遇到的这些生活条件（指生产力、资金和社会交往形式——引者注）还决定着这样的情况：历史上周期性地重演的革命动荡是否强大到足以摧毁现存一切的基础；如果还没有具备这些实行全面变革的物质因素，就是说，一方面还没有一定的生产力，另一方面还没有形成不仅反抗旧社会的个别条件，而且反抗旧的'生活生产'本身、反抗旧社会所依据的'总和活动'的革命群众，那么，正如共产主义的历史所证明的，尽管这种变革的观念已经表述过千百次，但这对于实际发展没有任何意义"①。综上，我们可以得出结论，思想出场不是文化和传统在当代解释者那里产生的"效果"，而是解释者交往活动所构境的历史本身的产物，是历史语境的意识形态化过程。

论述至此，或许我们才能够体会到法兰克福学派或主要来说是哈贝马斯要求解释学必须有意识形态批判功能的深刻性和重要性，他认为对社会现象的说明是建立在表现有意识活动的底部隐藏之利益的文化意义的解释之上的，因此利科就认为"意识一开始便是虚假意识，意识始终需要通过一种对误解的纠正性批判而提升到理解"②，这个提法未免有点过于偏激。但遗憾的是，包括哈贝马斯和利科都没有深入考察解释者的交往实践活动以及由之塑造的客观意义结构这一导致思想意识形态化的前提和基础，而是直接给予一种先验的交往行为规则以确保交往的合理性和合法性。任何文本和意识形态都不是独立的存在，它们没有历史，没有发展，它们在不同历史时期所具有的不同的内涵只能归之于该时代的交往实践活动的历史性。因此，对历史和文本的解释要立足于交往实践的地平线上，通过对意识形态的深入反思和批判来确立起唯物主义历史观："这种历史观就在于：从直接生活的物质生产出发

---

① 马克思、恩格斯：《德意志意识形态》，《马克思恩格斯文集》第1卷，人民出版社2009年版，第545页。

② Paul Ricoeur, *The Conflict of Interpretations : Essays in Hermeneutics*, edited by Don Ihde, Northwestern University Press, 2007, p.18.

阐述现实的生产过程,把同这种生产方式相联系的、它所产生的交往形式即各个不同阶段上的市民社会理解为整个历史的基础,从市民社会作为国家的活动描述市民社会,同时从市民社会出发阐明意识的所有各种不同的理论产物和形式,如宗教、哲学、道德等,而且追溯它们产生的过程。"①如果不通过意识形态批判进而是交往实践来认识理解活动,而是仅仅将其局限在文本与思想之间的效果历史范围内,就永远也把握不到思想缘何出场甚至是颠倒错乱出场的本质。

## 二、交往实践与审美②

艺术作品作为人类思想精神体系中的一种,是意识形态的产物。对艺术作品和审美活动的理解必须追溯至人类现实的、感性的交往实践活动,它是艺术作品产生和审美活动发生的历史起点和逻辑起点。

首先,自我意识产生于人类的交往实践活动。在以"主体—客体—主体"为总体性框架的交往实践观中,人类的实践活动首先是指多极主体间为了改造共同的中介客体而结成社会关系的物质活动。但同时由于参与交往的主体是交往活动的发起者、创造者、参与者和享受者,交往实践又是一种有意识、有目的、有情感的物质活动,它本身包含着人的主观性或主体性。人不同于动物的地方就在于,动物只是本能地生存,它的存在和它自己的生命活动是直接同一的,而人类则是有意识的生产和活动,他的"生命活动本身变成自己意志的和自己意识的对象。他具有有意识的生命活动"③,他的生活就是他的对象。这就决定了动物的生产是在直接的肉体需要的支配下的片面生产,人类的生命活动则有明确的自我意识和对象意识,生命活动的结果在这个活动开始时

---

① 马克思、恩格斯:《德意志意识形态》,《马克思恩格斯文集》第 1 卷,人民出版社 2009 年版,第 544 页。

② 本小节的写作受到邓晓芒、易中天两位先生的合著《黄与蓝的交响——中西美学比较论》(武汉大学出版社 2007 年版,第 316—397 页)一书的启发,在此谨向两位先生表示感谢。

③ 马克思:《1844 年经济学哲学手稿》,《马克思恩格斯文集》第 1 卷,人民出版社 2009 年版,第162 页。

就已经以观念或目的的形式存在于人类的自我意识中,"这个目的是他所知道的,是作为规律决定着他的活动的方式和方法的"①,从而使自己的生命活动变成自己的意志对象。同样,只有当人类把自己的生命活动当作一个对象来看待时,才能把自然对象也当作自己的对象来加工,因而也就能在观念中预先拥有自己的对象,即生命活动的目的观念。在前者那里,是人化的对象,自我意识是通过对象意识被建立起来的;在后者这里,是对象的人化,对象意识实际上是通过自我意识才建立起来的,因为所谓人与对象的关系无非是人把自己的对象看作是"另一个自己",从根本上来说不是人与物的关系而是在劳动中的人与人的关系,因而是对对象的"拟人化"意识。不管是在科学中还是在哲学中,所有通过交往活动所建立起来的概念和范畴都是以拟人化的方式扩展到自然界对象上去的,比如"力"、"能"等概念。在人的艺术活动方面,"对象的拟人化更是一个基本的创作和欣赏原则,可以说,没有对象的人化,就没有艺术和审美"②。在伽达默尔那里,仍然是从主体与客体、人与物的关系而不是从人与人的关系即对象的拟人化来看待艺术作品的本质问题的。通常的主客体关系在他这里被翻转了,艺术作品是其本身的主体,"保持和坚持什么东西的艺术经验的'主体',不是经验艺术者的主体性,而是艺术作品本身",虽然它只有借助欣赏者才能展现自己的本真存在,但这并不意味着它依赖于欣赏者,"即使没有一个只是在倾听或观看的人在那里"③,艺术作品依然

① 马克思:《资本论》,《马克思恩格斯文集》第 5 卷,人民出版社 2009 年版,第 208 页。正是在这个意义上,马克思指出,虽然蜜蜂建筑蜂房的本领使人间的许多建筑师感到惭愧,但即使最蹩脚的建筑师从一开始就比最灵巧的蜜蜂高明,因为他在用蜂蜡建筑蜂房之前,已经在自己的头脑中把它建成了。(参见马克思:《资本论》,《马克思恩格斯文集》第 5 卷,人民出版社 2009 年版,第 208 页)

② 邓晓芒:《实践唯物论新解:开出现象学之维》,武汉大学出版社 2007 年版,第 208 页。

③ 伽达默尔:《诠释学 I:真理与方法》,洪汉鼎译,商务印书馆 2010 年版,第 151、162 页。康德早就指出,美的经验的兴趣只存在于社会中,即只有在社会中为了把自己的情感传达给每个别人时才需要艺术。"流落到一个荒岛上的人既不会装饰他的茅屋也不会装饰他自己,或是搜寻花木,更不会种植它们,以便用来装点自己;而是只有在社会里他才想起他不仅是一个人,而且还是按照自己的方式的一个文雅的人(文明化的开端);因为我们把一个这样的人评判为一个文雅的人,他乐意并善于把自己的愉快传达给别人,并且一个客体如果他不能

存在。但事实的真相并非这样,艺术作品并不是从天而降现成地存在于那里,然后通过欣赏者把它的存在表现出来,而是人们现实的感性的生产活动一开始就带有某种程度的艺术性,只有从生产劳动中的自我意识和对象意识出发才能真正确立起艺术作品的本质。

其次,情感来源于人的自我意识。前面已经说过,人区别于动物的地方在于他的生命活动对他来说是对象,与动物只按照它的种的尺度和需要来生产相比,人类则是按照自己"内在的尺度"来进行生产和加工对象,即按照"美的规律"来进行生命活动。因此,从人类最早的生产劳动开始就已经包含着审美和艺术因素的心理根基,这就是生产劳动中的自主性和"有意识性",是人类交往实践的"知"、"意"、"情"三维结构中的"情",它的最终目的在于通过交往活动实现多极主体在情感上的相互传达和共鸣。情感是相对于情绪而言的,后者是指由生理刺激所引起的心理活动,如喜怒哀乐之类,它不指向一定的对象因而是内在的;前者则是指向某个对象因而是对象化或社会性的内心体验,用现象学的术语来说,就是一种"意向性"(Intentional)的内心体验。①因此,情感的本质就在于它总是指向一种对象性的存在,但这里的对象性存在严格说来并非指客观对象本身,而是指对象中所包含的或体现的从事交往活动的主体与另一个自己的情感或与另一极主体的情感。不过由于情感本身是一种非对象性的精神存在,它必须以现实的客观对象作为自身的中介。只有借助这一客观中介,多极主体间无形的情感才能得到现实的对象性确证,并充当着情感的社会交换的媒介。就原始的生产劳动而言,尽管从狭义上它还不能被看作是一种艺术活动,它是人类为了维持自身的生存而进行的一种生命

和别人共同感受到对它的愉悦的话,是不会使他满意的。"([德]康德:《判断力批判》,邓晓芒译,杨祖陶校,人民出版社 2011 年版,第 139 页)黑格尔也认为,一件艺术作品虽然表现的是一个独立的和完整的世界,但"它作为现实的个别对象,却不是为它自己而是为我们而存在,为观照和欣赏它的听众而存在",因而艺术作品不是离开人与人的社会关系的存在,而是与观众中每一个人所进行的对话。([德]黑格尔:《美学》第 1 卷,朱光潜译,商务印书馆 2013 年版,第 335 页)

① 参见邓晓芒:《实践唯物论新解:开出现象学之维》,武汉大学出版社 2007 年版,第 163、210 页。

活动。然而其本身所包含的自主性、有意识性和目的性等精神因素使一件手制工具成为多极主体间最初交流情感的媒介,这件手制工具使多极主体的千差万别的想象力得到对象化产品的规范和集中,使他们的本质力量(包括情感)得到了现实的社会普遍性的表征,就如同一件艺术作品在现实的社会交往活动中使多极主体间的情感得到传达和引起共鸣一样。从这个意义上来说,艺术属于交往活动的本质性因素,艺术产生于人的交往活动,同时又是人的交往活动的内在环节。

伽达默尔批判了康德的"审美区分"所导致的审美主观化倾向,在他看来,康德的"审美意识就是感受(Gefühl,又译为"情感"——引者注)活动的中心,由这个中心出发,一切被视为艺术的东西衡量着自身"①,这样,审美意识完全成了一种抽象,使艺术作品与世界相分离。为此他提出了"审美无区分"的概念,认为艺术作品是在整个世界中展现其自身的存在过程,而情感概念被他当作是与审美意识相关联的主观性的范畴被忽略或抛弃掉了。他没有看到情感是有现实的物质基础的,作为建基于交往活动之上的一极主体指向另一极主体的非对象性存在,是内含于人类的交往实践活动中的。现在的问题是,个人情感如何能上升至对于多极主体来说符合各自内心设想的社会化情感呢? 这就是建立在"主体—客体—主体"模式基础上的多极主体间通过中介客体即审美对象而达到的主体间情感的相互交流、传达与共鸣,即美感。

最后,美感是对象化了的情感。如果一极主体的个人情感不能通过指向另一极主体而现实地实现出来,那么情感本身就不能作为情感而存在,进而会等同于动物的个体内在的情绪。以"主体—客体—主体"模式为总体性框架的交往实践观认为,不仅要关注"主体—客体"之间的关系即情感的形成机制,更要重视"主体—主体"之间的关系即情感的交流、传达和共鸣。从根本上来说,所谓美感就是对象化了的情感,即通过对象化了的情感(亦即艺术作品)这个中介客体,把本来是两个或多个具有情感倾向但又在空间或时间上

---

① [德]伽达默尔:《诠释学Ⅰ:真理与方法》,洪汉鼎译,商务印书馆 2010 年版,第 126 页。

外在的、因而原来不可能同一的主体(艺术家、欣赏者)的精神统一起来,实现彼此间通过共同指向中介客体这个第三者而达到情感的传达和共鸣。① 所以,审美活动的本质就是情感的对象化,对象化的情感不过是其结果,它所表征的不是或者主要不是"主体—客体"之间的关系,而是通过"主体—客体"关系所表现和实现出来的"主体—主体"之间的精神关系和情感关系。前者是后者的客观性基础,后者是前者的升华。

伽达默尔受海德格尔"没有艺术家的艺术作品"观点的影响,认为艺术作品和游戏一样是一种独立的"构成物"的存在,它"在自身中找到了它的尺度,并且不按照任何外在于它的东西去衡量自身",所以像戏剧这样的艺术作品"简直是作为某种依赖于自身的东西而存在在那里"②。其实这里涉及艺术作品的价值评价问题和艺术作品的审美问题,如果是前者,当然可以把艺术家撇在一边;但如果是后者,艺术家必定是不能被排除在外的,因为只有通过艺术家和欣赏者之间情感的交流和传达才能实现对艺术作品的审美和获得美感。"要想感受美,一个人就必须与艺术家合作。不仅必须同情艺术家的感情,而且还必须加入艺术家的创造性活动。"③因而伽达默尔偶尔也会承认艺术作品"只有在所有艺术家面前才具有一种绝对的自主性"④,不过他一直是从艺术作品的角度来附带说明艺术家和欣赏者的问题,始终只是立足于"主体—客体"关系来理解艺术作品的指向表现和时间性存在即艺术作品的解释学意义,而从未涉及艺术作品的美学意义即"主体—主体"(艺术家、欣赏者)之间基于对象化的情感的交流和传达。此外,在伽达默尔那里,艺术作品作为一种构成物的存在是一种非连续性的存在,但这种非连续性却"是历史地实现自身的人类精神的集体业绩",它反映出来的是"世界观的历史,即真理的历

① 参见邓晓芒、易中天:《黄与蓝的交响——中西美学比较论》,武汉大学出版社 2007 年版,第357 页。
② ［德］伽达默尔:《诠释学Ⅰ:真理与方法》,洪汉鼎译,商务印书馆 2010 年版,第 165 页。
③ ［德］卡西尔:《人论:人类文化哲学导引》,甘阳译,上海译文出版社 2014 年版,第 277 页。
④ ［德］伽达默尔:《诠释学Ⅰ:真理与方法》,洪汉鼎译,商务印书馆 2010 年版,第 163 页。

史"①,艺术作品在非连续性中创造着连续性,它是知识和真理的源泉。艺术是超越人的真理的历史,是关于真理的真理,只有通过艺术作品我们才能理解真理进而理解我们自己。面对此情形,我们似乎已经听到了马克思和恩格斯当年批判黑格尔派的话:"历史什么事情也没有做,它'不拥有任何惊人的丰富性',它'没有进行任何战斗'!其实,正是人,现实的、活生生的人在创造这一切,拥有这一切并且进行战斗。并不是'历史'把人当做手段来达到自己——仿佛历史是一个独具魅力的人——的目的。历史不过是追求着自己目的的人的活动而已。"②历史是由人类的交往实践活动所构境的产物,而艺术作品不过是基于其上的情感的对象化,是这一语境的意识形态化。

这里需要注意的是,美感的获得必须是两极或多极主体共同指向同一个审美对象,当一极主体没有把自己的情感"对象化"时,他依然可以通过一个对象来引起另一极主体的情感,但这两者之间的情感并不能产生美感。例如给一位残疾人赠送一个拐杖,虽然引起了赠者对残疾人的同情之心的情感和收受人对赠者的感激之情的情感,但在这种情况下,赠者的情感仅仅指向了一个对象,他把收受人当作是一个需要帮助的客观对象来看待的,而赠品(拐杖)只是表达赠者情感的工具,这里缺少的是"主体—主体"之间的关系。因此,情感的交流与传达必须借助多极主体间共同指向的对象化中介,通过这个对象化中介不仅是一极主体引起了另一极主体的情感,更为重要的是一极主体引起了另一极主体的相同的情感。所以,如果赠者把拐杖加工为一件艺术作品(赠者情感的对象化),使赠者和收受人都能从其中获得一种"共通感",那么这里除了同情和感激两种不同的情感之外,还有另外一种相同趣味的交流和传达,这就是美感。

作为多极主体间统一情感的美感除了具有社会普遍性之外,又必然具有个人独特性。艺术家在创作艺术作品即把自己的情感对象化时,这个对象被

---

① [德]伽达默尔:《诠释学 I:真理与方法》,洪汉鼎译,商务印书馆 2010 年版,第 142、144 页。
② 马克思、恩格斯:《神圣家族》,《马克思恩格斯文集》第 1 卷,人民出版社 2009 年版,第 295 页。

造成只是他一个人的对象,被看作只是另一个他。但情感的对象化本质上是关乎另一个主体的情感,即艺术家的创作其实是与另一个他自己之间产生了共鸣,这也就是欣赏者之所以能理解艺术作品的原因。因此,情感的个人独特性并不与社会普遍性相矛盾,相反,前者是后者的条件和动力。尼采也强调情感的个人独特性,认为作为艺术家对创作作品的理解与欣赏者或观众对它的理解并不是完全同一的:"作为知识者,我们与那个人物——他作为那部艺术喜剧的唯一创造者和观众为自己提供一种永恒的享受——并不是一体的和同一的",只有天才才能明白艺术的永恒本质,因为他"既是主体又是客体,既是诗人、演员又是观众"①。此外,欣赏者之间也具有个人独特性,这决定了不同的欣赏者会对同一件艺术作品作出不同的审美评价,从而出现"一千个观众就有一千个哈姆雷特"的现象。但欣赏者的这种个人独特性的感受并不是凭空产生的,而是借助艺术家的作品才获得的,因而他的感受也具有普遍性,至少与另一个人(艺术家)有相同的感受。在这个意义上来说,艺术作品并不是脱离艺术家和欣赏者的"纯粹的实现,即在自身中具有其目的(Telos)的能(Energeia)"②,而是多极主体(艺术家、欣赏者)在对象化情感这个中介基础上的双向建构和双重整合的产物。

　　艺术本身最初是和人类的交往实践活动直接混合在一起的,只是随着物质劳动和精神劳动的分工以及异化劳动的出现,它才逐渐与其他意识形态一起从物质劳动中分离出来。"从这时候起,意识才能摆脱世界而去构造'纯粹的'理论、神学、哲学、道德等等"③,当然,也包括构造纯粹的艺术。从这时候起,作为以传达人与人之间情感为使命和功能的纯粹艺术才真正确立起来。一个在物质力量上占据统治地位的统治阶级必然在精神力量上也占据着统治地位,"支配着物质生产资料的阶级,同时也支配着精神生产资料,因此,那些

① [德]尼采:《悲剧的诞生》,孙周兴译,商务印书馆 2013 年版,第 48 页。
② [德]伽达默尔:《诠释学Ⅰ:真理与方法》,洪汉鼎译,商务印书馆 2010 年版,第 166 页。
③ 马克思、恩格斯:《德意志意识形态》,《马克思恩格斯文集》第 1 卷,人民出版社 2009 年版,第 534 页。

没有精神生产资料的人的思想,一般地是隶属于这个阶级的"①。艺术在这时候主要表现为为统治者服务的艺术,例如奴隶或下层平民用他们的艺术(音乐、舞蹈等)来取悦于统治者,是以统治者的欣赏趣味为审美标准的,因为维持他们生计的物质生活资料和培养艺术素养的精神资料都由统治者掌握着和支配着,他们没有自己独立的地位。因此,阿尔都塞不无道理地指出:"在戏剧世界或更广泛地在美学世界中,意识形态本质上始终是个战场,它隐蔽地或赤裸裸地反映着人类的政治斗争和社会斗争。"②但由于各个阶级成员之间的对立并不是绝对的,他们总是隶属于一定的民族、种族和国家,具有该民族、种族或国家所共同的文化传统、风俗习惯、民族心理等,因而他们之间的情感在某种程度上也能够实现彼此间的传达和共鸣。正如罗伯特·耀斯所指出的:"为了引导人们忘却社会中的实际苦难,统治当局可以利用审美经验对于人们想象力所具有的力量,向不满于宗教安抚的人们提供审美快感所能给予的满足。"③也正是基于各阶级成员之间能实现情感的互相传达和共鸣而言,处于被统治阶级地位的艺术家就能在自己的艺术作品中"塞点私货"(即能被统治者所容忍的代表进步阶级的情感表达),这在社会走向衰亡的时代就成为新潮流的引领者。因为艺术作为一种精神生产,它最终的生命活力只能来源于以交往实践活动为基础的时代精神。随着人们的交往活动的改变和交往关系的革命,艺术就会相应地"集中和凝聚着进步阶级情感的洪流,为扬弃旧的生产关系、造成物质生产领域内的飞跃而准备着社会意识形态条件。"④而艺术本身的最终使命即统一整个人类的情感,只有在扬起了异化的共产主义社会才能实现。分工的消灭将使作为意识形态领域的纯粹艺术随之消亡,代之

---

① 马克思、恩格斯:《德意志意识形态》,《马克思恩格斯文集》第 1 卷,人民出版社 2009 年版,第 550 页。
② [法]阿尔都塞:《保卫马克思》,顾良译,商务印书馆 2007 年版,第 142 页脚注。
③ [德]罗伯特·耀斯:《审美经验与文学解释学》,顾建光、顾静宇等译,上海译文出版社 2006 年版,第 2 页。
④ 邓晓芒、易中天:《黄与蓝的交响——中西美学比较论》,武汉大学出版社 2007 年版,第 342 页。

以无人不能、无所不在的美化自然、美化人本身的"自由自觉的活动"。

### 三、交往实践与语言

思想出场总是一种话语行动,任何利益和思想的表达总要借助语言符号系统,这是出场行动总体的必然环节。然而,由于语言或符号的"脱域"魔力或者说语言能将"意谓"颠倒过来的魔法,使得它所表述的东西变成了表述(或模仿)它的东西。语言的这种固有的颠倒作用使包括伽达默尔哲学解释学在内的解释学理论和结构主义一样都将语言视为世界的中心,"认为在事物的理论之前能够并必须先有记号理论的这种思想,是我们时代很多哲学所特有的思想"[①]。为此,我们有必要重新考察语言的起源和发展过程以及如何演变为"某种独立的特殊的王国"(马克思语)。

从人类的发展历史来看,交往实践活动是人类社会最基本的活动,是一切历史的基本条件和人类社会存在的前提。人类最初的交往活动很有限,只是局限在一些部落、种族等狭小的范围内,但即便是这样,由于生产劳动的发展和活动范围的逐渐扩大必然促使社会各成员之间相互支持、彼此协作,使他们之间更加紧密地结合起来并使每个人都清楚地意识到这种共同协作的好处。"一句话,这些正在生成中的人,已经达到彼此间不得不说些什么的地步了",因而"语言是从劳动中并和劳动一起产生出来的"[②]。从人类的交往实践活动中产生的语言本身具有物质性,从一开始就"纠缠"着精神,是人类思想或精神的"物质外壳"。这种比拟的说法力图予以揭示的就是语言—意识之原初的感性性质,"感性的"意识区分于"纯粹的"意识,前者又称为"实践的"意识或"现实的"意识,也就是语言。这意味着纯粹的意识深深地扎根于感性的意识之中,即扎根于语言现象之中[③],只有从"感性意识和感性需要这两种形式

---

① [法]保罗·利科:《哲学主要趋向》,李幼蒸、徐奕春译,商务印书馆 2004 年版,第 371 页。

② 恩格斯:《自然辩证法》,《马克思恩格斯文集》第 9 卷,人民出版社 2009 年版,第 553 页。

③ 参见吴晓明:《哲学之思与社会现实——马克思主义哲学的当代意义》,武汉大学出版社 2010 年版,第 43 页。

的感性出发",一切科学才能成为"现实的科学"①。此外,语言也具有实践性、交往性和社会性等特征,是人类在交往实践活动中出于交换、协调和互助的需要而产生的:"语言是一种实践的、既为别人存在因而也为我自身而存在的、现实的意识。语言也和意识一样,只是由于需要,由于和他人交往的迫切需要才产生的。……意识(即'实践的'意识或'现实的'意识——引者注)一开始就是社会的产物,而且只要人们存在着,它就仍然是这种产物。"②也就是说,语言最初是和人们的交往实践活动交织在一起的,就像思想、观念的生产最初是和人们的物质资料的生产交织在一起一样。随着交往实践活动的扩展,交往空间的扩大和交往内涵的丰富化,语言逐渐从初级的表情表意符号发展到具体的、直接的、操作性的语言,再到文字化语言的出现。从言语到文字的转化,使语言获得了相对固定和静态的形式,从而真正脱离现实的、具体的历史境遇和人类的实践活动而走向抽象性,仿佛成了一种独立性的存在。这是由历史上物质劳动和精神劳动的真正分离才肇始的:"从这时候起意识才能现实地想象:它是和现存实践的意识不同的某种东西;它不用想象某种现实的东西就能现实地想象某种东西。从这时候起,意识才能摆脱世界而去构造'纯粹的'理论、神学、哲学、道德等等。"③不言而喻,正是通过这样一种重大的历史性转变,形成了独立性和抽象化的语言系统以及意识现象及其产物,这种抽象化"为人们提供了共同把握客体的抽象形式,使之能通过语言交际而将个体经验加以系统化、社会化、理论化,为人类的认知交往创造了高级形态"④。但不可否认的是,语言系统的这种抽象体系一旦建立,它就成了一个普遍的尺度,把它所表述的东西变成表述(或模仿)它的东西,从而超越人们

---

① 马克思:《1844年经济学哲学手稿》,《马克思恩格斯文集》第1卷,人民出版社2009年版,第194页。

② 马克思、恩格斯:《德意志意识形态》,《马克思恩格斯文集》第1卷,人民出版社2009年版,第533页。

③ 马克思、恩格斯:《德意志意识形态》,《马克思恩格斯文集》第1卷,人民出版社2009年版,第534页。

④ 任平:《广义认识论原理》,江苏人民出版社1992年版,第121页。

的生产劳动和交往活动并对之加以衡量。这是现代语言学转向的套路,也是哲学唯心主义产生的直接根源。"正像哲学家们把思维变成一种独立的力量那样,他们也一定要把语言变成某种独立的特殊的王国。这就是哲学语言的秘密,在哲学语言里,思想通过词的形式具有自己本身的内容。从思想世界降到现实世界的问题,变成了从语言降到生活中的问题。"①可以说,不管是伽达默尔对以语言为主线的解释学本体论转向的研究,还是后现代解释学家福柯、德里达等人主张用分析语言的秩序原则来消解理解问题等现象,都说明了他们试图在将语言看作是超越一切的存在,是"某种独立的特殊的王国",借助语言并仅仅只有通过语言才能进入人类的生活世界,使世界面向我们而打开。

对此,马克思敏锐地指出:"哲学家们只要把自己的语言还原为它从中抽象出来的普遍语言,就可以认清他们的语言是被歪曲了的现实世界的语言,就可以懂得,无论思想或语言都不能独自组成特殊的王国,它们只是现实生活的表现。"②这里的现实生活即是人类的交往实践活动。在交往实践观看来,首先,语言是人类交往实践活动逐渐分化的结果,在这个过程中,语言由直接性转向间接性、由具体性转向抽象性。原始民族的语言"永远是精确地按照事物和行动呈现在眼睛里和耳朵里的那种形式来表现关于它们的观念"③,每一个细小的事物和动作都有相应的词与其相对应;后来随着交往范围的扩大和交往程度的加深,语言指称的具体性和个别性就逐渐被抽象性所取代。抽象化的语言系统一方面能使具体性与个别性的个体经验得以系统化、社会化与理论化的表达,另一方面又需要不断地从个体经验和认知中汲取"养分",呈现语言系统的共性规范与个性经验的辩证统一。其次,交往实践的结构为人类的语言交往提供了基础。交往实践活动是在"主体—客体—主体"的总体性框架中,一极实践主体通过改造对象化的物质客体而作用于另一极实践主

---

① 马克思、恩格斯:《德意志意识形态》,《马克思恩格斯全集》第 3 卷,人民出版社 1960 年版,第 525 页。
② 马克思、恩格斯:《德意志意识形态》,《马克思恩格斯全集》第 3 卷,人民出版社 1960 年版,第 525 页。
③ [法]列维-布留尔:《原始思维》,丁由译,商务印书馆 2014 年版,第 172 页。

体的社会性的物质活动。相应地,语言交往也是多极主体之间基于交往和对话的需要,一极主体通过语言中介而与另一极主体达到相互理解、共享知识的认知交往关系。交往实践是语言符号系统的历史前提,随着前者的不断变革,后者也不断地再解构和再建构历史图景,后者只不过是前者历史地复制转录的结果。这里已经论述的很清楚,"语言只有与或多或少决定其基本特性的其他非语言现象结合在一起时,才能被正确理解",因为"许多表面上看来似乎是语言决定认识的迹象,实际上受到超语言因素的制约,而且与社会历史条件有关"①。此外,"在语言交往结构中,对话的目标不仅仅是知识、真理的发展,而且包括形成这一发展的条件,即人的开化、认知主体图式和语言自我结构的不断更新、文化意义系统的发展和知识真理的增长。从这一广义目标去判定语言符号的认知功能,才能真正突破'主—客'模式的局限,融汇语言的多元哲学意义"②。即是说,只有在"主体—客体—主体"的框架中,才能更准确地把握语言的形成与发展,也才能更精确地理解从意义到价值、文化的意义,以及文化传统何以对主体产生整合与规范的作用。从交往实践观的角度来看待语言,这就从根本上消解了把语言视为超越一切的独立存在的幻觉,使其还原于真正的、现实的人类的感性活动。不管语言在人类的认识和理解活动中显得多么重要,然而它本身只是人类交往实践活动的产物,如果将语言乃至观念、思想、文本独立化,就必定会把全部认识和理解活动引向误区。

伽达默尔遵循海德格尔将语言视为存在之家的思路,指出世界是由人类的语言经验组织起来的整体,只有在语言中世界才能被显现,不是世界规定着语言而是语言规定着世界。人类在不断地对世界的语言经验中形成一种世界观,"每一种语言世界观都潜在地包含了一切其他的语言世界观,也就是说,每一种语言世界观都能使自己扩展到其他语言世界观中。它能使在另一种语言中所提供的世界的'观点'从自身而得到理解和把握"。在这个意义上说,

---

① [法]保罗·利科:《哲学主要趋向》,李幼蒸、徐奕春译,商务印书馆2004年版,第403、407页。

② 任平:《广义认识论原理》,江苏人民出版社1992年版,第123页。

"谁拥有语言,谁就'拥有'世界"①。因此,从根本上来说,伽达默尔在这里是将主体视为一种语言性的存在,是隐藏在语言背后的一个在场的大写的话语主体,理解活动就是发生在单一主体与语言性存在的对象客体之间。虽然他也强调解释者与文本之间的对话,但从本质上来说后者是一种脱离作者和解释者的存在,它拥有自身的尺度。

交往实践观首先反对伽达默尔将语言看作是超越人们的交往实践活动的独立的存在,因为从人类历史的发展过程来看,它只能是人类劳动和交往的产物,后者不仅是前者的历史起点,也是其逻辑起点。其次,交往实践观也反对伽达默尔在语言观上的单一主体论,恢复和强调语言在多极主体间的对话、交流本性,"语言是一种实践的、既为别人存在因而也为我自身而存在的、现实的意识"②。这里的"为别人"即是语言产生的前提,"为我"则是语言交往的结果,只有在无数的"为别人"和"为我"的交往活动中,语言才能存在。因此,在交往实践观看来,理解活动并不是单一主体主导下的话语行动,而是多极主体间基于话语文本这个中介客体之上的对话交往行为。作为中介客体的话语文本在不同的主体那里意味着不同的意义,但是,经过不同主体间的交往和对话,多元化意义就会被整合为交往共同体的共识意义。③

遵循海德格尔开启的解释学本体论转向并在运用胡塞尔现象学方法的基础上,伽达默尔批判性地汲取了解释学史上诸位先贤的优秀成果并超越了他们的时代局限而将历史场域作为理解发生的起点。无论是在审美活动中对被康德美学所贬低的、与人们的现实生活有着天然的同质感和神秘的亲近性的艺术美中真理问题的探究;在精神科学领域中对前见这个理解发生之前提的

---

① [德]伽达默尔:《诠释学Ⅰ:真理与方法》,洪汉鼎译,商务印书馆 2010 年版,第 630—631、637 页。
② 马克思、恩格斯:《德意志意识形态》,《马克思恩格斯文集》第 1 卷,人民出版社 2009 年版,第 533 页。
③ 参见任平:《交往实践与主体际》,苏州大学出版社 1999 年版,第 597 页。

肯定、从历史的发展来说明解释者之理解发生偏向的效果历史;还是通过对古希腊语言史的追溯来辨析语言与逻各斯、语言与话语的关系,确立语言作为解释学经验之媒介的做法等,都显现出伽达默尔在文本理解问题上无不渗透着强烈的历史感。《真理与方法》的出版使得他的解释学理论成为诸多哲学关注的焦点,他关于理解和解释的观点被运用于在艺术和文学研究中理解问题的讨论、社会科学中知识和客观性的争论以及神学和法学等学科中的有关争论。坦率地讲,伽达默尔的解释学理论是当代解释学发展的最高成就,虽然它一经提出就招致了诸多争论、批评和责难,但这并没有丝毫削弱它的理论深度和历史穿透力,以及它对精神科学甚至是自然科学和人类思维方式的深刻影响。

需要注意的是,对伽达默尔所取得的解释学理论成就的赞扬和肯定并不意味着要遮蔽其缺点,看不到它的历史局限性。虽然他承认历史场域对于理解问题的基础性作用,并把历史抬高到无以复加的地位,但历史场域在他那里是以传统和前见等形式自发在场的,历史也是文本式的存在,"不仅原始资料是文本,而且历史实在本身也是一种要加以理解的文本"①。他没有进一步追溯和拷问前见得以形成的历史前提和基础,而是直接将其作为理解发生的起点和对当代解释者产生效果的历史。哈贝马斯看到了伽达默尔的解释学理论缺失反思和批判的向度,认为后者对历史采取的是一种非批判的立场,而他的批判解释学则自觉地立足于对历史和意识形态在场性的反思和批判。通过批判性的反思来抵御和反抗传统加诸我们意识的种种桎梏,借助意识形态批判来反观和认识已被扭曲为统治和压制之帮凶的语言。在此基础上,哈贝马斯建立起了具有正确性、真实性、真诚性和可领会性四点要求的普遍交往行为规则,这是任何一个解释者在理解之前就存在的前理解结构,也是理解历史和文本的前提和基础。对此我们看到,相比于只强调历史文本对当代解释者的效果和影响的伽达默尔来说,哈贝马斯已经很深刻地认识到交往关系或社会关

---

① [德]伽达默尔:《诠释学Ⅰ:真理与方法》,洪汉鼎译,商务印书馆2010年版,第285页。

系对历史场域的重要性，不过他对交往行为原则的先验设定也有直接给予的在场性，他把批判的矛头对准了意识形态和历史的在场结果，却没有找到形成这一在场结果的前提和基础。因此，必须超越解释学对历史进行文本式解读的局限，创造性地提出一种对历史的实践论理解，以及在此基础上建构一种与时俱进地理解思想精神体系即历史文本的新范式。

在交往实践观看来，历史既不是以文本形式现存在场的思想史，也不是脱离客体底板的历史虚无主义，而是在人们世世代代的交往实践活动中不断构境的存在。交往实践的三重结构决定了历史场域并不是一个静止的现成形态，而是一个动态的结构体。实体结构作为对解释主体和交往关系的双向建构和双重整合的既成形态，构成历史场域的肯定—规范的向度；意义结构作为对各极解释者产生的关联性关系，是对既成形态的反思和批判，构成历史场域的否定—批判的向度；辩证结构作为两者的统一，共同推动着历史场域的生成和发展，并形成一定的思想精神体系即对历史的解释。随着解释者的交往活动和交往关系的改变，对历史的理解和解释会随之发生变化。为此，在交往实践观视域中对历史的理解，即是在交往实践的客观意义结构这个中介客体之上，通过多极解释者之间的交往和对话，对多元化意义进行整合的产物。而占主导地位的理解和解释便是历史语境的意识形态化，因为在交往实践活动中占统治地位的阶级必然在思想上也占据着统治地位，包括在看似远离阶级斗争和政治斗争的审美活动中情形也是如此。所以，对历史的解释要追溯至不同时代人们的交往实践中，只有立足于交往实践这个地平线并通过对意识形态的反思和批判，才能准确把握历史理解问题的本质。

《哲学解释学》一书的编者美国学者戴维·E.林格（David E.Linge）在"编者导言"中一开始就提出："解释学起源于主体间性的断裂"①，要么由于时间上的限制，要么囿于空间上的距离，解释者对所涉及的意义问题并不是立刻就能理解的，因而需要作出解释的努力。但不管是客体论解释学、主体论解释

①　Hans-Georg Gadamer, *Philosophical Hermeneutics*, translated and edited by David E. Linge, University of California Press, 2008, p.xii.

学,还是主体际解释学,它们要么执着于"主体—客体"关系而忽略了"主体—主体"关系,要么专注于"主体—主体"关系而否定"主体—客体",最终都是以"主体—客体"与"主体—主体"之间的分离而走向绝对主义或相对主义甚至是虚无主义。以"主体—客体—主体"为总体性框架的出场学则以主体间性的统一为特征而超越了解释学。基于此,我们就必须超越以文本形式来理解历史的解释学局限,召唤以交往实践观为核心建制,以历史语境、出场路径与出场形态之间的内在关联来考察对历史理解的出场学视域。

# 第四章　从解释学走向出场学

出场学是关于文本理解理论的新范式。它注重于文本出场的历史语境、出场路径与出场形态三者之间的紧密关联性,强调在变换了的历史语境中,文本会选择不同的出场路径,呈现差异的出场意义。与客体论解释学、主体论解释学和主体际解释学相比,出场学以理解文本意义和反思理解自身的复调叙事、以交往实践的意义结构为客观底板、对历史场域的反思和批判而超越前三者,成为文本理解理论的更具科学性、预见性和解释力的新范式。

## 第一节　出场学:概念、原则与特征

出场学认为一切思想或文本的出场都依赖于一定的历史语境和出场路径,是独特的历史语境和特定的出场路径的产物。随着历史语境的转换和出场路径的变迁,文本的意义也随之发生变化,因而具有鲜明的时代性和空间性特质。出场语境、出场路径与出场形态的内在关联决定了出场学对文本意义的理解既不像传统解释学那样是教条主义的在场、同一的理解,也不是如伽达默尔、德里达等人一样强调绝对差异的相对主义的理解,而是同一中的差异和差异中的同一,是文本意义的连续与断裂的统一,通过不断出场而秉持永恒在场。

### 一、反思、自觉与建构:出场学范式的历史生成

超越对历史语境的解释学理解以及割裂历史语境与思想出场之间内在必

然性的解释学范式，就必然走向出场学视域。所谓出场学是指以交往实践为历史底板，以历史语境、出场路径与出场形态之间的内在关联为核心要素，来与时俱进地理解文本意义的哲学范式。① 出场学作为文本理解新范式，自2001年年初步提出以来，已在国内学术界盛行十余年，它的发展过程大致经历了从范式反思、宏观与微观建构到场域研究的阶段。

第一，为从"问题反思"向"出场学研究"转换阶段（2001—2006年），代表作是《论马克思主义的出场形态》（《河北学刊》2005年第4期）。这篇论文的特点是，不再醉心于以反思的问题视域为中心来进行文本解读，而是追问文本为何及如何出场，从深度考察文本赖以出场的历史语境和路径中来把握不断重新出场的文本形态。这一阶段的发展是逐步展开的：据任平教授回忆，出场学范式是其于2001年在苏州昆山召开的"长江三角洲第二届马克思哲学论坛"上作的有关"马克思主义当代出场路径探索"的大会发言中首次提出的。② 该发言以应答时代挑战的"问题视域"来探索马克思主义的当代出场问题，引起当时与会代表的关注。在任平教授发表于《哲学研究》2002年第12期的论文《资本全球化与马克思——马克思哲学的出场语境与本真意义》中，任平教授提出了"出场语境"的概念，分析了马克思哲学出场的历史语境及基本视界，即从历史语境出发去考察"问题中的哲学"与"哲学中的问题"的关系。2003年，由江苏人民出版社作为该社重点图书推出的《当代视野中的马克思》，则较为系统地阐述了马克思主义出场路径理论，具体指认、分析、呈现了马克思哲学的出场语境与当下语境的社会存在论关联，以及统一性与多样性相结合的马克思哲学当代出场路径，因而有学者将该书称为出场学研究的开新之作。③ 此后，在2004年8月召开的首届中国哲学大会上，任平教授发表了题为"论马克思主义的当代出场路径"的演讲（《哲学研究》2004年第10期刊登了该演讲的内容），指出马克思哲学的当代出场是基于"反思的问题

---

① 参见任平：《论马克思主义哲学研究的出场学视域》，《中国社会科学》2008年第4期。
② 参见任平：《论马克思主义出场学研究的当代使命》，《江海学刊》2014年第2期。
③ 参见孟思源：《马克思哲学"出场学"的开新之作》，《江海学刊》2004年第1期。

学",是对时代重大现实问题的实践反思,因而其出场路径对历史语境有着深刻的历史依存性和深度的依赖性。同年 11 月在苏州召开的"全国马克思主义哲学理论创新研讨会"上,任平教授作了"论马克思主义的出场形态"的主旨发言(据发言稿整理而成的论文刊登于《河北学刊》2005 年第 4 期),首次提出了"出场形态"的概念,认为对文本意义的理解要注重出场语境、出场路径与出场形态之间的内在关联性,"文本意义、文本理论形态实际上只不过是出场形态,是受出场语境和出场路径决定的"[1],历史语境和出场路径发生时代变迁,那么就应当产生新的文本意义的出场形态。发表于 2005 年和 2006年的文章则尝试着以出场学范式来重新解读马克思恩格斯的经典文本,如《马克思哲学革命出场的现代性视域——〈关于费尔巴哈的提纲〉诞生 160 周年后的新解读》(《江海学刊》2005 年第 3 期)、《论恩格斯对哲学革命的理解——120 年后对〈费尔巴哈论〉出场学视域的新解读》(《江苏社会科学》2006 年第 2 期)、《论恩格斯理解哲学革命的出场学视域——120 年后对〈费尔巴哈论叙事方式的新解读〉》(《学术研究》2006 年第 7 期)。

　　第二,为出场学范式的宏观理路与微观建构阶段(2007—2009 年),代表作是《论马克思主义哲学研究的出场学视域》(《中国社会科学》2008 年第 4期)、《论马克思主义"出场学"的两个循环》(《学术月刊》2008 年第 9 期)。任何一种研究范式,都是由其鲜明宗旨、基本原则以及一系列范畴所组成的有机系统,都是经过长久的推敲、探微、反复验证和不断修正而日臻完善的,出场学范式的提出和发展也是如此。从宏观理路上说,出场学范式坚持一个根本宗旨即与时俱进是马克思主义的理论品质。推翻"一切关于最终的绝对真理和与之相应的绝对的人类状态的观念"[2],要求理论必须随着时代发展而不断重新选择出场路径与方式,与时俱进地创造新的在场形态是马克思主义哲学革命的意义,而出场学范式正是为了承担这一使命而产生的,它"旨在探索在差

① 任平:《论马克思主义的出场形态》,《河北学刊》2005 年第 4 期。
② 恩格斯:《路德维希·费尔巴哈和德国古典哲学的终结》,《马克思恩格斯文集》第 4 卷,人民出版社 2009 年版,第 270 页。

异化的时空语境中，马克思主义哲学如何不断选择自己恰当的出场路径、出场方式和出场形态，进而与时俱进地把握马克思主义哲学中国化的当代形态"①；一个根本指认即与支撑马克思哲学产生的时代相比，当今的时代发生了深刻变革。《论〈共产党宣言〉的当代启示》（《苏州大学学报》（哲学社会科学版）2008年第4期）及之前一系列文章的论证表明，出场语境的深刻变革主要表现在以下五个方面：其一，产业轴心的转移。其二，结构构成内涵的异同。其三，内在张力发生重大转换。其四，控制方式的重大转换。其五，思维方式发生重大转变。② 以上五方面对当今时代最根本最整体性的指认，构成了马克思主义哲学重新出场的基石；一个根本方法论即两条线索、四大模块。《走向出场学视域的马克思主义哲学研究：创新路径与未来趋势》（《学术月刊》2008年第9期）的文章指出，第一条线索是从马克思思想赖以出场的历史语境变化分析入手，通过这一分析我们可以看到，历史语境的变化构成了两大模块：即作为当年马克思哲学出场的"原初语境"与当代马克思主义出场的新语境。第二条线索是指从"当年"到"当代"马克思主义出场视域、形态、思想、理论的变化。两者之间出现"历史的间距"，就是出场语境、出场路径体现在出场形态上的变化。"当年"与"当代"马克思主义构成的两大模块，与历史语境变化的两大模块的相互对应性，就成为"与时俱进"的出场学视域。

从微观建构上讲，这一阶段完成了出场学范式的主要要素包括出场、出场语境、出场路径、出场形态、出场学循环等概念的界说。

1. 出场。"出场"一词本源于舞台表演艺术，在哲学指义中，"出"是摆脱被遮蔽状态而"进入"某一特定场域中的行动；"场"也不是一个通常剧院的台场，而是人类历史的宏大舞台。"出场"因此成为人类及其思想亲临历史舞台的现身行动。人类既是历史的"剧作者"，又是"剧中人"。由何种思想与主体（"出场者"）扮演主角在特定历史场域中出场，一直成为"创造历史"的关键。

---

① 任平：《论马克思主义哲学研究的出场学视域》，《中国社会科学》2008年第4期。
② 参见任平：《创新时代的哲学探索——出场学视域中的马克思主义哲学》，北京师范大学出版社2009年版，第8页。

"出场"与"退场"对应,也不等于"在场"。"退场"是落后于时代地平线而被时代所淘汰的状态,"在场"则是一种既成状态。一切教条主义则倾向于将马克思主义视为一种超越时空、永恒不变的"现成在场形态",一劳永逸的僵化体系。但是,马克思主义从来就不是一种所谓"在场的形而上学",从来就坚决反对将思想变成教条。马克思主义是随着时代发展和空间语境转换而不断重新出场的。出场是对现成在场状态的超越,永远是与时俱进的创新,永远是对出场路径、出场方式与出场形态的时代选择。①

2. 出场语境。出场语境是指社会实践状态,是一种"改变世界"的实践所构成的历史结构或历史时代,是思想理论的发生学基础。马克思哲学的出场语境指的就是构成当年马克思思想的发生学基础,也即产生马克思哲学的社会实践状态(原初语境),当代马克思主义的出场语境指的是当下社会实践状态(当下语境)。对出场语境的分析,也是对马克思主义出场条件的考察,是对从当年到当代历史条件演变的分析。

3. 出场路径。出场路径即是指马克思主义在出场语境基础上的出场方式或出场方法。马克思主义出场路径遵循"一体两翼"的创新格局。所谓"一体",就是对重大时代问题的实践反思,这是马克思主义出场的基本路径;所谓"两翼",即对马克思主义经典文本的重新解读及与各种时代思潮的对话(后面会对这一格局做具体的说明)。马克思主义的出场路径就是立足于时代重大实践问题(把实践问题上升为哲学问题),同时积极展开与马克思主义经典思想和各种时代思潮的对话,围绕"一体"布局"两翼",通过"两翼"实现"一体"。出场路径对出场形态有决定性作用,任何文本的意义、理论表现方式、存在形态其实都是一种依赖于出场路径的出场形态。我们不仅需要深刻地解读文本意义、把握文本理论结构,更重要的是要深度考察文本赖以出场的历史语境和路径。

4. 出场形态。出场形态是指理论通过特定的出场语境和出场路径所展现

---

① 参见任平:《走向出场学视域的马克思主义哲学研究:创新路径与未来趋势》,《学术月刊》2008 年第 9 期。

出来的特定形式。文本的意义结构只是那一语境、路径中的相对历史形态,而不是无条件、一劳永逸、一成不变的。我们对文本的解读、对文本意义结构的理解,也不能舍弃语境和路径来孤立地加以研究。随着语境和路径的历史变化,文本的出场形态会发生变化,需要重新设计和选择。①

5. 出场学循环。《论马克思主义"出场学"的两个循环》的文章中指出,"出场"与"差异"是出场学研究范式的两个核心要素,两者之间存在着两个对应的阐释循环:"出场"与"在场"的循环,"同一"与"差异"的循环。而"出场"与"在场"之间又存在着内在的循环。首先,"出场"是为了"在场"。"在场"的想象与愿景推动着"出场者"的"出场"。"在世之梦"既成为"出场"的目的,又是"出场"的动力。因此,要理解"出场",必须要理解出场"所为"的目的,即"可能的在场"本身。在场的可能性引导、推动、召唤着出场者的出场,使出场变成一个朝向在场转变的谋划行动。其次,出场是生产,在场是结果,是出场行动的相对完成,两者是相互规定、相互依赖,共同构成一个相对完整的出场学结构。再次,出场决定了在场状态。原初出场之前,场域仅仅是一个空场,只有出场才使空场转变为实有、在场。在场的一切可能性状态都是由出场的本质、结构、指向等造就的。因此,理解现存在场,就是理解此前的出场。否定现存在场,就是召唤新的出场,出场与在场存在着正向循环关系。"出场"与"在场"也相互对立、反向循环。"出场"是创造在场的过程,不是既成的在场状态,而是对既往在场状态的某种否定和修正。每一次出场都是一种重新布展和意义重构,每一次出场都具有独特的历史个性,因而出场本身就是差异的集合。反之,出场未必能够在场。出场者需要具备在场的一切禀赋和能力,需要与历史相互适应。因此,出场与在场相互对立、相互否定,彼此都是任何一方不能脱离的"他者"。"在"秉持自身的同一性,强调当下存在方式和存在状态的持续性甚至永恒性,"出"则强调"在"的差异性与转换性。"出"是对"在"状态的超越与变革,是对"在"的重写。出场始终在创造新的在场,产

---

① 参见任平主编:《当代中国马克思主义哲学研究(2014)》,中央编译出版社 2014 年版,第157—158 页。

生新的形态、新的差异。"在场"追求"同一",而"出场"呈现"差异"。每一次出场都是内在地遭遇时空变换,因而使出场语境、出场路径和出场形态都相应发生变化,创新出场就是走向差异之途。因而,"出场"与"在场"的循环,又转化为"同一"与"差异"的循环。在场的同一与出场的差异是相互循环的。在场的同一形成了存在状态的持续性与稳定性,形成了差异的出场赖以行动的前提条件。差异是对同一的否定,必须首先理解在场的同一,才能深刻理解出场的差异本身。反之亦然,要理解、选择和设计在场的同一,必须深刻理解出场带来的差异,在差异中坚守同一、在否定中保持肯定,这是在场的阐释逻辑与行动逻辑。同一与差异,不仅相互区别、相互对应,而且相互循环。两大循环共同构成出场学辩证法的核心,理解了出场学循环,就真正理解了马克思主义的创新机制。① 总之,出场语境是前提基础,出场路径是方法手段,出场形态是目标结果,出场学循环是哲学自我反思之镜,出场则是这四个要素谋划和实现的动态过程,正是依靠这样的整体机制才能保证文本意义的不断出场,才能"无限地指向未来"(德里达语)。

第三,为出场学范式建构的深化阶段即对场域的研究(2010 年以来),代表作是《论马克思主义出场学视域中的历史构境》[《南京大学学报》(哲学·人文科学·社会科学)2010 年第 2 期]、《论马克思主义出场学研究的当代使命》(《江海学刊》2014 年第 2 期)、《论资本创新逻辑批判与马克思主义出场学的当代视域》(《哲学研究》2014 年第 10 期)。场域是出场学范式的一个关键环节与核心概念,《论马克思主义出场学视域中的历史构境》的文章强调场域在实践、生产、交往中的生成性、变动性和构境性,场域从来就是在人类的各种生产(人口、物质、社会关系、精神和语言符号等)中不断被构造的,因而场域与出场者的行动变革之间具有高度的相关性。《走向差异之途的马克思主义出场学视域》则进一步从三方面界定了场域概念:首先,"场域"是思想背后的历史,是由实践造就的现实结构,它既是一种历史语境、历史路径的构境,更

---

① 参见任平:《论马克思主义"出场学"的两个循环》,《学术月刊》2008 年第 9 期。

是出场主体对立场的选择。其次，场域是主体活动的现实地平线。对于主体而言，场域就是现实的出场语境。再次，场域差异造就思想分型。实践、历史、现实不断变化，出场语境呈现差异化，因此，思想、理论、认识的出场路径、方式和形态也必定存在差异。① 就场域的本质而言，任平教授强调，场域是出场者所处在的社会历史空间，表现为一种出场者和思想出场的"场位"。"场"指总体的历史语境，"位"指出场者在这一历史语境中的具体方位，也同时包括出场者选择的立场。场位指一种思想得以出场的客观空间和主体位置（立场）。每一个出场者都是在一定的历史条件构成的宏观语境中出场的；而每一个出场者都是在一定的历史空间中创造和选择一定微观位置（立场）。前者构成了出场者的历史制约性；后者表征了在历史制约条件下的可能的主体选择性。"场"与"位"是不可分离的两个方面。没有"场"就没有"位"，而没有"位"也不能显现"场"的存在。因此，历史场域不是一种外在于人和人的活动的在场，而就是由出场者的行动造就的历史语境或历史场位。这是出场者参与创造的对象化的历史境遇；而"置身"，就是出场者的出场在变革历史、创造场位的过程中进场，创造并进入场位之中的行动。"场位"与"置身"的相互作用恰好就是构境历史的实践。② 在与吉登斯、布迪厄等人对话的基础上，任平教授进一步厘定了场域概念：场域对于个人而言，既是限定性生活实践的空间结构，又可能是自己营造、能够体现自己价值向度的存在条件。场域对于社会结构而言，则是一种相互作用的结构化状态，它使所有的相互作用形成的社会关系通过这一结构而得以凝固，并成为下一轮相互作用的前在的舞台。因此，场域作为历史场位和社会空间的统一决不是单向度的在场。交往实践不仅存在着规范向度，同时也存在着否定向度和辩证向度，三重地构建历史语境和历史场位。或者说，场位空间内在地显现为三维向度。在这三重结构中展开的历史辩证法和空间辩证法，随着否定向度转化为新的肯定向度，历史场位就显现为一种时代性间距和差异性，出场者就具有了新的历史地平线；肯定—否定双

---

① 参见任平：《走向差异之途的马克思主义出场学视域》，《社会科学战线》2011年第5期。
② 参见任平：《论马克思主义出场学的辩证视阈》，《马克思主义研究》2012年第5期。

重向度的空间分裂,马克思主义的出场,正是在这一系列历史和空间差异中实现的。① 在分析资本创新逻辑的一系列文章中,任平教授深度探索了马克思主义重新出场的当代场域。当年马克思所宣告的"被剥夺"、"被炸毁"、"被敲响丧钟"的资本依然"持续在场",其根本原因在于"资本创新"。逐利本性推动着资本可以将一切能够赢利的要素和形式都资本化,因而具有不断创新、转换资本形态的变革功能。资本的主导形态从当年马克思面对的占主导地位的工业资本到金融资本,再到知识资本和文化资本、人力资本和社会资本以及消费品资本等,不断变革。资本创新造就了新的历史场景,这种新的历史场景是历史场域的表象化结构,也是资本拜物教的景观社会。虽然资本的一般本性和历史二重性作用并没有发生根本改变,但资本创新和历史场景转换毕竟造就了资本时代的形态和特征,有着种种不同于工业资本主导时代的特质和功能。我们既不能用低于历史水平的教条主义对待当代,否认资本创新所造就的历史场景变化;更不能跟着后马克思主义抛弃马克思的历史观的精髓;而应该根据当代资本创新的特征和功能,重写《资本论》,书写资本批判的当代话语,从而呼唤新时代的唯物主义历史观的出场。②

　　总之,从整体上来说,出场学范式不仅要求文本解释,而且更要求研究文本背后的历史语境与出场路径,使文本意义呈现当代性价值,"让当代人说当代话",这不仅来自历史的魅力,也来自与时俱进的创新力和反思性。在这个意义上,笔者认为由任平教授首倡的仅限于马克思主义哲学文本理解的出场学范式可以提升为适用于一般文本或思想精神体系的理解范式,本章节稍后部分将通过对出场学范式理解一般文本意义的运思过程的分析以及与客体论解释学、主体论解释学和主体际解释学的比较,来对其内在逻辑理路与合理性进行论证。当然,论证过程是否合理、结果是否成立当由读者诸君来评判。

---

① 参见任平:《论马克思主义出场学研究的当代使命》,《江海学刊》2014 年第 2 期。

② 参见任平:《文化的资本逻辑与资本的文化逻辑:资本创新场景的辩证批判》,《江海学刊》2013 年第 1 期;《资本创新逻辑的当代阐释》,《学习与探索》2013 年第 3 期;《论资本创新逻辑批判与马克思主义出场学的当代视域》,《哲学研究》2014 年第 10 期。

### 二、使命、自识与本性:出场学范式的逻辑必然

出场学范式并非凭空产生,也不是"纯"理论的无病呻吟,它的出场是时代使命的召唤,是研究的方法论自觉的产物,也是历史唯物主义的本性使然。

首先,时代的发展召唤着出场学视域。以《真理与方法》的出版为标志的伽达默尔的哲学解释学创立以后,立刻在西方哲学界引起了强烈反响和巨大轰动。与此同时,它也招致了诸多的争论和批评并因此也产生了许多富有成果的解释学体系,促使着和推动着伽达默尔的哲学解释学思想不断发展和完善。不过对文本意义的理解似乎也越来越走向无本之木,走向多元化的行为,正如罗兰·巴特所言:"在这理想之文内,网络系统触目皆是,且交互作用,每一系统,均无等级;这类文乃是能指的银河系,而非所指的结构;无始;可逆;门道纵横,随处可入,无一能昂然而言:此处大门;流通的种种符码(codes)蔓衍繁生,幽远恍惚,无以确定"①,文本意义走向无限膨胀、撒播和众声喧哗之中。在这个充斥着结构主义和激进的后现代解释学批判的时代中,如何重新回答"文本理解何以可能"和"文本意义何处去"的问题,准确指认历史文本在新的历史语境中的出场路径和出场形态,成为当代解释学家们深切关注的焦点。从贝蒂(Emilio Betti)的"作为精神科学一般方法论的解释学"构想到赫施通过"保卫作者"来恢复"解释的有效性";从阿佩尔以"先验解释学(语用学)"出发来建构"语言交往共同体"到哈贝马斯以"交往行为"为核心、以意识形态批判和精神分析法为方法论的批判解释学理论;从利科对现象学、解释学与结构主义的综合到罗蒂以"偶然性"概念为基础而强调无根基、无本质、无核心的"后哲学文化";从德里达在"无底的棋盘"上进行的"解释即游戏"的观点到罗兰·巴特的"直陈式"、"不及物"的零度写作;等等,当代解释学家们对于文本的理解问题进行了有益的理论探索和思想设计,对文本意义在变换了的历史语境中的出场以及"如何出场"的问题作出科学系统的解答。但这些最新研究成果的获得必然需要一个完整的理论研究方法作支撑,才能更加清晰

---

① [法]罗兰·巴特:《S/Z》,屠友祥译,上海人民出版社 2012 年版,第 7 页。

地表明同一文本在不同的历史语境和出场路径中产生出不同出场形态的合理性与合法性,这就是出场学。

其次,出场学是对文本理解之"研究方法论自觉"的产物。在美国哲学家库恩看来,"范式"是一定的研究方法、问题领域和解题标准的源头活水,它包含了理论,是科学研究的构成要素。当研究的范式发生转换时,整个理论视野、理论方法以及决定问题和解答的正当性的标准也会随之发生重大改变。因而相对于理论结论或见解的变革而言,范式的变革是更为深刻与根本的变革。① 自从古典解释学诞生以来,特别是在以施莱尔马赫和狄尔泰为代表的传统解释学时期,以"主体—客体"模式为核心的思维方式成为他们理解文本意义的主要范式。可以说,正是在这一范式的引导下,解释学才真正发展成为一门关于理解和解释理论的学科,走上了为正确把握文本真理而建立科学方法论的道路。但这一范式的最大缺陷在于抛开解释者个人的历史实在来重建或复原作者的思想和情感。虽然狄尔泰在后来也认识到个人经验对于文本理解的基础性作用,但个人理解经验的有限性与对文本世界之普遍性和永恒性理解之间的不可调和的矛盾也不断遭人诟病。因此,为了从解释者个人的历史实在的角度来看待文本意义的存在方式,主张"存在论"范式的海德格尔和伽达默尔就批判性地指出,解释学并不是建构关于客体认识论的基础,而是此在本身基于一定历史语境中的存在之领会。这一理解范式一经产生,便在当代西方思想文化的各个领域,包括哲学、美学、历史学、法学、社会学等领域产生了积极的重大影响,但只是回到解释者个人的原初语境并不能回答历史文本缘何出场的问题,况且构成解释者个人原初语境的并不是以前见形式存在的传统。事实上,要想对文本意义作出"充分适应"某一时代的理解,总是"需要获得一种时代的视野,而时代视野来源于当代实践与当代对话"②。因而强调对话范式的后现代解释学认为文本意义并不受单一主体(主体—客体)的

① 参见[美]库恩:《科学革命的结构》,金吾伦、胡新和译,北京大学出版社2012年版,第88、93页。
② 任平:《论马克思主义哲学研究的出场学视域》,《中国社会科学》2008年第4期。

先在控制，而是在多极解释者之间（主体—主体）对话和交往的产物。但是，对话需要客观底板作为中介，需要以解释者的交往实践活动作为基础和尺度，否则只会走向理解的相对主义甚至虚无主义，"文本解读作为一种对话，说到底是一双脚站在这个时代的生存状况之中的"。只有在这样的意义上，文本解读才是其本真意义之当代性的绽出；也是在这样的意义上，此种当代性就不能是某种现成的、一经获得就已然是凝固的东西①，也不能是某种差异的、没有相对衡量标准的异质性理解。综上我们可以看到，每一种范式都在不同方面推动了文本意义之理解和解释理论的深化和发展，但它们又都仅仅是从某一个方面、某一个路径来对理解和解释理论的发挥，因而带有一定的历史局限性。建基于交往实践这一历史语境之上的出场学，自觉意识到对理解本身之前提的反思和批判，即对理解的理解。它主张对文本的理解要"向后思索"，深深扎根于出场语境，从出场语境的转换来看待对同一文本的不同理解，因而它批判性地克服和超越了其他范式的缺陷，成为与时俱进地理解文本意义、评判解释者之间对话的新范式。

最后，历史唯物主义的本性召唤着出场学视域。一切在场的形而上学要么把在特定历史语境中产生的文本看作是永恒在场的"绝对真理"，要么把文化传统等现存的东西理解为现实，认为它就是文本意义产生的根源。与这种僵化的或主观的唯心主义理解不同，历史唯物主义"推翻了一切关于最终的绝对真理和与之相应的绝对的人类状态的观念。在它面前，不存在任何最终的东西、绝对的东西、神圣的东西"②，因为在它看来，"每一个时代的理论思维，包括我们这个时代的理论思维，都是一种历史的产物，它在不同的时代具有完全不同的形式，同时具有完全不同的内容"。③ 任何文本的出场都深度依赖于特定的时代和时代实践，以"主体—客体"、"主体—主体"为交往结构的

① 参见吴晓明：《哲学之思与社会现实——马克思主义哲学的当代意义》，武汉大学出版社2010年版，第14页。
② 恩格斯：《路德维希·费尔巴哈和德国古典哲学的终结》，《马克思恩格斯文集》第4卷，人民出版社2009年版，第270页。
③ 恩格斯：《自然辩证法》，《马克思恩格斯文集》第9卷，人民出版社2009年版，第436页。

实践活动是理解意识的所有各种不同的理论产物和形式的物质前提和历史基础。正如罗伯特·耀斯所指出的那样,"思想是无法阻止一种被认为是万古不变的意义的变迁和必要的更新的",如果想要让某一历史文本"满足始终变化的现实的需要,就必须不断地通过解释和再解释来更新其意义"①。出场学对包括文本在内的意识产物的理解始终追溯到历史语境和交往活动之中,随着历史语境的转换和交往关系的改变,必然要求文本选择新的出场路径、创造新的出场形态。因此,历史唯物主义与时俱进的本性必将要求出场学视域,即在不同的时代、空间和语境中,对同一文本作出符合时代语境、时代实践的理解。

### 三、历史、路径与形态:出场学研究的基本原则

作为对文本意义之与时俱进的理解范式,出场学主要着眼于对文本的出场语境、出场路径与出场形态内在关联的考察,这构成出场学研究的基本原则。

首先,文本意义的出场深度依赖于历史语境之中。思辨形而上学的在场观直接把文本意义理解为现存在场的僵化形态,把追求思想或文本意义的永恒的、普遍的在场当作唯一的或主要的任务。伽达默尔虽然意识到了历史语境对于意义理解的重要性和关键性,但历史在他那里主要还是以传统或前见的形式而现存在场的静态僵化体,他割裂了历史语境与解释者的交往实践活动之间的必然联系。因而与其说他认识到文本赖以产生的历史语境,不消说他将历史语境看作是文本式的存在。这是他最终走向唯心史观的深刻根源。在出场学看来,要打破对文本意义的僵化的、终结性的理解,就必须穿越表象地展现历史场域的图景,深入到由人们世世代代的交往实践活动所不断构境的动态结构体之中。伽达默尔曾经说过:对文本意义的理解首先是对解释者自身处境的自觉意识,"处境这一概念的特征正在于:……我们总是处于这种

①  [德]罗伯特·耀斯:《审美经验与文学解释学》,顾建光、顾静宇等译,上海译文出版社2006年版,"作者中文版前言"第3页。

处境中,我们总是发现自己已经处于某个处境里,因而要想阐明这种处境"①。尽管处境的概念和视域的概念一样,总是带有一定的历史性和限定性,因而对其的阐明是一项不可能彻底完成的任务。举例来说,要从历史语境方面来理解何以权威原理出现在 11 世纪而个人主义原理出现在 18 世纪,"我们就必然要仔细研究一下:11 世纪的人们是怎样的,18 世纪的人们是怎样的,他们各自的需要、他们的生产力、生产方式以及生产中使用的原料是怎样的;最后,由这一切生存条件所产生的人与人之间的关系是怎样的。难道探讨这一切问题不就是研究每个世纪中人们的现实的、世俗的历史,不就是把这些人既当成他们本身的历史剧的剧作者又当成剧中人物吗?"②同样的例子是,詹明信(Fredric Jameson,又译詹姆逊)以梵高《农民的鞋》和沃霍尔《钻石灰尘鞋》为例来说明探寻作品的意义就是要深入创作作品的历史语境,把艺术作品看作是对历史语境的一种反映,"拿梵高笔下的鞋跟沃霍尔笔下的鞋放在一起,我们毕竟就看到了两个截然不同的世界"③。詹明信认为,梵高的油画所面对的是资本主义制度下乡村的悲惨生活,他使用沉重的油彩竭力渲染农村的极度贫困化,表现农民不堪田间劳动的重负,苟延残喘的挣扎景象,在内容的深处展示了资本化进程已经把农村变成了地狱,他的最终目的是"把《农民的鞋》的历史境况——生活的苦难真相——逐渐重现在观者眼前"④。与梵高的作品相比较,"沃霍尔画的鞋子已经不再跟观画者诉说些什么了","摆在我们面前的,实在只有一堆随意凑合起来的死物"。但通过对沃霍尔艺术生涯的考察便可以得知,他的创作"往往是通过都市文明的商品化而滋长成形的",他的油画如可口可乐之类的广告一样,"处处都标榜了我们的社会在朝向晚期资本主义文

---

① [德]伽达默尔:《诠释学Ⅰ:真理与方法》,洪汉鼎译,商务印书馆 2010 年版,第 427 页。
② 马克思:《哲学的贫困》,《马克思恩格斯文集》第 1 卷,人民出版社 2009 年版,第 607—608 页。
③ [美]詹明信:《晚期资本主义的文化逻辑》,张旭东编,陈清侨等译,三联书店 2013 年版,第 360 页。
④ [美]詹明信:《晚期资本主义的文化逻辑》,张旭东编,陈清侨等译,三联书店 2013 年版,第 357 页。

化过渡之时所展露的商品拜物主义"。因此,从这方面来看,如果说"梵高把人间那荒凉贫瘠的种种用乌托邦般的颜料填得异常充实饱满。相反,沃霍尔笔下的商品世界,早已让五花八门、似实还虚的广告形象所吸纳、贬格以及污染。在人间世上的表层领域里,本来充满了这些色彩缤纷的事物。沃霍尔一来,便把外表的灿烂撕破,揭露出背后那死灰一般,以黑白交织而成的底层"①。我们认为,任何理论家们都是"在自身特定的国家、文化、时代的基础上进行理论创造,为他们所处的时代语境而写作。这些理论经常被传播到完全不同的国家和文化中去,假设这些理论由以生成的原初语境的某些特性在新的环境也将适用。经验表明,这种假设往往是错误的"②。因此,对文本之历史语境的考察就主要基于两方面:对产生文本的"原初语境"的考察和对文本在当代重新出场所依赖的新语境的考察,并深度思考从"原初语境"到新语境的历史地平线的转换将会对文本意义的理解产生怎样的影响。"意识[das Bewußtsein]在任何时候都只能是被意识到了的存在[das bewußte Sein],而人们的存在就是他们的现实生活过程"③,出场语境是由人们的实践活动所构境的存在,它不仅是文本意义出场的条件,也是构成文本意义的历史结构。

其次,文本意义的出场依赖于对出场路径的考察。任何文本意义的出场总是要依赖于一定的出场路径,出场语境和出场路径的变迁必然导致出场形态的变化,"文本理论形态实际上只不过是出场形态,是由出场语境和出场路径决定的"④。在传统解释学视域中,文本意义的出场路径是单一的,没有涉及历史路径与当代出场路径之间的连续与断裂的辩证统一关系,因而往往将特定历史语境和出场路径中形成的文本意义理解为永恒在场的思想;在现代

---

① [美]詹明信:《晚期资本主义的文化逻辑》,张旭东编,陈清侨等译,三联书店 2013 年版,第358、359、360 页。

② [美]菲利普·克莱顿、贾斯廷·海因泽克:《有机马克思主义:生态灾难与资本主义的替代选择》,孟献丽等译,人民出版社 2015 年版,第 154 页。

③ 马克思、恩格斯:《德意志意识形态》,《马克思恩格斯文集》第 1 卷,人民出版社 2009 年版,第 525 页。

④ 任平:《创新时代的哲学探索——出场学视域中的马克思主义哲学》,北京师范大学出版社2009 年版,第 290 页。

解释学特别是伽达默尔的哲学解释学视域中,文本意义的出场路径是随着解释者历史境遇的转换而不断变迁的,但由于它的历史境遇的转换是在文本范围内即纯粹的思想领域中进行的,因而往往走向文本理解的相对主义和在历史观上的唯心主义。在出场学视域中,对文本意义的理解总是从历史语境和出场路径转换和变迁的维度来把握的,因而是与时俱进的理解范式;对文本意义的理解遵循的是"一体两翼"的出场路径:所谓"一体"就是立于当代历史语境之上的对时代重大问题的实践反思;所谓"两翼",一方面是对历史文本"重新上手"的解读,一方面是与当代各种思潮的对话。① 之所以把对时代问题的实践反思作为历史文本出场的"一体",是由于"生活决定意识"的实践性和"与时俱进"的历史唯物主义的本性使然。正如阿尔都塞在《读〈资本论〉》中提出"回到马克思"这个论断并对如何回到马克思进行具体思考时,涉及了从历史文本还是从时代问题出发阅读马克思及其《资本论》的问题。他反对没有价值立场、没有问题意识的所谓纯科学式的"无辜的阅读"或直接的阅读,即"并不对它所阅读的东西提出问题,而是把所阅读的著作的论证当作现成的东西"。主张一种从时代问题出发、具有真实问题感的"有罪的阅读","作为哲学家阅读《资本论》,恰恰是要对一种特殊论述的特殊对象以及这种论述同它的对象的特殊关系提出疑问"。"场所的变换"、问题本身的改变及与此密切相关的提问方式本身的改变,是马克思的《资本论》区别于其他政治经济学著作的一个重要特点,也是马克思进行文本、文献阅读与研究的重要特点。"马克思的理论革命不是在于回答的改变而是在于问题的改变。""马克思为了表示理论问题体系的变化使用了他自己的术语'场所的变换'。"② 之所以把对历史文本的重新解读和与当代各种思潮的对话作为文本意义在当代出场的"两翼",是因为它们都是在一定的历史语境中,对一定的时代实践的反映

---

① 参见任平:《创新时代的哲学探索——出场学视域中的马克思主义哲学》,北京师范大学出版社 2009 年版,第 332 页。

② [法]阿尔都塞、巴里巴尔:《读〈资本论〉》,李其庆、冯文光译,中央编译出版社 2008 年版,第 6、3、58 页。

和概括,是时代精神的精华或表征。对历史文本的重新解读是解释者基于时代实践、时代视域和时代问题与历史文本的"过去视域"所发生的交往视域的融合,是一次真正的时代水平的交汇和浸润,因而必定是文本意义当代出场的路径之一;当代各种思潮的涌现同样是基于时代实践和时代问题在精神形态上的反映,与它们的对话和交锋能促使历史文本在批判地汲取当代优秀思想资源的过程中作为当代话语而出场。作为理解基础的"一体"与作为理解要素的"两翼"之结合,共同促使历史文本不仅在当代实践的水平上,也在时代精神的层面上成为"充分适应"这一时代的最新在场形态。

最后,对文本意义的当代出场形态的研究。通过对历史文本之出场语境和出场路径的阐述表明,任何文本的意义都不是唯一的和自足的,也不可能是绝对在场或永恒在场的,而是与特定的历史语境和出场路径有着根本性的关联,是一种随着时代发展而不断创新、不断出场的思想旨趣。"思想"出场只不过是"物质"出场的表现形式和实现方式而已,"发展着自己的物质生产和物质交往的人们,在改变自己的这个现实的同时也改变着自己的思维和思维的产物"①,随着历史语境的转换和出场路径的变迁,文本意义的出场形态也将发生改变。在出场学视域中,对文本意义的理解是客观性和主观性、绝对性和相对性的统一。因为它坚持对文本意义的当代出场形态追溯至现实的历史语境之中,把人们的交往实践活动所形成的客观意义结构作为理解的历史底板,任何解释者以及对文本意义的理解都要受到这一历史底板的限定和制约,因而是客观的和绝对的;同时,历史底板作为理解发生的视域或地平线,它并不是意义理解的终极界限,解释者与文本意义在精神交往领域的交汇和融合有再设计、再创造的特征。此外,从宏观上来说,交往实践活动和客观意义结构的变化,造就历史境遇的不断转换,从而也使意义理解走向多元化差异。从微观上来看,在精神交往领域中,由于差异化的多极主体的存在必然导致多元化的理解。因而对文本意义的理解是主观的和相对的。出场学对文本意义的

---

① 马克思、恩格斯:《德意志意识形态》,《马克思恩格斯文集》第 1 卷,人民出版社 2009 年版,第 525 页。

多元化、差异化的理解决不是后现代意义上的断裂,而是在"主体—客体—主体"的总体性框架中的客观性和主观性、绝对性和相对性的统一,"是在本质立场、基本理论和方法统一基础上的差别。差异表明创新,是在坚持本质同一基础上的与时俱进地创新"①。

### 四、复调、底板与构境:出场学研究的基本特征

"与时俱进"是出场学研究的最重要、最基本的特征,这一特征主要通过以下三方面体现出来:出场学不仅研究作为理解对象的文本,也深入反思理解自身,呈现一种"复调叙事"的特征;以交往实践的意义结构为客观底板的出场学研究体现文本意义理解的客观性与主观性、绝对性与相对性的统一;出场学也注重对历史场景的反思与批判,对文本出场所依赖的历史场域进行实践地变革和构境,建构一个历史文本出场的当代新世界。

第一,对文本意义的理解和对出场语境进行双重分析的"复调叙事"。如果说传统解释学沉迷于对文本意义的恢复和重建的话,海德格尔的实际性解释学则开始探索出场语境在文本意义出场中的重要作用,不过他在承认当代历史和传统的同时,却否定了当年历史和传统的存在价值。伽达默尔并不认可他的老师为弘扬当代解释者的主体性而付出的沉重代价,也不满意传统解释学对作者的盲目崇拜,而是在海德格尔"前理解"的基础上,重新恢复了被启蒙运动所贬斥的权威和传统的概念,肯定前见是构成当代解释者进行文本理解的出场语境。出场学超越伽达默尔哲学解释学的地方在于,它不仅仅体现在对文本意义的直接理解上,而且更集中地体现在理解的方式上,即对文本意义怎样理解和以什么方式进行理解的考察。前者是对作为理解对象的文本意义的考察,后者则深入反思理解自身,即对文本赖以出场的历史语境的分析。与前者相比,后者则显得更为根本和深刻。举个例子来说吧。恩格斯对马克思哲学革命的理解不仅仅体现在对后者的直接意义的理解上,比如他关

---

① 任平:《出场与差异:对马克思主义时代化、中国化、大众化路径的哲学反思》,《江苏行政学院学报》2010 年第 4 期。

于哲学革命基点的话语,对旧形而上学的批判,对哲学基本问题的现代转换,等等,而且更集中体现在对哲学革命之出场语境的深层把握上。正如恩格斯在评价马克思《政治经济学批判》的方法时曾指出的,造成理论系统的唯一可用的是逻辑的研究方法。但这个方法实际上无非就是历史的研究方法,不过是摆脱了历史的形式以及起扰乱作用的偶然性而已。"历史从哪里开始,思想进程也应当从哪里开始,而思想进程的进一步发展不过是历史过程在抽象的、理论上前后一贯的形式上的反映;这种反映是经过修正的,然而是按照现实的历史过程本身的规律修正的"①,逻辑的方法不过是对转换了的历史语境的反映和表征。这就是出场学"复调叙事"的基本特征。在这里,历史语境不是以前见和传统形式存在的现存在场,而是解释者的交往实践活动不断构境的产物。

第二,作为客观底板的交往实践意义域牵制着作者—文本—解释者之间的相互协调和统一。在认识论解释学中,把通过"心理移情"或"重新体验"的方法来重建作者当年的历史语境作为解释学最主要的理解任务,这是文本意义理解的客观化体系。在本体论解释学中,理解和解释问题已经不是方法论的,而是此在对自身存在的筹划,是此在的存在方式,由此建立了文本意义理解的主观化体系。伽达默尔既不满足于前者对方法论的执着追求,也不完全赞同后者在理解问题上的主观化倾向。他强调理解是在前见基础上的文本视域与解释者视域融合的过程,是主客体相统一的过程,并主张解释者与作者或另一极解释者之间通过对话来达到对文本乃至自身的真理性理解。但由于传统思维模式的限制和影响,他仍将重心放在效果历史意识上,即单一的"主体—客体"文化交往场中。出场学的超越之处就在于,它对文本意义的理解不是来自主体的主观设定,也不像后现代解释学那样来自无底板的对话,而是来自主体的交往实践活动本身,即交往实践的客观意义结构。这个意义结构"发生于交往实践过程中,又相对于各极主体的需要、利益和存在的状况,是

① 恩格斯:《卡尔·马克思〈政治经济学批判。第一分册〉》,《马克思恩格斯文集》第 2 卷,人民出版社 2009 年版,第 603 页。

交往实践过程的一部分"，因而是客观的，它"构成主体际理解的境遇，成为精神意义和理解的客观底板"①。在客观底板的基础上所实现的对文本意义的理解，既有再创造、再设计的性质，使误解有合理的存在空间，又呈现多极主体的指向性和开放性，使多元化理解成为可能。每一个解释者既被现实的交往实践活动所制约，又被历史的另一极解释者所限定，却又由于意义结构的不断解构和重构而呈现多元化的理解，使文本意义理解的客观性与主观性、绝对性与相对性统一起来，从而突破了现代解释学只指向作者或解释者的单一化、极端化理解。

第三，反思与批判是出场学研究不可缺少的向度。不管是以施莱尔马赫为代表的认识论解释学还是以伽达默尔为代表的本体论解释学，要么由于坚持对作者思想的恢复或重建，要么由于捍卫前见和传统在理解过程中的基础性作用而掩盖了反思与批判的精神，历史在他们那里要么是直接被否定的，要么是直接给予即现存在场的。后现代解释学特别是哈贝马斯的批判解释学则有了自觉的反思与批判，他对历史和意识形态的在场性持一种反思的、批判的态度，但他的基于普遍语用学的交往行为也有直接给予的在场性。出场学的超越之处在于，作为文本意义理解之地平线的历史语境并不是现存在场的，也不是通过先天的交往规则来先行设定的，而是由人们世世代代的交往实践活动所构成的因而是不断出场的过程，历史之"物"不是既成固化的在场，也不是先天给予的在场，而是不断地被实践构境的动态结构体，构境活动是历史场域生成的主体论基础。但是，历史场域又往往表象地反转成为一种历史场景，一种德波和马克思所说的被拜物教笼罩着的景观社会。穿越这一景观社会，我们需要不断地反思和批判，需要实践地变革和构境。从而在这个过程中，能够建构一种历史文本得以重新出场的历史语境、出场路径和出场形态，易言之，即是在时代转换的境遇中建构一个历史文本出场的当代新世界。

---

① 任平：《交往实践与主体际》，苏州大学出版社 1999 年版，第 165—166、546 页。

## 第二节　出场学:超越解释学的新范式

科学哲学家拉卡托斯曾提出评判"进步的科学研究纲领"的三条标准:能够吸纳旧纲领中一切不受反驳的成分;能够合理地解释旧纲领难以解释的反常事实;能够更有效地预见新的事实。[①] 前已论及,出场学以交往实践的客观意义结构为底板,指向多极主体(作者和解释者)的历史境遇,实现文本意义理解的客观性和开放性、绝对性和相对性的统一。因此,与客体论解释学、主体论解释学和主体际解释学相比,出场学应当具备这些特点。

### 一、出场学:历史构境与能动设定

与客体论解释学相比,出场学需要解决的问题是:首先,文本意义是否只来源于作者? 在客体论解释学看来,作者的思想或观念是文本意义的唯一来源,对文本意义的理解即是对作者思想的重述或重构。例如施莱尔马赫通过对"话语如何在语言整体里起作用"的客观的历史重构和"话语本身如何发展语言"的客观的预期重构(即解释者具有作者所使用的语言的知识甚至比后者的知识更精确),以及对"话语如何是精神的事实"的主观的历史重构和"在话语中思想如何又出现在讲话者的心灵里以及对他发生影响"的主观的预期重构(即解释者具有作者内心生活和外在生活的知识),来达到对作者话语的理解"甚至比他还更好地理解他的话语"[②]。伽达默尔注意到了这一对作者绝对中心地位的首肯在德国浪漫主义运动中的回响,"浪漫派新神话的要求……给予艺术家及其在世界中的使命以一种新圣职的意识。艺术家就如同一个'现世的救世主'(伊默曼),他在尘世中的创作应当造就对沉沦的调解,

---

① 参见[匈牙利]伊姆雷·拉卡托斯:《科学研究纲领方法论》,兰征译,上海译文出版社 2005 年版,第 142—143 页。

② [德]施莱尔马赫:《诠释学讲演》,载《理解与解释——诠释学经典文选》,洪汉鼎主编,东方出版社 2001 年版,第 61 页。

而这种调解已成为不可救药的世界所指望的"①。狄尔泰想通过为精神科学寻求科学的方法论,以使对文本意义的理解达到与自然科学相媲美的科学性。贝蒂和赫施认为,理解的真正目的就是对文本意义的再认识和重构,以达到对作者通过文本所传达的原意的把握。这一在理解问题上对作者或艺术家地位的过度高扬和没有给解释者留下任何理解空间的解释学理论,遭到了来自主体论解释学和主体际解释学的批判。正如德里达所说:"如果遗产的可阅读性是给定的、自然的、透明的、单义的,如果这种可阅读性既不要求同时也不对抗解释,那我们就没有什么可以从中继承的东西了。"②出场学虽然承认文本是有体现作者意图的"先在意义"的,但正如"与人分隔开来的自然界,对人来说也是无"③一样,脱离了解释者的历史实在和他的实实在在的现实生活过程的文本,对人来说也是毫无意义的。鉴于此,出场学对文本意义的理解直接追溯至由现实的交往活动所构境的出场语境和它所依赖的出场路径。某一历史文本是否具有意义,这不取决于它的存在性质,而取决于它是否进入解释者的现实生活世界而成为对象化的存在,是否对解释者的实践和生活发生影响而使存在对象化。也就是说,文本意义深度依赖于出场语境和特定的出场路径,只有把它纳入当代解释者的现实生活过程即交往实践的深层结构中,才能实现其意义的开放性的理解与解释。因此我们可以看到,文本的意义源并不仅仅局限于外化为文本的作者的思想或观念中,也不是对单一解释者或多极解释者来说的生成,而是解释者的交往实践本身。同样,对意义的理解就不能单纯地归之于客体,也不能简单地归之于单一解释者或多极解释者,而只能被看作是交往实践场中"主体—客体"与"主体—主体"关系的综合。

其次,文本意义是否具有主观性?毫无疑问,客体论解释学是坚决反对文本意义的主观性而赞成其具有客观性之说的。赫施通过"保卫作者"捍卫了

① [德]伽达默尔:《诠释学Ⅰ:真理与方法》,洪汉鼎译,商务印书馆2010年版,第130页。
② [法]德里达:《马克思的幽灵》,何一译,中国人民大学出版社2008年版,第17页。
③ 马克思:《1844年经济学哲学手稿》,《马克思恩格斯文集》第1卷,人民出版社2009年版,第220页。

文本含义(meaning/Sinn)就是作者意图的解释学观点,文本的含义始终不会发生变化,发生变化的只是文本的意义(significance/Bedeutung)。理解的真正目的就是重建作者的意图,把握作者通过文本所表达的含义。如果说文本自身的含义也发生了变化,那么对处于同一时代的解释者来说就不会拥有任何一种意见一致或意见分歧所立足的基础,文本含义的意义也就失去了其基础而成了主观的东西。因此,含义是衡量一切解释是否有效的客观标准。① 在出场学看来,文本意义既具有客观性也具有主观性,是两者的有机统一。之所以具有客观性,是因为在"主体—客体—主体"的总体性框架所建构的客观意义结构中,某一文本意义的出场或者重新出场是通过现时的交往实践关系并作为交往实践的一部分而指向各极解释者的,是相对于各极解释者的历史境遇、自身利益和个人存在而言的,是由处于特定历史场域中的各极解释者共同创造的。② 同时,不管是文本意义还是解释者都要受到作为理解底板的客观意义结构的限定和制约,因而是或者首先是客观的。之所以具有主观性,是因为对文本意义的理解是各极解释者在精神交往层面的对话和交流,是在一定的交往实践关系和历史语境中对意义的能动的、主观的设定。正如胡塞尔指出的,"在实际生活或在经验科学中的任何假定的推断,都与这种变化的,但

---

① Cf.E.D.Hirsch,JR.*Validity in Interpretation*,Yale University Press,1967.p.25,pp.213-214.一旦涉及重建作者的意图,就必定与心理学相关联。D.C.霍埃认为,赫施在这个问题上实际上已经完全站到了施莱尔马赫和狄尔泰一边,"最近 E.D.赫施承认他是同情狄尔泰的移情概念的,而且他还原了心理学重建的原则。赫施主要是想形成一种理论,这种理论使我们能谈及解释的有效性。赫施面临着他所认为的那种在哲学解释学和实际批评中走向相对主义的当代危险倾向,他认为有必要寻求一种使解释能够有效的标准。然而他感到,人们只能在基本解释对象——该对象必定是解释理解的基本目标——即是作者意图的条件之下才能运用这种标准"。但与此同时,赫施实际上已经改变了意图的概念,他"把意图当作是一个语言术语,基本上可以共享的文字含义;而不是一个心理学术语,作者心中私有的含义"。他既想避免对心理因素的过分倚重,又想避免极端的历史循环论相对主义,从而导致他"有好几个求助于意图性概念的地方在哲学上是不清楚的"。因此,在霍埃看来,"赫施的新意图论并没有产生出什么新的、正面的实际结果。相反,它有反面的实际结果。即,它能潜在地导致解释者固执地相信自己对文本看法的正确性而排斥其他的看法"([美]D.C.霍埃:《批评的循环——文史哲解释学》,兰金仁译,辽宁人民出版社1987年版,第14、36、37、43页)。

② 参见任平:《走向交往实践的唯物主义》,人民出版社2003年版,第67—68页。

永远共同设定的(mitgesetzten)视域有关,通过此视域,世界设定具有了其本质意义"①,对文本的理解也是一样。从另一个角度看,正如黑格尔所指称的,"每一哲学都是它的时代的哲学,它是精神发展的全部锁链里面的一环,因此它只能满足那适合于它的时代的要求或兴趣。因此一个较早时期的哲学现在不能令一个有较深邃较明确的概念活跃于其中的精神感到满意"②一样,在特定的历史语境中对某一文本的理解也不能令改变了时代的解释者满意,也就是说,文本意义会随着历史语境的转换而发生变化。这就使得对意义的误解甚至是曲解有了其合理的存在空间,这不仅发生在解释者与文本意义理解的关系中,也存在于各极解释者之间,呈现对同一文本意义理解的差异性。总之,出场学赞成客体论解释学坚持的意义理解的客观性一说,但这种客观性并不是与单一解释者相对应的,它同时也是各极解释者在精神层面交往的产物,因而具有主观性,有再创造、再设计的性质。虽然施莱尔马赫也谈到对文本意义的误解,但他的解释学理论的目的在于杜绝误解的发生,是"避免误解的技艺学",从而否定了误解存在的合理性。出场学在一定程度上承认意义理解的主观性,但这种主观性并不是无底板的对话,也不是走向众声喧哗的零度写作,而是受制于交往实践的客观意义结构,是客观性与主观性的统一。

最后,文本意义是否具有相对性? 客体论解释学认为作者的思想或观念是文本意义的唯一来源,意义必然具有绝对性和一元性。从一定意义上来说,意义的客观性就是绝对性,是指在一定的历史场域和交往实践关系中,解释者对文本的理解具有相对稳定性的特征,但这种稳定性并不是完全的和绝对的,它只能存在于相对性即开放性之中。客体论解释学由于传统思维模式的局限,直接将意义的绝对性视为意义的绝对化和一元化。与此不同,在出场学看来,文本意义是绝对性与相对性、稳定性与开放性的统一。之所以具有绝对性和稳定性,是因为出场学将文本意义的出场形态看作是出场语境和出场路径的产物,

---

① ［德］胡塞尔:《纯粹现象学通论》,李幼蒸译,商务印书馆2012年版,第152页。
② ［德］黑格尔:《哲学史讲演录》第一卷,贺麟、王太庆译,商务印书馆2014年版,第52页。

而出场语境是由人们现实的物质生活本身不断构境的存在。在这里,由多极解释者的交往实践活动所造就的客观意义结构历史地和现实地限定着每一个解释者,他们对文本意义的理解始终与这一客观意义结构或意义域相关联,即与其一定的交往实践活动相联系,是对其交往实践和精神交往关系的再现。之所以具有相对性和开放性,是因为出场学注重文本意义的出场语境、出场路径与出场形态之间的高度关联性,交往实践结构和交往关系的不断解构与建构导致历史语境的不断变迁和出场路径的不断变换,因而出场形态必然相伴随发生着多元化的差异,呈现相对性。此外,即便是在同一的历史境遇中,作为联结和制约多极解释者的意义结构,其意义指向也必然是多元化的,同一文本对于不同的解释者来说其意义是不同的,呈现文本意义的开放性。总之,出场学对意义的理解既不取决于文本自身,也不取决于单纯的解释者,而是取决于"主体—客体"与"主体—主体"的整合,是绝对性与相对性、稳定性与开放性的统一。

## 二、出场学:多极主体与中介客体

与主体论解释学相比,出场学理论需要解决的问题是:首先,文本意义的出场是否只针对于单一解释者? 由于否定或排除解释者个人的历史实在,客体论解释学在文本理解问题上难免有"理解的自我遗忘",到了海德格尔这里,他着重强调解释者个人——此在在理解过程中的存在和筹划。理解的首要任务不是对作者思想的重建或恢复,而是在前理解的基础上此在对自身存在状态的展开,"把某某东西作为某某东西加以解释,这在本质上是通过先行具有、先行视见与先行掌握来起作用的。解释从来不是对先行给定的东西所做的无前提的把握"①,此在的存在就是对文本意义的理解和解释。这是主体化或完全主观化的理解。伽达默尔继承了海德格尔开启的解释学本体论或主体论转向,但为了避免其主观化倾向,他强调对文本意义的理解是通过解释者与作者之间的对话达到过去视域与现在视域的融合来实现的,理解就是当年

---

① [德]海德格尔:《存在与时间》,陈嘉映、王庆节译,商务印书馆 2016 年版,第 215 页。

的历史在当代解释者这里产生的"效果历史"，任何真正的理解对象都是自己和他者的统一体。伽达默尔虽然强调解释者与作者之间的对话和视域融合，但他的重点依然是在以权威和传统形式存在的前见对解释者产生的效果历史上，这仍然是局限在"主体—客体"模式下的跷跷板游戏。不管是海德格尔的此在解释学还是伽达默尔的哲学解释学，文本意义在他们那里都是只针对单一解释者来说的生成，这必然导致意义理解的主观化或相对化。出场学认为，不同的出场语境和出场路径决定着文本意义之不同的出场形态，而出场语境是由多极解释者通过交往实践活动所不断构境的动态结构体。所以，不管是从历时态还是从同时态上来说，文本意义的出场形态对于各极解释者或各极解释者对于文本意义的出场形态都是呈现多元化和差异化的。每一个解释者都会在交往实践的基础上将自身设定的意义投向交往场中，这样，两种或多种意义在历史的交往活动中发生着交往视域的融合，构成一个完整的意义域。每一个解释者的理解都与这一意义域相关联并同时指向另一个解释者，形成"主体—客体—主体"的理解总框架，文本意义就是在以意义域为客观底板的多极解释者之间的交往和对话中共同出场的。因此，出场学中的理解主体既不是筹划自身的此在，也不是基于"效果历史"的解释者，而是在"主体—客体—主体"框架中的交往性和差异化的多极解释者，文本意义是在多极解释者之交往实践活动的双向建构和双向整合中出场的。

其次，文本意义的理解是否具有绝对性？在主体论解释学那里，文本意义是只针对于单一解释者来说的生成，是随着此在生存过程的变化而变动不居的，因此它对意义的理解必然走向主观主义和相对主义，尽管它的支持者并不承认这一点。下面我们就以伽达默尔为例做一简单的分析。在关于意义理解的问题上，伽达默尔首先破除了作者或艺术家在文本理解中的权威地位，强调对解释者或读者地位的重视，"创造了一件艺术品的人跟其他任何人一样是以同样的方式站立于他的创造物之前的"①，因而"艺术家作为解释者，并不比

---

① Hans-Gerog Gadamer, *The Relevance of the Beautiful and Other Essays*, translated by Nicholas Walker, Cambridge University Press, 1986, p.33.

普遍的接受者有更大的权威性。就他反思他自己的作品而言,他就是他自己的读者。他作为反思者所具有的看法并不具有权威性。……所以,天才创造学说在这里完成了一项重要的理论成就,因为它取消了解释者和原作者之间的差别。它使这两者都处于同一层次"①。文本意义的理解并不能单纯地诉诸文本本身,而是需要解释者或读者的参与,是文本视域与解释者视域融合的产物。② 毫无疑问,这对解释学理论的发展起到了巨大的推动作用。进而言之,理解和解释的标准或尺度仍然是文本自身,"效果历史意识知道它所参与的意义事件的绝对开放性。当然,对于所有的理解这里也有一种尺度,理解就是按这种尺度进行衡量并达到可能的完成——这就是传承物内容本身,唯有它才是标准性的并且表达在语言里的"③。从狭义上来讲,这里的"传承物内容本身"即是文本,作为理解标准的文本不是指它的固定存在,而是指它的内容、意义与效果的存在。据此我们可以认为,伽达默尔的理解理论是以文本为中心的,因为他虽然重视解释者在理解过程中的重要作用,强调只有解释者的参与文本的意义才能得以彰显,但他又批判地指出,过分强调解释者的地位会陷入德里达解构理论的边缘。需要注意的是,这并不因此就意味着伽达默尔

①　[德]伽达默尔:《诠释学Ⅰ:真理与方法》,洪汉鼎译,商务印书馆 2010 年版,第 277 页。
②　尼采在《悲剧的诞生》一书中也强调了观众在舞台戏剧中的重要作用,认为"在希腊人的剧场里,每个人坐在弧形的层层升高的梯形观众席上,都有可能真正地对自己周围的文明世界视而不见,全神贯注而误以为自己也是合唱歌队(指酒神颂歌的萨蒂尔合唱歌队——引者注)的一员了","以致于当悲剧英雄在舞台上出现时,观众看到的决不是一个戴着奇形怪状面具的人,而是一个仿佛从他们自己的陶醉中产生的幻象"(参见[德]尼采:《悲剧的诞生》,孙周兴译,商务印书馆 2013 年版,第 63、67 页)。我们猜测,伽达默尔应该受到了尼采这一观点的启发,因为虽然在艺术作品的理解问题上他没有明确提到尼采的名字,但在《真理与方法》两卷本的其他章节曾多次提到尼采或从正面引用他的观点。
③　[德]伽达默尔:《诠释学Ⅰ:真理与方法》,洪汉鼎译,商务印书馆 2010 年版,第 664 页。伽达默尔反对客体论解释学时期对作者地位的神化,认为文本总是要向人讲述某种东西,如果没有解释者的参与,那么文本对人来说就是无。但这并不意味着他就强调解释者在理解活动中的中心地位,因为在他看来这只不过是对作者中心论的简单反转,是一种"站不住脚的解释学虚无主义"。因此,当罗伯特·耀斯从继续发展解释学理论的角度提出文本意义的实现不在于文本自身,而在于解释者或读者通过阅读实践而进行创造的接受美学理论时,伽达默尔批判性地指出,耀斯已经陷入了他本不愿意的德里达的"解构主义"的边缘。需要注意的是,接受美学与解构论还是存在一定的区别的。前者虽然消解了作者或文本中心论,却

承认文本意义的理解有其绝对性的一面,就如同他在谈到艺术作品的游戏存在方式时指出的那样,艺术作品对每一个解释者的展现都是当下的和当时代的,但这也就表明之前的理解已经不属于它的存在,只有当下的理解才是它真正的存在,在不断的时间变迁中,艺术作品达到是其所是。理解"不只是一种复制的行为,而始终是一种创造性的行为","如果我们一般有所理解,那么我们总是以不同的方式在理解"①。为了反对传统解释学的客观主义和避免此在解释学的主观主义,伽达默尔强调了文本自身作为理解的尺度和限定性,但他倾心于解释者的"合理的前见"而赋予了他们过多的权力,从而夸大了意义理解的历史个性而忽视其共性,这实际上是在重视文本意义之相对性的同时否定了它的绝对性的一面,最终走向相对主义。值得肯定的是,他看到了不同的解释者由于前理解结构的不同会造成对同一文本的差异化理解,但他没有更进一步追踪之所以产生不同的前理解结构的真正根源以及产生不同意义的源泉。在出场学看来,这一切都要归之于交往实践关系的改变和出场语境的转换,相对于以权威和传统等形式存在的前见而言,前者才是文本理解的真正现实起点。解释者和文本之间的理解关系只能被现实地还原为交往实践关系,换句话说,只有交往实践关系才能使文本现实地成为解释者的理解对象。离开交往实践关系去谈论文本对象或解释者,就会陷入抽象的思辨,要么走向绝对主义,要么走向相对主义。出场学坚持从交往实践构境的历史场域中理解文本意义,认为后者是在交往实践的过程中指向各极解释者的利益和需要,是受交往实践的客观意义结构的限定和制约的。每一个解释者所理解的文本意义都与这一意义结构相关联,是对其交往实践活动和精神交往关系的再现,

---

走向了解释者或读者中心论;虽然追求不确定性,却又一步步由不确定性抵达确定性;承认文本意义的可理解性而认同理解的历史性;希冀通过主体对理解对象的解释而实现主客体的统一性。这些观点都是解构论所不能认同的。( Hans-Gerog Gadamer, *The Relevance of the Beautiful and Other Essays*, translated by Nicholas Walker, Cambridge University Press, 1986.p.44. 另可参见[德]伽达默尔:《诠释学Ⅰ:真理与方法》,洪汉鼎译,商务印书馆 2010 年版,第 140、177 页脚注;[德]伽达默尔:《诠释学Ⅱ:真理与方法》,洪汉鼎译,商务印书馆 2010 年版,第 16—17 页;王岳川:《后现代主义文化研究》,北京大学出版社 1992 年版,第 64 页)

① [德]伽达默尔:《诠释学Ⅰ:真理与方法》,洪汉鼎译,商务印书馆 2010 年版,第 420 页。

因而它首先具有绝对性。与此同时,作为出场学理解文本意义之中介的客观意义结构,是多极解释者在历史的和现实的交往实践活动基础上的交往视域融合的产物,它必然使文本意义指向多极解释者并保持开放性,不同的解释者因为交往实践关系的不同而呈现理解的差异。解释者对文本意义的任何理解的绝对性中都包含着其相对性,对其相对性的理解中又是包含着绝对性。因此,如果说"一千个观众就有一千个哈姆雷特"是哲学解释学和出场学都赞成的同一文本的不同出场形态之现象的话,对于前者来说是相对主义和主观化的理解,对于后者来说则是绝对性中包含的相对性的理解。因为现实并不就是现存,而是展开为必然性的现存①,把现存理解为现实的哲学解释学就表现为主观性。在前者那里,解释者的前理解结构是以文化和传统等现存的形式存在的;而在后者这里,则是由前代已经产生和形成的历史条件、后代的实践活动和精神交往所构成,即是由历史—交往或交往—历史所造就的。综上,出场学认为,对文本意义的理解不能仅限于"主体—客体"结构中,而必然要扩展到"主体—客体—主体"关系的完型。这样,出场学不仅避免了伽达默尔所遭遇的相对主义的指责,同时也继承和发扬了其倡导的文本意义具有开放性的特征。

最后,对文本意义的理解是否只局限在历史传统之中? 伽达默尔从海德格尔的时间间距与理解之关系的原理出发,将解释者置于历史导向的解释框架中,认为解释者总是面向过去、面向传统的存在,"历史并不隶属于我们,而是我们隶属于历史。早在我们通过自我反思理解我们自己之前,我们就以某种明显的方式在我们所生活的家庭、社会和国家中理解了我们自己","个体的自我思考只是历史生命封闭电路中的一次闪光。因此个人的前见比起个人的判断来说,更是个人存在的历史实在"②。在出场学看来,虽然我们对任何文本的解释,都要受到历史传统的影响和制约,但从本质上来说,要想对历史文本作出符合时代精神和具有时代视野的理解,就必然要求将其纳入当代的

---

① 参见[德]黑格尔:《法哲学原理》,范扬、张企泰译,商务印书馆2016年版,第318页。
② [德]伽达默尔:《诠释学Ⅰ:真理与方法》,洪汉鼎译,商务印书馆2010年版,第392页。

交往实践和交往关系中,实现其意义在变换了的时代和空间中的符合时代语境和时代实践的解释。因此,把时间论域转换为现代空间坐标体系,建构多极解释者之间的交往和对话机制来理解文本意义,就成为出场学的基本原则。

### 三、出场学:历史底板与实践尺度

与主体际解释学相比,出场学理论需要解决的问题是:首先,文本意义的理解是否有"主体—客体"向度? 如果说主体论解释学局限在"主体—客体"结构中而强调单一的解释者在理解过程中的主导地位和关键作用的话,主体际解释学则超越了这一单一的跷跷板游戏,主张多极解释者之间的交往和对话,但却走向了另一个极端。在他们看来,"作者已死",文本意义成了能指的膨胀和狂欢,只有通过多极解释者之间的交往和对话才能达到意义的相互理解。"理解总是一种对话的形式"①,这种对话不是封闭的,而是开放的;不是专制的,而是平等的,"除了对话的制约以外没有任何别的制约,这不是来自对象或心灵或语言本性的全面制约,而只是由我们的研究伙伴的言论所提供的零星制约"②。强调开放性的对话是主体际解释学给我们的一个重要启示,正是这种开放性的对话使我们能够更快地理解世界上的新东西和旧东西以及它们之间的关系。正如荷兰学者布尔所指认的,"今天,我们生活在这样一个时代中,在此,我们的生存与他人的生存如此紧密地联系在一起,因而这里不仅牵扯到我们自己的存在(海德格尔语),而且牵扯到人类的存在。所以对他人的尊重不仅是一种道德律令,而且是我们存活的前提"③。但这种对话必然要依赖于一定的历史语境和作为中介客体的时代实践,否则会陷入"恶无限"的危险境地。出场学基于文本之出场语境的变换,考察文本意义得以出场的历史根源和现实基础,主张多极解释者之间的对话起源于各自特定的交往实

---

① [美]D.C.霍埃:《批评的循环——文史哲解释学》,兰金仁译,辽宁人民出版社1987年版,第80页。
② [美]理查德·罗蒂:《后哲学文化》,黄勇编译,上海译文出版社2004年版,第239页。
③ [荷]T.德·布尔:《从本质现象学到解释学现象学》,安延明译,《哲学译丛》1991年第5期。

践活动以及在其上形成的客观意义结构,肯定意义理解的同一与差异的辩证关系。作为中介底板的客观意义结构,它一方面构成多极解释者共同的理解基础与对象,另一方面又是制约和限定多极解释者的底板,是意义交往性的合晶和实践意义的融合。

其次,文本意义的理解是否具有客观性与绝对性? 主体际解释学不是一个统一的流派,是后现代思潮在解释学领域的深刻体现,不过总的来看主要有以下两种不同的观点:一种观点以哈贝马斯和罗蒂为代表,他们强调通过建立合理的先在交往行为来确保意义理解的合法性,主张文本意义的交往性和开放性,以反对独断论和引导人类走出自欺的误区。解释学的目的是"维持谈话继续进行,而不是发现客观真理",当它沿着这一新方向发展时,或许会产生新的正常话语、新的科学、新的哲学研究规划和新的客观真理,但这些都只是解释学的副产品而已,"目的永远只有一个,即去履行杜威所谓的'击破惯习外壳'这一社会功能,防止人自欺地以为他了解自己或其他什么东西,除了通过某些可供选替的描述之外"①。对话没有客观底板的限定和制约,意义走向多元化、相对化。另一种观点以德里达和福柯为代表,他们认为"作者已死",文本意义不可能受到先在权威的控制,能指与所指的断裂以及符号间的永恒差异使得文本意义无限膨胀和无限开放,永远处于延异与撒播的途中。因此,对文本意义的理解不是寻求一种确定的、稳固的事实,而是在不断产生与抹去的过程中留下若隐若现的意义"痕迹"(Trace)。如果说海德格尔认为通过痕迹可以领会那被遮蔽的存在之起源的话,德里达则认为痕迹就是起源本身,"痕迹不仅是起源的消失——在我们坚持的话语之内,并且按照我们选择的途径——这也意味着起源并未消失,它只有反过来通过非起源,通过痕迹,才能形成,因此,痕迹成了起源的起源"②。德里达通过解构论,彻底颠覆了文本意义的同一性和确定性,指出任何文本都是自我解构的,因而也是不确定的。福柯否认文本意义具有连续性和同质性的特征,在《知识考古学》中一

---

① ［美］理查德·罗蒂:《哲学和自然之镜》,李幼蒸译,商务印书馆 2003 年版,第 352、354 页。
② ［法］德里达:《论文字学》,汪堂家译,上海译文出版社 2015 年版,第 87 页。

开始便声称:"首先应该完成一项否定性的工作:我们必须摆脱那些以各自的方式使连续性主题多样化的所有概念",这些主题的功能是:"保证话语的无限连续性和这种连续性在总是在与其缺场的相互作用中神秘在场",因为"指出不连续性不仅仅是所有构成历史地质上断层的重大事件之一,而且已经存在于陈述的简单事实中"①。此外,与德里达一样,福柯也强调文本意义的绝对差异,否定其同质性:"当我们要谈论某'作品'时,在此处和彼处的意义并不一样。作品不能被看作是一个直接的、确定的或一个同质的单位。"②在出场学视域中,文本意义具有客观性,这不仅是因为文本由于交往关系而现实地成为理解对象,更是因为有交往实践的客观意义结构作为理解的中介。因此,相对于一定的历史场域和交往意义域而言,文本意义是确定的,具有绝对性。对于哈贝马斯和罗蒂,出场学认为多极解释者之间的交往和对话固然重要,但必须要借助历史的底板、时代的基础和实践的尺度,否则交往和对话就会失去时代真理的标准。对于德里达和福柯,出场学认为,多极主体共同的交往实践活动所造就的客观意义结构,总是会与一个个艺术家或作者的具体历史境遇相关联而形成他们特定的、具有稳定性的意图,再通过意图的对象化和对象化的意图这两个看似不同的环节,实际上是同一个原理的过程而外化为"作品的意图"。虽然由于各种因素的影响和制约,这种意图的体现可能是显现的也可能是隐蔽的,意图对作品能指符号的驾驭程度有可能是强势的也有可能是弱小的,但决不可能是无"先在意义"的。总之,在出场学看来,"意义的开放性,是历史性的、面向未来的,它首先是由交往实践结构的变革所导致的,进而又由这一变革所产生的新解释原则及解释主体性所决定。因此,意义在多元化、开放中是结构性变化的,相对于某一结构,其意义具有相对稳定性"③。

---

① Michel Foucault, *The Archaeology of Knowledge and The Discourse on Language*, translated from the French by A.M.Sheridan Smith, Vintage Books, 2010, p.21, p.25, p.28.

② Michel Foucault, *The Archaeology of Knowledge and The Discourse on Language*, translated from the French by A.M.Sheridan Smith, Vintage Books, 2010, p.24.

③ 任平:《创新时代的哲学探索——出场学视域中的马克思主义哲学》,北京师范大学出版社 2009 年版,第 270 页。

最后,关于意义的规范化与合理性。哈贝马斯认为,晚期资本主义所重视的工具理性的交往行为已成为一种意识形态,使意义理解方面存在着严重的合法性危机。为了消除这种危机,达到共识,理解就不能如伽达默尔那样转向纵向的与历史传统的融合,而是要通过横向的多极主体之间的交往来实现。为此,他从普遍语用学的角度建构了具有真实性、有效性、真诚性和正确性的先验合理性的交往规则,这些规则是理解得以发生的基本前提,也是一个交往行为得以实现的必然前提。只有符合这些交往规则的行为才能实现交往的目标,即达到彼此间的相互理解与认同,"达到理解(verständigung)的目标就是导向某种认同(einverständnis)。认同归于相互理解、共享知识、彼此信任、两相符合的主观际相互依存","我把达到理解为目的的行为看作是最根本的东西"①。这一交往行为的一般假设前提一经提出,就遭到了众多解释学家的批评,其中罗蒂就认为应当在交往共同体中来谈论文本意义的理解规则与合理性问题。在出场学视域中,意义的规范化与合理性总是相对于特定的出场语境和交往关系而言的。在以交往实践的客观意义结构为中介的意义理解过程中,一方面建构着多极解释者的理解,另一方面又整合着他们的多元化、差异化的理解,从而形成文本意义理解的规范结构。意义的规范结构就是多极解释者之间就某一文本理解达到的相互协调和一致,是"占主导地位的社会意识形态的构成,是精神的权威秩序的建构"②。随着交往实践结构的不断解构与建构,以及出场语境的不断转换,意义的规范结构也相应地呈现出链条式的渐变。所谓合理性并不是基于先天规则的设定,而是指只有在特定的出场语境和交往实践结构中,文本意义的规范性与交往性才能被建构与整合。出场学对意义规范化与合理性的研究不是基于"主体—客体"的结构,也不是基于"主体—主体"的抽象前提,而是始终着眼于"主体—客体"与"主体—主体"合体的历史语境与交往实践结构中。

---

① ［德］哈贝马斯:《交往与社会进化》,张博树译,重庆出版社1989年版,第1、3页。
② 任平:《交往实践与主体际》,苏州大学出版社1999年版,第547页。

## 第三节 广义认识论:出场学的方法论基础

解释学与认识论的关系从原始的耦合到最终的分离,源于作为文本理解的解释学范式总是局限于单一的"主体—客体"或"主体—主体"模式中。作为出场学之方法论基础的广义认识论从交往实践提出的新的对象域和新的认知域出发,从总体上突破传统的理论模式本身,建构了以"主体—客体—主体"模式为核心的总体性框架,有效地避免了客体论解释学的理论困境和主体论解释学、主体际解释学对认识论的否定。

### 一、确立与分化:走向解释学与认识论的独立发展

从发生学的角度来看,认识论的研究要比解释学早很多。随着人类交往实践活动的进步和科学技术的发展,16、17 世纪的哲学家如培根、笛卡尔等人开始将他们研究的目光从本体论转向认识论,其主要任务是为自然科学寻求认识论和方法论的基础。而解释学作为关于文本理解和解释的理论,直到 19 世纪的施莱尔马赫那里才真正发展起来,其主要任务是为文本意义的理解奠定客观的、合理的方法。如果说认识论研究的是认识主体通过一定的条件和方法达到对认识对象的客观认识的话,解释学也是解释者运用一定的方法和结构来探讨对解释对象之理解的有效性。因此,这一时期的解释学属于认识论的范畴,它们之间的明确区分直到狄尔泰那里才开始形成,这不是一蹴而就的结果,而是经过了漫长的历史发展进程。

我们知道,康德对世界的现象界与本体界的划分为自然科学的研究划定了界限,为精神科学的研究留下了空间,"我不得不悬置知识,以便给信仰腾出位置"①。在这个前提下,被称为"解释学中的康德"(狄尔泰语)的施莱尔马赫从"避免误解的技艺"出发,通过客观的和主观的重构、语法和心理学的

---

① [德]康德:《纯粹理性批判》,邓晓芒译,杨祖陶校,人民出版社 2004 年版,"第二版序"第22页。

解释等方法论来追求和建立一门适合于理解所有文本的技艺学,使解释学从神学解释学、法学解释学等专门解释学走向一般解释学,这标志着解释学学科的真正确立。但他并不是从自觉地为精神科学奠定哲学基础的角度来发展解释学理论的,或者说,在他那里,解释学与认识论还没有被明确区分开来,他的解释学就是认识论,他的认识论即是解释学。况且他为了追求理解的客观性和真理性而完全否定或忽略了解释者个人存在的历史性,以及解释者的存在境遇与他的理解和解释活动之间的内在联系,这是我们所不能认同的。稍后,在被称为"解释学之父"的狄尔泰那里,解释学与认识论获得相对独立的地位并各自发展,这主要归结于以下两点因素的影响:其一,受康德哲学的影响,即哲学的首要目标便是不断地回到原点来察看基础,以确保理论大厦之基础的稳固性。即使是一个看似科学的、完备的理论系统,也需要这样的考察工作,因为"人类理性非常爱好建设,不止一次地把一座塔建成了以后又拆掉,以便察看一下地基情况如何"①。狄尔泰用毕生的精力致力于历史理性批判,想要为精神科学奠定稳固可靠的哲学基础。其二,自启蒙运动以来,对大写的主体和大写的理性的弘扬,使自然科学取得了突飞猛进的发展,相应地,自然科学的一切知识和理论被奉为知识的典范和评价其他理论体系的标准。于是,在19世纪中后期才出现的精神科学的逻辑思维方式就完全受自然科学的模式所支配,有人依据自然科学的评价标准而将精神科学描述为"非精确科学"。精神科学面临着时代的挑战与考验,与自然科学的科学性和真理性相比,精神科学何以可能成为一门精确科学? 这是时代实践给当时的哲学家们提出的问题。狄尔泰试图通过对人类认识自己本身、历史和社会的能力的批判来严格区分自然科学与精神科学、说明与理解,从而为精神科学探寻方法论基础,为它的存在提供合法性辩护。

在他看来,自然科学主要是用假设性的概括和因果律对那些通过外部观察和测量得到的彼此分离的表象加以说明;精神科学则在于用内部和外部的

---

① ［德］康德:《任何一种能够作为科学出现的未来形而上学导论》,庞景仁译,商务印书馆1982年版,第4页。

个人体验理解历史生命的基本结构,它的基础必须根植于反省意识之中,而不是认识论之中。前者的研究对象是外部的客观事物,后者的研究对象是内部的意义世界;前者的研究方法是观察和测量,后者的研究方法是体验和反省;前者的目的在于对事物的说明,后者的目的在于对意义的理解。正如鲁道夫·马克瑞尔指出的,在狄尔泰那里,"表象意识把世界作为自然科学对象的理论境域来筹划,而反省意识则拥有作为一种时间关联的世界。这种关联是我参与其中的,……因此,精神科学的认识论必须恢复我们与生命之间的源始的亲缘关系,因而不可能仅仅是自然科学认识论的延伸",因为"与外部世界的这种动态关系比表象与对象间的静态认识论关系更为根本"①,前者与我们的源始生命意义保持了一种更为直接的联系,而这只能是以理解为主要目的的解释学的研究对象。自然科学与精神科学的区分表明,以观察和说明为主要特征的认识论是自然科学的哲学基础,以体验和理解为基本特征的解释学则是精神科学的哲学基础。这种以精神科学为参照的解释学同以自然科学为参照的认识论的区分在狄尔泰这里开始形成,并在贝蒂、赫施和艾柯那里得到进一步的发展。但需要注意的是,受自然科学鼎盛发展的影响和传统思维模式的局限,狄尔泰在这里依然是从认识论的角度来为精神科学寻求方法论基础的,总是以自然科学的认识论为参照来解决精神科学何以可能的康德式问题。② 据此,有人就把施莱尔马赫和狄尔泰时期的解释学称为认识论或方法论的解释学。我们认为,认识论或方法论的解释学是整个解释学发展所不可或缺的一部分,因为我们对于历史、文本乃至世界的理解并不能永久停留在混沌状态,总是需要上升到具有客观性、绝对性的真理层面。但问题在于,在单一"主体—客体"思维框架中如何处理个人体验的特殊性与历史理解的普遍性之间的矛盾?狄尔泰陷入了不可避免的矛盾境地并最终求助于他一直反对的黑格尔的绝对精神。以胡塞尔现象学为主要方法的本体论解释学虽然解决

---

① 〔英〕安东尼·弗卢等:《西方哲学讲演录》,李超杰译,商务印书馆2000年版,第60、60—61页。

② 参见何卫平:《解释学之维——问题与研究》,人民出版社2009年版,第46—47页。

了这一矛盾,却与此同时也消解了认识论。

### 二、此在与语言:解释学的本体论化与认识论的消解

胡塞尔的意向性理论表明,整个生活世界是由人的意向性活动建构起来
的,不仅是精神科学的意义世界,甚至是自然科学的客观世界都依赖于人的意
向性体验,是建立在主观被给予的生活世界这个视域之上的。精神科学不是
与自然科学相对立而是包含自然科学在内的,后者以前者为前提,"真正的自
然按照其意义,按照自然科学的意义,是研究自然的那个精神的产物,所以它
是以精神科学为前提的"①,这样,就从根本上克服了设置在自我意识的内在
性与人对历史世界的理解之间的鸿沟。海德格尔朝着他的老师胡塞尔开辟的
道路继续向前走,但由于受到狄尔泰生命哲学的影响,他放弃了胡塞尔那种纯
粹唯心主义的先验现象学路径,认为此在的实际性是比先验意识更为基础的
东西。在他看来,此在是一种特殊的在者,它能够询问存在并追究其意义,而
对存在意义的询问与开显是需要理解和解释的,这是属于此在自己的存在。
在这里,理解与此在之间的关系不是解释主体与被解释对象之间的认识论关
系,而是理解和解释本身就是此在存在特征之可能的独特方式,即本体论的关
系,"解释(Auslegung)是实际生活本身之存在的在者的方式"。据此,解释学
的任务便是"使每个本己的此在就其存在特征来理解这个此在本身,在这个
方面将此在传达给自身,此在消除自身的陌生化。在解释学中,对于此在来说
所形成的是一种以它自己的理解方式自为地生成(zu werden)和存在(zu
sein)的可能性"②。由先验意识意向性地建构生活世界的先验现象学,在这
里被转换成了此在自身追问其存在意义的此在现象学;相应地,为精神科学寻
求方法论基础的认识论解释学,在这里被转换成了此在本身通过理解自身来
自为地生成和存在的本体论解释学,解释学的认识论意义被排除在外或被消

---

① [德]胡塞尔:《欧洲科学的危机与超越论的现象学》,王炳文译,商务印书馆2010年版,第
418页。

② [德]海德格尔:《存在论:实际性的解释学》,何卫平译,人民出版社2009年版,第18、19页。

解了。解释学与它的"对象"——此在之间的存在论关系使得解释学的开端、进行与占有在存在方式上或实际时间上都先于其他科学而实现出来,使它成了其他一切科学的前提和基础。

伽达默尔在他的老师海德格尔的实际性解释学基础上继续向前推进,但二位关于理解的本真问题的看法又有很大的不同。伽达默尔指出:"海德格尔首先把理解这一概念刻画为此在的普遍规定性,他的意思正是指理解的筹划性质(Entwurfscharakter),亦即此在的未来性。然而我并不想否认,我曾经在理解诸因素的普遍关联中强调了接收过去流传下来的东西这一方面。"①因此,如果说海德格尔是从存在论角度来看待理解的,那么伽达默尔则是从解释学观点来看待对此在的理解的,他把解释学纳入效果历史中,指出精神科学的本质性东西并不是客观性,而是解释者当下的现实与过去的文化传统之间相互作用的效果历史。因此,精神科学中意义世界的理解不是建立在由认识论领域中的科学性原则所设立的"客观认识的理想"之上,而是建立在"参与者的理想"之上,即衡量和评价意义世界有无内容或价值的标准是"参与到人类经验本质的陈述之中,就如在艺术和历史中所形成的那样"②,这便是伽达默尔所倡导的对话模式。只有在解释者与传统的对话模式中,才能使艺术、历史等精神科学的意义显现出来,换言之,任何事物的存在都是语言性的,脱离语言的事物是根本不存在的,对任何事物的理解必须通过语言间的对话来实现,在不断的提问和对话中,事物乃至解释者自身才来到其真实的存在。在这里,此在的解释学实现了语言本体论的转向,它"把被理解对象的存在状况在一种普遍的意义上规定为语言,并把它同存在物的关系规定为解释"③。与海德格尔一样,这里的解释已经不是理解精神科学的一种方法,而是主体本身的存在方式;解释学也并非去发明一整套规则体系来指导精神科学的研究,而是从

---

① [德]伽达默尔:《诠释学Ⅱ:真理与方法》,洪汉鼎译,商务印书馆2010年版,第565页。
② [德]伽达默尔:《赞美理论——伽达默尔选集》,夏镇平译,上海三联书店1988年版,第69页。
③ [德]伽达默尔:《诠释学Ⅰ:真理与方法》,洪汉鼎译,商务印书馆2010年版,第667页。

本体论的角度来揭示所有理解行为所共有的东西。这种建立在语言本体论基础上的解释学同样否认或放弃了与认识论之间的贯通性,因为在它看来,解释学是全部哲学,"是哲学的一个普遍方面,而并非只是所谓精神科学的方法论基础"①。

　　在后现代的主体际解释学中,认识论遭遇到了同样的命运,德里达和罗蒂等人或直接或间接地否定了认识论,以解释学来代替之。德里达的解构主义理论强调,整个世界是一个文本式的存在,但它并不意味着某个实在、真理、意义的在场。能指与所指的断裂以及符号间的永恒差异使得解释者根本无法通过一定的方法来理解文本意义,不管是作者还是解释者,都像浪潮冲刷中的沙滩痕迹一样灭绝踪迹,只有文本的无限膨胀和无限开放。文本只与它自身相关,在这一无穷的意义链中,文本互相替代和反复。如果说德里达只是间接地暗示文本世界中只有解释学而没有认识论,罗蒂则明确表示要用解释学代替认识论。在后者看来,传统哲学以认识论为中心,它把心灵当作反映实在的一面镜子,把知识当作这种反映的系统化和精确化,哲学则是这种知识的最高系统,是为获得知识提供指导、为鉴别知识提供标准的认识论系统。这种以视觉为中心的观点是应当被否定的,因为心灵作为自然之镜并不一定是真实可靠的,"必须放弃作为准确再现结果的知识观,这种知识是经由特殊的心的过程而成立的,并由于某种有关再现作用的一般理论而成为可理解的"②。他从新实用主义观点出发,主张传统哲学(认识论)已经走向死亡,必须以解释学的对话来取代认识论的知识,以交流意见取代对真理的追求。解释学不是一种哲学理论,而是一种对传统认识论加以解构的方式,这是"另一种对付世界的方式",是"当我们不再关心认识论以后所获得的东西"③。在这里,我们很明显能看到伽达默尔解释学之语言本体论的影子。美国逻辑实用主义哲学家蒯因也认为,认识论不应以是否与客观实在相符合作为取舍的标准,而应以是否

①　[德]伽达默尔:《诠释学Ⅰ:真理与方法》,洪汉鼎译,商务印书馆2010年版,第668页。
②　[美]理查德·罗蒂:《哲学和自然之镜》,李幼蒸译,商务印书馆2003年版,第3页。
③　[美]理查德·罗蒂:《哲学和自然之镜》,李幼蒸译,商务印书馆2003年版,第306、332页。

方便有用作为标准,并强调语言的目的在于有效的对话与交往。他指出,我们的科学知识究竟"有多少是实在的真正反映?这个看起来好像是根本的哲学问题也许是一个假问题",因为"要问一个概念系统作为实在的镜子的绝对正确性,是毫无意义的。我们评价概念系统的基本变化的标准必须是一个实用的标准,而不是与实在相符合的实在论标准"。一切概念和语言的"目的在于达到有效的交际和预测"①,也就是说,概念和语言的意义只有在对话和交往过程中并通过交往活动才能确定下来。当代美国哲学家默罗阿德·韦斯特法尔认为,罗蒂将认识论看作"自然之镜"与对确定性的寻求而加以否定的做法是对认识论"严重的误导"。在他看来,罗蒂所反对和否定的认识论是从现代性意义上来界定的,而后者主张的对话和交流意见的解释学其实是一种后现代性意义上的认识论,因为不管是它所追求的知识的历史性、特殊性和暂时性的性质,还是这种性质的无法超越性,都是对人的认识的本质和限度的反思。因此解释学和认识论一样,也是"一种关于我们应当如何理解常识、自然科学和社会科学,甚至形而上学以及神学的认识要求的元理论",从这个意义上来说,"解释学是认识论"②。据此,韦斯特法尔认为,传统认识论并没有走向死亡,只是在后现代性意义上发生了理解范式的转换,如果跳出在现代性意义上对认识论的界定,罗蒂眼中的解释学还是认识论,后者的真正失误在于模糊了这样一个事实:"解释学不是对认识论本身的替代,而是用一种认识论代替了另一种认识论。"③

　　笔者以为,韦斯特法尔对罗蒂的批判有其合理性的一面,但他在强调解释学与认识论之相关性的同时却忽略了它们之间的差异性。作为对历史传统和文本的理解,解释学虽然要通过一定的概念、范畴等体系进入到认识论和方法

---

① [美]W.V.O.蒯因:《从逻辑的观点看》,陈启伟、江天骥等译,中国人民大学出版社 2007 年版,第 69 页。

② [美]默罗阿德·韦斯特法尔:《解释学、现象学与宗教哲学》,郝长墀、何卫平等译,中国社会科学出版社 2005 年版,第 108、109—110 页。

③ [美]默罗阿德·韦斯特法尔:《解释学、现象学与宗教哲学》,郝长墀、何卫平等译,中国社会科学出版社 2005 年版,第 110 页。

论的层面来,但就对此在本身的理解和解释而言,它也具有生存论的性质。正是在这个意义上,利科自觉地把解释学的本体论与认识论统一起来了,他一方面赞同贝蒂的观点,认为解释学具有认识论的性质,应该致力于为客观化精神的理解提供适用而又周密的规则;另一方面也强调解释学的本体论意蕴,认为对文本意义的理解就是通过阅读行为来重建文本的语境关联,阅读"是将新的话语结合到文本话语中。正是在文本的建构中,这一话语的连接揭示了文本原初的更新能力,它是文本的公开特征。解释就是连接和更新的具体结果"①。文本的理解需要阅读主体即解释者话语的参与,因而文本的理解在这里成了解释者在文本面前的自我理解,并在后者中达到巅峰。但问题是,仅仅从解释者话语与文本话语结合的角度来理解文本,并不能从根本上把握它的本真意义,更达不到对其在变换了的语境中的意义理解,这就必然召唤以广义认识论为方法论基础的出场学视域。

### 三、交往实践:出场学方法论的客观基础

解释学的建构应当突出对方法论的重视,这是认识论(客体论)解释学在人们关于理解和解释问题上提出的要求。但对方法论的重视并不等于对解释者的否定,而局限于狭义"主体—客体"框架中的认识论解释学却将理解对象视为孤立的、客观的存在,将现实的、处于交往关系中的解释者抽象为"一般解释者",因此它无法解释解释者的个人经验与理解对象之间的关系问题。本体论解释学虽然强调了解释者个人的历史实在,认为理解与解释是人生活、存在的方式,但与此同时却否认了理解本体论与认识论的贯通性,未免有失偏颇。因为人们对于历史、传统、文本等的理解与解释并不能一直处于单一主体的感知与领悟的状态,总是要通过多极主体间的对话与交流上升到统一的科学认识层面,如何正确地、科学地作出符合时代的理解是解释学永远需要正面应答的问题。建构多极主体间的对话理解范式是自后现代以来人类的实践和

---

① [法]保罗·利科:《诠释学与人文科学》,孔明安等译,中国人民大学出版社 2012 年版,第119 页。

理解活动所提出的时代精神,而强调对话并不意味着对理解对象之"先在意义"和认识论意义的否定,但沉迷于"主体—主体"框架的主体际解释学比本体论解释学更激进,直接主张用对话和交流意见的解释学代替追求知识的认识论。超越这些单一的"主体—客体"和"主体—主体"框架而继续向前,就必然召唤以出场语境、出场路径与出场形态之间的高度关联性来与时俱进地理解文本意义的出场学视域。深入文本出场的历史语境,把解释者还原为从交往实践活动中产生并处于交往关系中的、受交往实践的客观意义结构制约的现实的、历史的个人;转换认识论的向度与核心,将交往引进认识结构,造就多极主体及其认识交往活动的双向建构的总图景、总格局,这就是广义认识论。①

作为出场学的方法论基础,广义认识论超越以"主体—客体"或"主体—主体"模式为核心的解释学之处在于,它将交往实践引入认识结构,从发生学的角度来说明多极主体性的存在以及他们之间的认知交往关系对于理解活动的重要性。首先,交往实践为广义认识论开辟了新的、特殊的认识领域和研究对象,超越了认识论解释学褊狭的认知关系域,科学地说明了人类认识发生、发展的总图景。从总体上来说,认识的过程是一个多极的认知主体通过多种活动形式实现的关系系统。它内在地包含着不可分割的两方面的内容:其一是认知主体与客体的关系,即主体能否以及如何认识、再现和把握客体;其二是认识过程中的多极主体间的关系,即就一定的认识内容是如何实现主体际间的传播、接受和解释的。② 认识论的解释学只关注到了其中的一个方面,即只注重解释者与被解释对象之间的相互作用过程,而不注意或忽略了解释者与作者之间、解释者与解释者之间的交往实践活动所产生的意义结构以及他们之间的认知交往关系。在广义认识论看来,对文本意义的理解只能是交往实践的产物。在交往实践和精神交往过程中,人们彼此之间就实践意义的感知与领悟、文本意义的理解与解释投向一定的交往场中,"它带着全部活动的

---

① 参见任平:《广义认识论原理》,江苏人民出版社 1992 年版,第 10 页。
② 参见任平:《广义认识论原理》,江苏人民出版社 1992 年版,第 7 页。

符号系统,作为脱离主体的独立环节,游离于主体间的场,成为意义的载体"①,形成了交往实践的客观意义结构,这是人们理解文本的客观中介。随着交往实践场的扩展和交往层次的跃迁,人们的认识领域和认知客体变得日益庞大和复杂,非多极主体的认知交往难以胜任;另一方面,在广度和深度方面日益加深的交往关系同时也促进了人们认知交往的发展,为文本意义的理解提供了优越的条件。交往实践结构的不断解构与建构,推动着人们的认识交往活动和认知交往关系的发展,而交往实践的多极主体以及双重关系的总体结构也必然会反映到它的派生物——人们的认知交往活动上,从而决定了出场学之认识论框架产生的必然性。

其次,交往实践为广义认识论提供了"主体—客体—主体"的研究框架,使之超越了单一"主体—客体"和"主体—主体"的解释学之理解模式。新的、特殊的认识领域和研究对象必然要求有新的方法论图式,而交往实践的"主体—客体—主体"之实体结构必然转化、扩展为广义认识论的基本论域和基本框架,使其成为"考察以客体为中介而相互关联着的各认识主体的认识交往关系和交往方式的规律性"②的科学。在认识论解释学时期,客观上由于当时的交往社会化程度发展的不够充分而限制了人们的视域,与此相联系的是,在精神生产领域中只能允许一小部分个体的存在和生产,这就势必造成只关注认知客体而忽略认知交往关系的局面;主观上是由于狭义的"主体—客体"模式将理解的重心不是放在理解得以发生的现实的个人及其现实的生活过程上,而是热衷于追求通过各种方法所达到的普遍知识和一般真理。本体论解释学把被认识论解释学抽象为"一般主体"的解释者还原为现实的、历史的个人,它注意到解释者个人存在的历史实在性以及其得以生活于其中的历史场域,这是理解活动得以发生的历史地平线。帕尔默曾高度评价自海德格尔以来所实现的本体论解释学对理解问题的全新观照,认为它已经超越了认识

---

① 任平:《交往实践的哲学——全球化语境中的哲学视域》,云南人民出版社 2003 年版,第49 页。

② 任平:《广义认识论原理》,江苏人民出版社 1992 年版,第 56 页。

论解释学对理解问题的定义——将理解设想为与自然科学的说明形式相对立的历史理解形式——的限制，将其看作是具有时间性、意向性与历史性的本体论过程，"不是将其视为对意识和无意识过程的研究，而是揭示那种对人来说真实的东西"①。但不管是海德格尔对此在生存论的分析还是伽达默尔对解释者之传统视域的重视，他们都把现实的感性生活过程视为永恒在场的形而上学，遗忘了主体际间的认知交往关系对于理解活动的重要性。后现代的主体际解释学强调对话的理解范式，无疑有效地避免了本体论解释学的历史局限性，但由于缺少客体底板的支撑和限制，他们同样否认对话的认识论意义，并主张其哲学功能主要在于人的开化和文化的进步。

事实表明，不从总体上建立"主体—客体—主体"的广义认识论框架，就会遭遇以下两种情况：要么囿于狭义的认识论模式而忽视多极主体间的认知交往关系，最终导致狄尔泰式的困境；要么由于过多强调理解的本体论意义而否定其认识论意义，总而言之，都无法全面而系统地研究人类的认识论领域。来自交往实践的广义认识论框架继承了解释学发展的不同阶段所取得的优秀成果，同时也成功避免了后者自身所带有的时代局限性，奠定了出场学的方法论基础。交往实践一方面现实地改变着人们的精神生产方式和认知方式，形成以客观意义结构为中介的理解结构，为出场学的认识论提供了客观条件；另一方面又现实地为各主体间的认知交往关系提供着理解这一现象的理论图式和框架。因此，"广义认识论的意义分析将直接以交往实践的意义结构为基础。虽然广义认识论的直接对象将是精神的或认知交往中的意义，但这种意义的最终起源和最后判定都将归宿于交往实践的客观意义场"②。相比于认识论解释学，出场学强调其方法论基础并不专注于对知识的形而上学沉思，而是深入到人类的交往实践中，通过以交往为核心的多极主体认知模式来协调科学理性认识论与非理性认识论、微观认识论与文化社会认识论之间的分裂，

① Richard E. Palmer, *Hermeneutics: Interpretation Theory in Schleiermacher, Dilthey, Heidegger, and Gadamer*, Northwestern University Press, 1988, p.140.

② 任平：《广义认识论原理》，江苏人民出版社 1992 年版，第 57 页。

并通过这一协调来完整呈现出场学理解文本的认识论基础。对于本体论解释学说,出场学认为,其对传统认识论的冲击并不意味着对全部认识论的否定和瓦解,而是认识论框架、体系的新旧更迭。对文本的理解确实需要合理的前见,因为任何解释者都是在一定的历史条件和文化传统中的存在,脱离具体历史语境,一切从零开始的解释者是抽象的、不现实的。但这种合理的前见并不是先天的自发在场,而只能被归之于交往实践的本体之根中,是后者所造就的历史性前提和基础。同时,对文本意义的真正理解需要当代的对话,只有介入到当代多极主体的认知交往关系即"主体—客体—主体"的框架中,其意义才能被理解。对于主体际解释学,出场学想要指出的是,对话结构并不是无客体底板的能指与所指的随意滑动,而是交往实践结构直接转化和扩展的结果,具有"主体—客体—主体"的构架。所不同的是,交往实践结构是由实践主体通过改造对象化的物质客体而作用于另一极实践主体的社会性的物质活动;而对话活动则是多极主体之间基于交往和对话的需要,一极主体通过语言中介而与另一极主体发生相互理解、共享知识的认知交往关系。因此,对话的目标并不仅仅在于人的开化和文化意义系统的发展,而且还包括主体之认知图式和语言自我结构的不断更新以及知识、真理的发展。同时,对于伽达默尔将理解对象规定为语言,并主张只有在对话中理解对象才能实现其真实存在的看法,我们需要指出的是,对文本的理解需要语言来表达,也需要用语言来实现,"思想对于作为某种独立于语言和思维的现实存在的东西的反映,是通过语言系统的中介来表达的。但是决定思维的性质和内容的并不是语言,而是反映在语言中的客观实在"①,即交往实践活动。

　　最后,交往实践产生并推动着人类认知交往活动方式的存在与发展,避免了解释学在理解问题上的思辨形而上学在场观。广义认识论认为,交往实践结构与人类认知交往结构具有同构性,后者不过是前者转化、扩展的结果,交往实践结构的变革必然导致人类认知交往结构的变化,从而推动着人类认识

---

① ［法］保罗·利科:《哲学主要趋向》,李幼蒸、徐奕春译,商务印书馆 2004 年版,第 407 页。

的广度与深度的变化。从人类学形态来看,交往实践最初是承继动物交往活动方式并加以改造、产生质变的结果,是一种自然的、原始的交往结构。任何单个的个体都是人类交往的自然产物,他先天地获得了自然生理的交往资质,并在后天的交往实践中发展这种资质,从而不断推进和重构着整个人类交往实践场。后辈总是在前辈已经造就的历史场域中被规定着、影响着,呈现特定的历史时代的存在,任何既定的历史条件和交往水平"决不是某种开天辟地以来就直接存在的、始终如一的东西,而是工业和社会状况的产物,是历史的产物,是世世代代活动的结果,其中每一代都立足于前一代所奠定的基础上,继续发展前一代的工业和交往"①。在既定历史条件下的交往实践活动以及与其所创造的交往关系和交往形式一起推动着人类历史不断向前发展。与此相应,人类的认知交往活动也在先天地由前辈的认知交往水平所限定,后天地由同时代的交往实践结构所造就的结构中向前发展着。当交往形式变成实践力量的桎梏时,便出现了交往形式新旧更迭的社会变革。一旦交往形式发生质变,必然会使原先的交往实践结构改变其本质,并通过这种改变迫使认知交往结构也发生相应的突变。交往实践结构决定着人类的认知交往活动的方式,或者说,人类的认知交往关系与方式是与其特定历史条件下的交往实践结构相对应的,有什么样的交往活动,就有什么样的认知交往方式。因此,从总体上来说,广义认识论从以下四个方面对传统认识论进行了重新审视与合理重建:"其一,广义认识论赖以建构的客观基础,是交往实践,因此,必须对传统实践结构观加以变革。其二,广义认识论研究的对象域,是在交往实践基础上产生的'精神交往'或认识—语言交往关系。其三,广义认识论的基本目标在于:通过揭示以交往实践和认识交往关系为中心的个体思维与社会思维双向建构和双重整合过程,来把握人类认识演化的总图景。其四,广义认识论在总体框架上是'主—客—主'模式,它内含'主—客—主'相关律。"②与解释学

① 马克思、恩格斯:《德意志意识形态》,《马克思恩格斯文集》第 1 卷,人民出版社 2009 年版,第 528 页。
② 任平:《广义认识论的中心视界》,《学习与探索》1993 年第 5 期。

总是从现存在场的历史视域与现在视域的融合中来理解文本的思辨形而上学观点不同,以广义认识论为方法论基础的出场学总是深入到由人类的交往实践活动所构境的历史场域之中来把握历史文本的本真意义。

以交往实践活动的客观意义结构为中介的出场学从历史、路径与形态之间的高度关联性来与时俱进地理解文本,科学地处理历史与对历史的解释之间的关系;以"主体—客体—主体"为总体性框架的广义认识论认为,对文本的理解是在多极解释者的交往实践本体和认知交往之认识论的基础上产生的,同时又在交往实践的双向建构和双重整合中凝聚成统一的价值和文化。这样,以广义认识论为方法论基础的出场学视域既避免了自海德格尔以来解释学对认识论的否定,也克服了客体论解释学因局限于传统思维模式而陷入的理论困境。

# 结语　理解的本质与未来

在全文行将结束之时,我们有必要再次回顾一下解释学的理论限度以及出场学对理解本质的把握和它面向未来的无限可能性。

为了避免客体论解释学对解释者之存在的历史性的遗忘和海德格尔实际性解释学的主观化倾向,伽达默尔的哲学解释学在继承前两者观点的基础上批判性地指出,抛弃解释者个人的历史实在来理解历史和文本是历史主义的幼稚假定,因为解释者是现实的、有限性的存在,其对历史的解释并不能通过处于历史之外的方法来达到对它的客观认识。理解历史的唯一方式在于解释者自身就属于传统,内在于历史,对历史世界的解释就是解释者在历史性的存在过程中达到的对自己和历史的理解,这不能与个人的经验相分离,主体不能脱离客体。同时,伽达默尔也强调,不能因为对历史主义的错误矫枉过正而走向主观主义。他指出,解释者对历史和文本意义的理解并不是主观的、随意的,而是总要受到效果历史的影响和制约,是当年的历史在当代解释者这里产生的"效果"。任何真正的理解对象都是自己和他者的统一体,是过去视域与现在视域融合的产物。我们以为,伽达默尔注重历史和个人存在的有限性,把一切对历史和文本的理解都看作是在历史的基础上所达到的历史性的理解,就这一点而言,他对解释学学科本身的发展所作出的重大贡献和对后来者在理解问题上的理论指导意义是值得肯定的。但需要说明的是,伽达默尔的效果历史原则其实是单一"主—客"模式的在场形而上学的跷跷板游戏,解释者被笼罩在由效果历史影响和制约的单一文化交往场中,历史是一种非批判的自发在场,缺少主体的构境。哈贝马斯敏锐地洞察到了伽达默尔的这一重大缺陷,并清醒地意识到要对历史和意识形态的在场性进行自觉的反思和批判。

在他看来,理解的前提和基础不能是非批判式的解释者个人的前见与传统,而是多极主体之间通过交往规则建构的交往行为。但让我们遗憾的是,哈贝马斯的交往行为只是在普遍语用学规则下的先验设定,也不过是一种直接给予的在场。他虽然将批判的矛头对准了意识形态和历史的在场结果,却并没有找到形成这一在场结果的前提和基础——交往实践这个客体中介,这就必然陷入虚无主义的泥沼,难以摆脱结构主义的纠缠。利科不满于到伽达默尔为止的解释学理论在理解问题上的浓厚的历史意识和哈贝马斯的抽象假定,他认为应该把注意力集中到"创造性的沉思的瞬间",使意义直接从语言中而不是从语言"背后"产生出来。为此,他重返认识论与方法论,通过把解释学嫁接于现象学之上的路径来开始对理解的对象——语言的分析。但同样令人失望的是,利科并没有考察语言得以产生的基础,他也没有意识到,仅仅从解释者的话语与文本话语结合的角度来理解历史乃至文本,并不能从根本上把握它的本真意义。综上分析可以看出,解释学作为文本理解理论的范式,尽管它的系统性、科学性与理论性伴随其历史发展不断地得到充足与完善,但它的边界性与限度也是显而易见的,它始终都无法做到科学、准确地把握某一文本的"充分适应"这一时代的本真意义。因此,学术研究的求真精神必然要求理论家们通过范式革命来创造和创新更具科学性、预见性与解释力的理解新范式。

当代中国马克思主义理论家任平教授指出,对文本意义的理解不能仅仅局限于效果历史与语言,而要深度考察文本得以出场的历史场域。这就要求我们要穿透表象地展现历史场域的图景,通过不断地反思和批判认识到,作为解释者和理解对象之发生学根源的历史语境并不是现成地在场,而是由人们世世代代的交往实践活动所构境的因而是不断出场的过程,历史之"物"不是既成固化的在场,而是不断地被实践构境的结构体。① 因此,对文本意义的理解就必然要突破解释学范式中只专注于"主—客"或"主—主"关系的理解理论,将其创造性地置换在"主—客—主"关系的总体性框架中来理解。这样,

① 参见任平:《论马克思主义出场学视域中的历史构境》,《南京大学学报》(哲学·人文科学·社会科学)2010 年第 2 期。

文本意义就具有了交往性。一方面,一极解释者在交往实践的基础上就设定的文本意义投向交往场中,"它带着全部活动的符号系统,作为脱离主体的独立环节,游离于主体间的场,成为意义的载体"①。另一方面,另一极解释者也会在自身交往实践关系的前提下就文本的理解赋予契合于自身境遇的意义。两种或多种意义在历史的交往实践活动中发生着交往视域的融合,构成一个完整的意义域或意义场。任何解释者所理解的文本意义都与这一意义域相关联,即与其一定的交往实践活动相联系,是对其交往实践和精神交往关系的再现。至此,对文本意义的理解追溯至人们的交往实践活动以及在此基础上构成的历史语境当中的做法,便是文本理解理论的新范式——出场学视域的理论旨趣之所在。出场学注重于文本出场的历史语境、出场路径与出场形态三者之间的紧密关联性,认为一切思想或文本的出场都依赖于一定的历史语境和出场路径,是独特的历史语境和特定的出场路径的产物。随着历史语境的转换和出场路径的变迁,文本的出场形态即意义也随之发生变化,因而具有鲜明的时代性和空间性特质。出场语境、出场路径与出场形态的内在关联决定了出场学对文本意义的理解既不像传统解释学那样是教条主义的在场、同一的理解,也不是如伽达默尔、德里达等人一样强调绝对差异的相对主义的理解,而是同一中的差异和差异中的同一,是文本意义的连续与断裂的统一。作为文本意义理解的新范式,出场学一方面通过交往实践的客观意义结构为文本理解提供客体底板,并以此限制着和整合着各极解释者的理解,使其理解的内容在同时代具有同一性和绝对性。另一方面,由于意义结构本身在交往实践活动中会不断地解构和重构,这就决定了文本意义也会随着意义结构的变化而呈现多元化差异和开放式理解。因此,出场学的理解范式既克服了解释学自身所无法逾越的理论困境与难题,也包容和解释了解释学理论中一切未受反驳的成分,同时又以一种新的科学的解释理论成为理解文本意义的更具解释力和预见力的新范式。

---

① 任平:《交往实践的哲学——全球化语境中的哲学视域》,云南人民出版社 2003 年版,第49 页。

# 参考文献

一、著作类

1.《马克思恩格斯文集》第 1、2、4、5、9 卷,人民出版社 2009 年版。

2.《马克思恩格斯全集》第 3 卷,人民出版社 1960 年版。

3.[澳]麦卡拉(McCullagh,C.B.):《历史的逻辑:把后现代主义引入视域》,张秀琴译,北京师范大学出版社 2008 年版。

4.[德]德罗伊森:《历史知识理论》,胡昌智译,北京大学出版社 2006 年版。

5.[德]得特勒夫·霍尔斯特:《哈贝马斯传》,章国锋译,东方出版中心 2000 年版。

6.[德]彼得·比格尔:《先锋派理论》,高建平译,商务印书馆 2002 年版。

7.[德]狄尔泰:《精神科学引论》,艾彦译,译林出版社 2012 年版。

8.[德]狄尔泰:《精神科学中历史世界的建构》,安延明译,中国人民大学出版社 2010 年版。

9.[德]狄尔泰:《历史中的意义》,艾彦译,译林出版社 2011 年版。

10.[德]F.W.卡岑巴赫:《施莱尔马赫》,任立译,中国社会科学出版社 1990 年版。

11.[德]格奥尔格·G.伊格尔斯:《德国的历史观》,彭刚、顾杭译,译林出版社 2014 年版。

12.[德]哈贝马斯:《后形而上学思想》,曹卫东、付德根译,译林出版社 2012 年版。

13.[德]哈贝马斯:《交往与社会进化》,张博树译,重庆出版社 1989年版。

14.[德]哈贝马斯:《交往行为理论·第一卷 行为合理性与社会合理性》,曹卫东译,上海人民出版社 2004 年版。

15.[德]哈贝马斯:《现代性的地平线——哈贝马斯访谈录》,李安东、段怀清译,上海人民出版社 1997 年版。

16.[德]哈贝马斯:《作为"意识形态"的技术与科学》,李黎、郭官义译,学林出版社 1999 年版。

17.[德]海德格尔:《存在论:实际性的解释学》,何卫平译,人民出版社 2009 年版。

18.[德]海德格尔:《存在与时间》,陈嘉映、王庆节译,商务印书馆 2016年版。

19.[德]海德格尔:《康德与形而上学疑难》,王庆节译,上海译文出版社 2011 年版。

20.[德]海德格尔:《林中路》,孙周兴译,上海译文出版社 2008 年版。

21.[德]海德格尔:《路标》,孙周兴译,商务印书馆 2000 年版。

22.[德]海德格尔:《面向思的事情》,陈小文、孙周兴译,商务印书馆 2012年版。

23.[德]海德格尔:《尼采》,孙周兴译,商务印书馆 2014 年版。

24.[德]海德格尔:《形而上学导论》,熊伟、王庆节译,商务印书馆 1996年版。

25.[德]海德格尔:《形式显现的现象学》,孙周兴译,同济大学出版社 2004 年版。

26.[德]海德格尔:《在通向语言的途中》,孙周兴译,商务印书馆 2004年版。

27.[德]黑格尔:《法哲学原理》,范扬、张企泰译,商务印书馆 2016 年版。

28.[德]黑格尔:《精神现象学》下卷,贺麟、王玖兴译,商务印书馆 2010

年版。

29. [德]黑格尔:《美学》第一卷,朱光潜译,商务印书馆 2013 年版。

30. [德]黑格尔:《哲学史讲演录》第一卷,贺麟、王太庆译,商务印书馆 2014 年版。

31. [德]黑格尔:《自然哲学》,梁志学等译,商务印书馆 2015 年版。

32. [德]胡塞尔:《纯粹现象学通论》,李幼蒸译,商务印书馆 2012 年版。

33. [德]胡塞尔:《经验与判断——逻辑谱系学研究》,邓晓芒、张廷国译,三联书店 1999 年版。

34. [德]胡塞尔:《逻辑研究》第一卷,倪梁康译,商务印书馆 2015 年版。

35. [德]胡塞尔:《欧洲科学的危机与超越论的现象学》,王炳文译,商务印书馆 2010 年版。

36. [德]胡塞尔:《哲学作为严格的科学》,倪梁康译,商务印书馆 2017 年版。

37. [德]卡尔-奥托·阿佩尔:《哲学的改造》,孙周兴、陆兴华译,上海译文出版社 2005 年版。

38. [德]康德:《纯粹理性批判》,邓晓芒译,杨祖陶校,人民出版社 2004 年版。

39. [德]康德:《判断力批判》,邓晓芒译,杨祖陶校,人民出版社 2011 年版。

40. [德]康德:《任何一种能够作为科学出现的未来形而上学导论》,庞景仁译,商务印书馆 1982 年版。

41. [德]克劳斯·黑尔德:《世界现象学》,倪梁康等译,三联书店 2003 年版。

42. [德]伽达默尔:《诠释学Ⅰ:真理与方法》,洪汉鼎译,商务印书馆 2010 年版。

43. [德]伽达默尔:《诠释学Ⅱ:真理与方法》,洪汉鼎译,商务印书馆 2010 年版。

44.［德］伽达默尔:《哲学解释学》,夏镇平、宋建平译,上海译文出版社2004年版。

45.［德］伽达默尔:《科学时代的理性》,薛华等译,国际文化出版公司1988年版。

46.［德］伽达默尔:《美学与诗学:诠释学的实施》,吴建广译,北京大学出版社2013年版。

47.［德］伽达默尔:《赞美理论》,夏镇平译,上海三联书店1988年版。

48.［德］伽达默尔:《哲学生涯》,陈春文译,商务印书馆2003年版。

49.［德］伽达默尔、［德］杜特:《解释学 美学 实践哲学:伽达默尔与杜特对谈录》,金惠敏译,商务印书馆2005年版。

50.［德］伽达默尔、［法］德里达:《德法之争:伽达默尔与德里达的对话》,孙周兴、孙善春编译,商务印书馆2015年版。

51.［德］利奥波德·冯·兰克:《历史上的各个时代》,杨培英译,北京大学出版社2010年版。

52.［德］利奥波德·冯·兰克:《世界历史的秘密:关于历史艺术与历史科学的著作选》,易兰译,复旦大学出版社2012年版。

53.［德］罗伯特·耀斯:《审美经验与文学解释学》,顾建光、顾静宇等译,上海译文出版社2006年版。

54.［德］吕迪格尔·萨弗兰斯基:《来自德国的大师——海德格尔和他的时代》,靳希平译,商务印书馆2007年版。

55.［德］尼采:《悲剧的诞生》,孙周兴译,商务印书馆2013年版。

56.［德］施太格缪勒:《当代哲学主流》上卷,王炳文、燕宏远等译,商务印书馆1986年版。

57.［德］威廉·冯·洪堡特:《论人类语言结构的差异及其对人类精神发展的影响》,姚小平译,商务印书馆1999年版。

58.［德］沃尔夫冈·韦尔施:《重构美学》,陆扬、张岩冰译,上海译文出版社2006年版。

59.[德]乌多·蒂茨:《伽达默尔》,朱毅译,中国人民大学出版社 2010年版。

60.[德]席勒:《审美教育书简》,张玉能译,译林出版社 2012 年版。

61.[法]阿尔都塞:《保卫马克思》,顾良译,商务印书馆 2007 年版。

62.[法]阿尔都塞、巴里巴尔:《读〈资本论〉》,李其庆、冯文光译,中央编译出版社 2008 年版。

63.[法]保罗·利科:《诠释学与人文科学》,孔明安等译,中国人民大学出版社 2012 年版。

64.[法]保罗·利科:《哲学主要趋向》,李幼蒸、徐奕春译,商务印书馆 2004 年版。

65.[法]保罗·利科:《解释的冲突》,莫伟民译,商务印书馆 2008 年版。

66.[法]德里达:《多重立场》,佘碧平译,三联书店 2004 年版。

67.[法]德里达:《论文字学》,汪堂家译,上海译文出版社 2015 年版。

68.[法]德里达:《马克思的幽灵》,何一译,中国人民大学出版社 2008年版。

69.[法]德里达:《书写与差异》,张宁译,三联书店 2001 年版。

70.[法]罗兰·巴特:《S/Z》,屠友祥译,上海人民出版社 2012 年版。

71.[法]罗兰·巴特:《文之悦》,屠友祥译,上海人民出版社 2009 年版。

72.[法]列维-布留尔:《原始思维》,丁由译,商务印书馆 2014 年版。

73.[法]梅洛-庞蒂:《符号》,姜志辉译,商务印书馆 2003 年版。

74.[法]皮埃尔·布尔迪厄:《区分:判断力的社会批判》,刘晖译,商务印书馆 2015 年版。

75.[法]皮埃尔·布尔迪厄、[美]华康德:《反思社会学导引》,李猛、李康译,商务印书馆 2015 年版。

76.[古希腊]柏拉图:《柏拉图全集》第 2 卷,王晓朝译,人民出版社 2014年版。

77.[古希腊]柏拉图:《柏拉图全集》第 4 卷,王晓朝译,人民出版社 2014

年版。

78.[古希腊]亚里士多德:《尼各马可伦理学》,廖申白译,商务印书馆2003年版。

79.[荷兰]约斯·德·穆尔:《有限性的悲剧——狄尔泰的生命释义学》,吕和应译,上海三联书店2013年版。

80.[荷兰]斯宾诺莎:《神学政治论》,温锡增译,商务印书馆2016年版。

81.[加]让·格朗丹:《哲学解释学导论》,何卫平译,商务印书馆2009年版。

82.[美]大卫·库尔珀:《纯粹现代性批判》,臧佩洪译,商务印书馆2004年版。

83.[美]D.C.霍埃:《批评的循环——文史哲解释学》,兰金仁译,辽宁人民出版社1987年版。

84.[美]E.D.赫施:《解释的有效性》,王才勇译,三联书店1991年版。

85.[美]菲利普·克莱顿、贾斯廷·海因泽克:《有机马克思主义:生态灾难与资本主义的替代选择》,孟献丽等译,人民出版社2015年版。

86.[美]卡西尔:《人论:人类文化哲学导引》,甘阳译,上海译文出版社2014年版。

87.[美]鲁道夫·马克瑞尔:《狄尔泰传——精神科学的哲学家》,李超杰译,商务印书馆2003年版。

88.[美]罗蒂:《后哲学文化》,黄勇编译,上海译文出版社2004年版。

89.[美]罗蒂:《哲学和自然之镜》,李幼蒸译,商务印书馆2003年版。

90.[美]理查德·E.帕尔默:《诠释学》,潘德荣译,商务印书馆2012年版。

91.[美]默罗阿德·韦斯特法尔:《解释学、现象学与宗教哲学》,郝长墀、何卫平等译,中国社会科学出版社2005年版。

92.[美]帕特里夏·奥坦伯德·约翰逊:《伽达默尔》,何卫平译,中华书局2014年版。

93.[美]乔治娅·沃恩克:《伽达默尔——诠释学、传统和理性》,洪汉鼎译,商务印书馆 2009 年版。

94.[美]托马斯·库恩:《科学革命的结构》,金吾伦、胡新和译,北京大学出版社 2012 年版。

95.[美]W.V.O.蒯因:《从逻辑的观点看》,陈启伟、江天骥等译,中国人民大学出版社 2007 年版。

96.[美]肖恩·加拉格尔:《解释学与教育》,张光陆译,华东师范大学出版社 2009 年版。

97.[美]约埃尔·魏因斯海默:《哲学诠释学与文学理论》,郑鹏译,中国人民大学出版社 2011 年版。

98.[美]詹明信:《晚期资本主义的文化逻辑》,张旭东编,陈清侨等译,三联书店 2013 年版。

99.[美]弗雷德里克·詹姆逊:《政治无意识》,王逢振、陈永国译,中国社会科学出版社 2011 年版。

100.[瑞士]索绪尔:《普通语言学教程》,高名凯译,商务印书馆 2014 年版。

101.[日]高桥哲哉:《德里达:解构》,王欣译,河北教育出版社 2001 年版。

102.[日]丸山高司:《伽达默尔:视域融合》,刘文柱等译,河北教育出版社 2001 年版。

103.[英]安东尼·弗卢等:《西方哲学讲演录》,李超杰译,商务印书馆 2000 年版。

104.[英]柯林伍德:《历史的观念》(增补版),何兆武等译,北京大学出版社 2010 年版。

105.[英]特里·伊格尔顿:《二十世纪西方文学理论》,伍晓明译,北京大学出版社 2007 年版。

106.[英]W.H.沃尔什:《历史哲学导论》,何兆武、张文杰译,北京大学出版社 2008 年版。

107.［英］威廉姆·奥斯维特：《哈贝马斯》，沈亚生译，黑龙江人民出版社1999年版。

108.［英］伊姆雷·拉卡托斯：《科学研究纲领方法论》，兰征译，上海译文出版社2005年版。

109.［意］安贝托·艾柯：《诠释与过度诠释》，王宇根译，三联书店2005年版。

110.［意］安贝托·艾柯：《符号学与语言哲学》，王天清译，百花文艺出版社2005年版。

111.陈学明、马拥军：《走进马克思》，东方出版社2006年版。

112.戴茂堂：《超越自然主义——康德美学的现象学诠释》，武汉大学出版社2005年版。

113.邓晓芒：《实践唯物论新解：开出现象学之维》，武汉大学出版社2007年版。

114.邓晓芒、易中天：《黄与蓝的交响——中西美学比较论》，武汉大学出版社2007年版。

115.邓友超：《教育解释学》，教育科学出版社2009年版。

116.丁立群等：《实践哲学：传统与超越》，北京师范大学出版社2012年版。

117.冯苗：《教育场域中的对话》，教育科学出版社2011年版。

118.高宣扬：《利科的反思诠释学》，同济大学出版社2004年版。

119.韩震、孟鸣歧：《历史·理解·意义》，上海译文出版社2002年版。

120.何卫平：《解释学之维——问题与研究》，人民出版社2009年版。

121.何卫平：《通向解释学辩证法之途》，上海三联书店2001年版。

122.洪汉鼎：《诠释学——它的历史和当代发展》，人民出版社2001年版。

123.洪汉鼎：《理解与解释——诠释学经典文选》，东方出版社2001年版。

124.洪汉鼎：《理解的真理——解读伽达默尔的〈真理与方法〉》，山东人民出版社2001年版。

125.洪汉鼎:《当代西方哲学两大思潮》,商务印书馆 2010 年版。

126.洪汉鼎:《实践哲学 修辞学 想象力——当代哲学诠释学研究》,中国人民大学出版社 2014 年版。

127.金惠敏:《后现代性与辩证解释学》,中国社会科学出版社 2002 年版。

128.李鲁宁:《伽达默尔美学思想研究》,山东大学出版社 2004 年版。

129.李鹏程:《胡塞尔传》,河北人民出版社 1998 年版。

130.李永刚:《历史主义与解释学——以"历史性"概念为核心的考察》,人民出版社 2016 年版。

131.梁家荣:《本源与意义:前期海德格尔与现象学研究》,商务印书馆 2015 年版。

132.倪梁康:《现象学及其效应》,三联书店 2005 年版。

133.倪梁康:《胡塞尔现象学概念通释》,三联书店 2007 年版。

134.潘德荣:《西方诠释学史》,北京大学出版社 2013 年版。

135.潘德荣、付长珍主编:《对话与和谐——伽达默尔诠释学思想研究》,安徽人民出版社 2009 年版。

136.彭启福:《理解之思——诠释学初论》,安徽人民出版社 2005 年版。

137.任平:《当代视野中的马克思》,江苏人民出版社 2003 年版。

138.任平主编:《当代中国马克思主义哲学研究(2012)》,中央编译出版社 2012 年版。

139.任平主编:《当代中国马克思主义哲学研究(2013)》,中央编译出版社 2013 年版。

140.任平主编:《当代中国马克思主义哲学研究(2014)》,中央编译出版社 2014 年版。

141.任平主编:《当代中国马克思主义哲学研究(2015)》,中央编译出版社 2016 年版。

142.任平主编:《当代中国马克思主义哲学研究(2016)》,中央编译出版社 2017 年版。

143.任平:《广义认识论原理》,江苏人民出版社1992年版。

144.任平:《交往实践与主体际》,苏州大学出版社1999年版。

145.任平:《交往实践的哲学》,云南人民出版社2003年版。

146.任平:《创新时代的哲学探索:出场学视域中的马克思主义哲学》,北京师范大学出版社2009年版。

147.任平:《走向交往实践的唯物主义》,人民出版社2003年版。

148.涂成林:《现象学运动的历史使命》,中央编译出版社2007年版。

149.王峰:《意义诠释与未来时间维度:探索一种意义诠释学》,上海人民出版社2007年版。

150.王金福:《马克思的哲学在理解中的命运——对马克思主义哲学史的解释学考察》,苏州大学出版社2003年版。

151.王岳川:《后现代主义文化研究》,北京大学出版社1992年版。

152.王岳川、尚水主编:《后现代主义文化与美学》,北京大学出版社1992年版。

153.王治河:《后现代哲学思潮研究》(增补本),北京大学出版社2006年版。

154.吴晓明:《哲学之思与社会现实》,武汉大学出版社2010年版。

155.严平:《走向解释学的真理》,东方出版社1998年版。

156.严平编选:《伽达默尔集》,邓安庆等译,上海远东出版社2003年版。

157.殷鼎:《理解的命运》,三联书店1988年版。

158.俞吾金:《实践诠释学》,云南人民出版社2001年版。

159.章启群:《伽达默尔传》,河北人民出版社1998年版。

160.章启群:《意义的本体论》,上海译文出版社2002年版。

161.张能为:《理解的实践——伽达默尔实践哲学研究》,人民出版社2002年版。

162.张汝伦:《历史与实践》,上海人民出版社1995年版。

163.张汝伦:《现代西方哲学十五讲》,北京大学出版社2013年版。

164.周国平:《尼采:在世纪的转折点上》,译林出版社 2012 年版。

165.周国平:《尼采与形而上学》,译林出版社 2012 年版。

166.Bleicher,Josef. *Contemporary Hermeneutics-Hermeneutics as Method*, *Philosophy and Critique*,Routlege,London and New York,1980.

167.Bilen,Osman.*The Historicity of Understanding and The Problem of Relativism in Gadamer's Philosophical Hermeneutics*,The Council for Research in Values and Philosophy,2000.

168. Bernstein, Richard J. *Beyond Objectvism and Relativism*:*Science*, *Hermenetics and Praxis*,University of Pennsylvania Press,1983.

169.Dilthey,Wilhelm.*The Formation of the Historical World in the Human Sciences*,edited,with an introduction,by Rudolf A.Makkreel and Frithjof Rodi,Princeton University Press,2002.

170.Dostal,Robert J.( ed.) *The Cambridge Companion to Gadamer*,Cambridge University Press,2002.

171. Eagleton, Terry. *Literary Theory*:*An Introduction*, Blackwell Publishing Ltd,2003.

172.Foucault,Michel.*The Archaeology of Knowledge and the Discourse on Language*,translated from the French by A.M.Sheridan Smith,Vintage Books,2010.

173.Gadamer,Hans-Georg.*Hans-Georg Gadamer On Education*,*Poetry*,*and History*:*Applied Hermeneutics*,edited by Dieter Misgeld and Graeme Nicholson,translated by Lawrence Schmidt and Monica Reusss,State University of New York Press,1992.

174.Gadamer,Hans-Georg.*Hegel's Dialetic*:*Five Hermeneutical Studies*,translated and with an introduction by P.Christopher Smith,Yale University Press,1976.

175.Gadamer,Hans-Georg. *Philosophical Hermeneutics*,translated and edited by David E.Linge,University of California Press,2008.

176.Gadamer,Hans-Georg.*Praise of Theory*,Yale University Press,1998.

177.Gadamer,Hans-Georg.*The Gadamer Reader:A Bouquet of the Later Writings*,edited by Richard E.Palmer,Northwestern University Press,2007.

178.Gadamer,Hans-Georg.*The Idea of the Good in Platonic-Aristotelian Philosophy*,translated and with an introduction and annotation by P.Christopher Smith,Yale University Press,1986.

179.Gadamer,Hans-Georg.*The Relevance of the Beautiful and Other Essays*,translated by Nicholas Walker,Cambridge University Press,1986.

180. Gadamer, Hans-Georg. *Truth and Method*, translation revised by Joel C.Weinsheimer and Donald G.Marshall,Bloomsbury Academic,2013.

181.Gjesdal,Kristin.*Gadamer and the Legacy of German Idealism*,Cambridge University Press,2009.

182. Grondin, Jean. *Introduction to Philosophical Hermeneutics*, translated by Joel C.Weinsheimer,Yale University Press,1994.

183. Habermas, Jürgen. *On the Logic of the Social Sciences*, translated by Shierry Weber Nicholsen and Jerry A.Stark,The MIT Press,1988.

184.Heidegger,Martin.*Becoming Heidegger:On the Trail of His Early Occasional Writings*, 1910 – 1927, edited by Theodore Kisiel and Thomas Sheehan,Northwestern University Press,2007.

185.Heidegger,Martin. *Being and time*, translated by John Macquarrie and Edward Robinson,Harper & Row,Publishers,Incorporated.,2008.

186.Heidegger,Martin. *Kant and the Problem of Metaphysics*, translated by Richard Taft,Indiana University Press,1997.

187. Heidegger, Martin. *Poetry, Language, Thought*, translations and introduction by Albert Hofstadter,Harper & Row,Publishers,Incorporated.,2001.

188.Heidegger,Martin.*Towards the Definition of Philosophy*,translated by Ted Sadler,The Athlone Press,2000.

189.Hirsch,E.D.*Validity in Interpretation*,Yale University Press,1967.

190. Kisiel, Theodore. *Heidegger's Way of Thought: Critical and Interpretative Signposts*, Continuum, 2002.

191. Koslowski, Peter. (ed.) *The Discovery of Historicity in German Idealism and Historism*, Springer, 2005.

192. Palmer, Richard E. *Hermeneutics: Interpretation Theory in Schleiermacher, Dilthey, Heidegger, and Gadamer*, Northwestern University Press, 1988.

193. Ranke, Leopold von. *The Theory and Practice of History*, edited by Georg G. Iggers, Routledge, 2011.

194. Ricoeur, Paul. *From Text to Action: Essays in Hermeneutics, II*, translated from the French by Kathleen Blamey and John B. Thompson, Northwestern University Press, 2007.

195. Ricoeur, Paul. *Hermeneutics and the Human Sciences*, edited and translated by John B. Thompson, Cambridge University Press, 2016.

196. Ricoeur, Paul. *The Conflict of Interpretations: Essays in Hermeneutics*, edited by Don Ihde, Northwestern University Press, 2007.

197. Ricoeur, Paul. *The Rule of Metaphor: Multi-Disciplinary Studies of the Creation of Meaning in Language*, translated by Robert Czerny with Kathleen McLaughlin and John Costello, University of Toronto Press, 1977.

198. Risser, James. *Hermeneutics and the Voice of the Other: Re-reading Gadamer's Philosophical Hermeneutics*, State University of New York Press, 1997.

199. Smith, D. W. and McIntyre, R. *Husserl and Internationality: A Study of Mind, Meaning and Language.* Northwestern University Press, 1982.

200. Teigas, Demetrius. *Knowledge and Hermeneutic Understanding: A Study of the Habermas-Gadamer Debate*, Bucknell University Press, 1995.

201. Vanhoozer, Kevin J. Smith, James K. A. and Benson, Bruce Ellis. (ed.) *Hermeneutics at the Crossroads*, Indiana University Press, 2006.

202. Weinsheimer, Joel C. *Gadamer's Hermeneutics: A reading of Truth and*

*Method*,Yale University Press,1985.

## 二、论文类

1.[德]阿佩尔:《解释——理解争论的历史回顾》,王龙译,《哲学译丛》1987 年第 6 期。

2.[德]哈贝马斯:《评伽达默尔的〈真理与方法〉一书》,郭官义译,《哲学译丛》1986 年第 3 期。

3.[德]海德格尔、[法]F.费迪耶等辑录:《晚期海德格尔的三天讨论班纪要》,丁耘译,《哲学译丛》2001 年第 3 期。

4.[德]伽达默尔、[德]杜特:《什么是实践哲学——伽达默尔访谈录》,金慧敏译,《西北师大学报》(社会科学版)2005 年第 1 期。

5.[法]雅克·德里达:《延异》,汪民安译,《外国文学》2000 年第 1 期。

6.[荷]T.德·布尔:《从本质现象学到解释学现象学》,安延明译,《哲学译丛》1991 年第 5 期。

7.[美]B.G.张:《海德格尔的解释学与德里达的解构学》,江振华译,《哲学译丛》1990 年第 3 期。

8.[美]E.贝勒:《解构学与解释学:德里达和伽达默尔论本文与诠释》,李庆全译,《哲学译丛》1989 年第 2 期。

9.[美]Jr.E.布洛克:《激进解释学批判》,孔明安译,《国外社会科学》1992 年第 7 期。

10.[美]理查德·E.帕尔默:《解释学》,孟庆时译,《哲学译丛》1985 年第 3 期。

11.[美]M.德维尔诺:《艺术能拯救我们吗？——关于伽达默尔的沉思》,吴伯凡译,《国外社会科学》1992 年第 1 期。

12.[匈]M.费赫:《现象学、解释学、生命哲学》,朱松峰译,《世界哲学》2005 年第 3 期。

13.[英]N.戴维:《鲍姆加登的美学:一个后伽达默尔的反思》,扬歌译,

《哲学译丛》1990 年第 4 期。

14.陈海飞:《论理解——马克思主义视野中的解释学重建》,苏州大学博士学位论文,2004 年。

15.邓安庆:《评伽达默尔艺术真理中的相对性》,《湖北大学学报》(哲学社会科学版)1988 年第 6 期。

16.邓晓芒:《关于美和艺术的本质的现象学思考》,《哲学研究》1986 年第 8 期。

17.方向红:《从"本真的历史"到"效果的历史"——论〈真理与方法〉对海德格尔早期历史观的改造》,《同济大学学报》(社会科学版)2012 年第 3 期。

18.付德军:《理解生命——狄尔泰生命解释学探微》,复旦大学博士学位论文,2010 年。

19.龚群:《哲学诠释学的方法论问题——哈贝马斯与伽达默尔之争》,《哲学动态》2001 年第 2 期。

20.金元浦:《解释学文艺美学的意义观》,《浙江学刊》1998 年第 6 期。

21.李鲁宁:《以作品存在为核心的美学——伽达默尔艺术理论的基本框架》,《求是学刊》2001 年第 5 期。

22.倪梁康:《历史现象学与历史主义》,《西北师大学报》(社会科学版)2008 年第 4 期。

23.陆月宏:《伽达默尔对意识形态批判者的批判》,《南京社会科学》2010 年第 5 期。

24.孟思源:《马克思哲学"出场学"的开新之作》,《江海学刊》2004 年第 1 期。

25.潘德荣:《理解、解释与实践》,《中国社会科学》1994 年第 1 期。

26.覃世艳:《后现代主义解释学批判》,苏州大学博士学位论文,2006 年。

27.任平:《论恩格斯理解哲学革命的出场学视域——120 年后对〈费尔巴哈论〉叙事方式的新解读》,《学术研究》2006 年第 7 期。

28.任平:《论马克思主义的出场形态》,《河北学刊》2005 年第 4 期。

29.任平:《论马克思主义出场学研究的当代使命》,《江海学刊》2014 年第 2 期。

30.任平:《论资本创新逻辑批判与马克思主义出场学的当代视域》,《哲学研究》2014 年第 10 期。

31.任平:《广义认识论的中心视界》,《学习与探索》1993 年第 5 期。

32.任平:《论马克思主义哲学研究的出场学视域》,《中国社会科学》2008 年第 4 期。

33.任平:《论马克思主义出场学的辩证视阈》,《马克思主义研究》2012 年第 5 期。

34.任平:《论马克思主义"出场学"的两个循环》,《学术月刊》2008 年第 9 期。

35.任平:《论马克思主义出场学视域中的历史构境》,《南京大学学报》(哲学·人文科学·社会科学)2010 年第 2 期。

36.任平:《走向差异之途的马克思主义出场学视域》,《社会科学战线》2011 年第 5 期。

37.任平:《走向出场学视域的马克思主义哲学研究:创新路径与未来趋势》,《学术月刊》2008 年第 9 期。

38.宋阳:《伽达默尔诗思研究》,吉林大学博士学位论文,2010 年。

39.孙琳:《场域:出场意义的形塑、传播与解码》,苏州大学博士学位论文,2012 年。

40.汪楚雄:《解构主义大师德里达》,《世界文化》2005 年第 1 期。

41.王金福:《什么是文本的"意义"? ——对一种文本意义观的批评》,《江苏行政学院学报》2006 年第 5 期。

42.王金福:《论理解与文本意义的关系——解释学基本问题探讨》,《苏州大学学报》(哲学社会科学版)2008 年第 2 期。

43.王金福、王瑞东:《关于理解的"真理性"的几个问题》,《东岳论丛》2010 年第 10 期。

44.王文东:《理解的共识何以可能》,《湖北社会科学》2009 年第 4 期。

45.杨生平:《索绪尔的语言学与德里达的哲学变革》,《哲学研究》2006 年第 11 期。

46.余慧元:《一种"纯粹"的经验如何可能?——胡塞尔现象学经验问题的扩展研究》,浙江大学博士学位论文,2004 年。

47.张能为:《伽达默尔的解释学与实践哲学》,《安徽大学学报》(哲学社会科学版)2011 年第 5 期。

48.张汝伦:《论海德格尔哲学的起点》,《复旦学报》(社会科学版)2005 年第 2 期。

49.张秀华:《时间视域与历史视域的融合——海德格尔对马克思哲学的回应》,《江海学刊》2012 年第 3 期。

50.张震:《理解的真理及其限度——西方现代诠释学的艺术哲学向度的考察与批判》,华东师范大学博士学位论文,2006 年。

51.周国平:《伽达默尔:作为世界经验的理解和语言》,《哲学研究》1995 年第 8 期。

52.庄友刚:《"理解"与"认识"——论解释学与认识论研究对象的区别》,《苏州大学学报》(哲学社会科学版)2002 年第 2 期。

53.邹诗鹏:《解释学史学观批判》(上、下),《学术月刊》2008 年第 1、2 期。

# 索　引

# 后　　记

　　本书是在笔者博士论文的基础上修改、补充而成的,能够作为专著出版,首先要感谢我的导师任平教授。恩师博大精深的学识和对学生的悉心教诲,给了我学术研究的方向和兴趣。正如有人说过,没有方向感或方向感不明时,人的状态是最不好的。有了方向,再苦再累也会有盼头,才会做正确的事而不是正确地做事。无论是博士论文的写作还是书稿的修改,都是一个艰难的过程,深幸有恩师的细心指导和对每一份邮件的及时回复,才使我不至于“迷失”在哲学的浩瀚太空中。从博士论文的选题,到论文提纲的确定;从论文文字的修改,到书稿的字斟句酌,都无不浸透着恩师的汗水和心血;恩师治学严谨、待人宽宏、处事豁达的精神,潜移默化地影响着我并成为我终生受用的宝贵财富。时至今日,恩师的关怀依然如春风在侧,让我倍感温暖。这部书稿即将出版之际,恩师欣然为本书作序,在此只有对恩师表示深深的敬意和感谢!

　　真诚感谢我的硕士生导师韩璞庚先生多年来的赏识和培养。先生是我见过的最热情和最富有激情的人,也是最有才气的学者。他平易近人,对学生关怀备至,他乐观豁达,对学生影响至深。在撰写博士论文期间,他时常询问我的身体状况并给予关心和教导:“学问是做不完的,身体才是最重要的!”在往返于医院和学校的那段日子里,我才深刻体会到先生的教导是多么的重要和有价值!

　　真诚感谢苏州大学哲学系的王金福先生,在硕士研究生期间,是先生让我第一次了解到一门叫作“解释学”的学科,先生严谨的学术态度和严密的逻辑思维对我影响至深。虽然本书中的一些观点他是断然不会同意的,但这并不妨碍我对他的敬佩与感激之情。真诚感谢当时博士论文的五位匿名评审专家,他们给予本书的评价远远超过作者的期待,并给作者以信心。他们提供的一些修改建议部分地已融入本书。

真诚感谢王金洲院长和各位同事!自2014年入职长江大学马克思主义学院以来,学院在各方面都给予青年教师以支持和鼓励,王院长更是多次催促尽早出版博士论文。本著作的出版,学院又帮忙解决了部分出版经费,在此深表感谢!学院的诸多同事热情友好,让我很快融入了这个大家庭并感受到家的温暖,在此一并致谢!

我还要特别感谢年迈的父母和懂事的弟弟,无论我做何人生抉择,他们都默默地支持着我,深深地相信着我,他们的爱带给我无限的温暖,是我永恒的精神动力。真诚感谢我的爱人张婕女士,她虽不是学哲学出身,但平时一些灵活的想法和新颖的观点时常能给予我启发与思考。在儿子魏逸宸出生以来,她又承担了大部分照顾和陪护小家伙的重任。小家伙现在已经八个多月了,看着他一天天长大,所有的辛苦和劳累都已烟消云散,唯有满心的欣慰与幸福。

最后,感谢本书中参考过和借鉴过的成果的作者们,是他们的前期努力启迪了我的思考,感谢他们在研究道路上的辛勤劳动和无私奉献!特别感谢人民出版社哲学编辑室方国根主任,没有他的关爱,拙作不会这么顺利面世。

对于呈现在读者面前的这本著作,我还不是太满意,如果有时间,还可以把工作做得更好。但旧作的出版,既是过去心愿的了结,也是对未来的企望。海德格尔有言:"源始而本真的将来是来到自身。到自身,亦即作为不之状态的不可逾越的可能性而生存着。"

是为记。

魏　强

2017年3月于荆州古城

责任编辑:方国根

封面设计:姚 菲

**图书在版编目(CIP)数据**

历史与构境:从哲学解释学走向出场学之路/魏强 著. —北京:人民出版社,
2019.6

ISBN 978-7-01-019574-2

Ⅰ.①历… Ⅱ.①魏… Ⅲ.①解释学-研究 Ⅳ.①B089.2

中国版本图书馆 CIP 数据核字(2018)第 163744 号

**历史与构境**

LISHI YU GOUJING

——从哲学解释学走向出场学之路

魏 强 著

**人民出版社** 出版发行

(100706 北京市东城区隆福寺街 99 号)

天津文林印务有限公司印刷 新华书店经销

2019 年 6 月第 1 版 2019 年 6 月北京第 1 次印刷
开本:710 毫米×1000 毫米 1/16 印张:19
字数:270 千字

ISBN 978-7-01-019574-2 定价:59.00 元

邮购地址 100706 北京市东城区隆福寺街 99 号
人民东方图书销售中心 电话 (010)65250042 65289539